国家自然科学基金资助(项目号:71372030)

中国公募基金管理公司
整体投资回报能力评价研究
（2015）

（Total Investment Performance Rating，TIP Rating-2015）

林　树　著

东南大学出版社
SOUTHEAST UNIVERSITY PRESS
南京 · 2016

图书在版编目(CIP)数据

中国公募基金管理公司整体投资回报能力评价研究. 2015/ 林树著. —南京：东南大学出版社，2016.11

　　ISBN 978-7-5641-6817-9

　　Ⅰ.①中… Ⅱ.①林… Ⅲ.①投资基金—金融公司—投资回报—研究—中国—2015 Ⅳ.①F832.3

中国版本图书馆 CIP 数据核字(2016)第 259893 号

中国公募基金管理公司整体投资回报能力评价研究(2015)

出版发行	东南大学出版社
社　　址	南京市四牌楼 2 号　　邮编　210096
出 版 人	江建中
网　　址	http://www.seupress.com
电子邮箱	press@seupress.com
经　　销	全国各地新华书店
印　　刷	江苏凤凰数码印务有限公司
开　　本	700mm×1000mm　1/16
印　　张	16
字　　数	320 千
版　　次	2016 年 11 月第 1 版
印　　次	2016 年 11 月第 1 次印刷
书　　号	ISBN 978-7-5641-6817-9
定　　价	68.00 元

本社图书若有印装质量问题,请直接与营销部联系。电话(传真):025-83791830

声　　明

　　本书是国家自然科学基金(项目号:71372030)资助的阶段性成果。此书内容仅供资讯用途,不作为投资建议,也不作为卖出或买进任何证券投资基金的推荐。同时,也不保证本书内容的精确性及完整性,也不担保使用本书内容所获得的结果。本书所有公募基金与基金公司样本均限定在我国大陆地区,不包括港、澳、台地区。作者与此书的相关方对于本书内容所产生的直接或间接的损失或损害,不负任何责任。

摘　　要

　　相对于发达资本市场国家的公司型基金,我国成立的公募基金管理公司所发行的证券投资基金产品到目前为止全部是契约型基金,即每只基金都由基金管理公司发行并管理。国内的证券基金与基金公司有着与发达市场不一样的特点。同一基金公司管理着数只基金产品,并且同一公司旗下所有基金产品均共用公司的同一个投研平台,公司投资研究实力的强弱对具体某一只基金的影响非常大。

　　在这种架构下,仅对单只基金业绩进行考量的评价,而没有考虑到单只基金背后所依托的基金管理公司的实力,在中国目前特有的制度环境下必有其局限性。如某基金公司整体实力可能不行,但可以利用整个公司资源将一只基金业绩做上去,而旗下其他基金业绩会很差,或故意将旗下数只基金投资行为进行显著的差异化,这样可以寄希望总能"蒙"对好的股票,人为的"造出"一两只"明星"基金,以使公司在市场中出名,虽然由此会造成旗下基金业绩间差距,但市场被"明星"基金所吸引,更多的资金流入基金公司,管理费收入得以扩大。

　　基于此思想,我们开发并于 2008 年在国内首次推出"中国基金管理公司整体投资回报能力评价(TIP Rating)"。基金管理公司整体投资回报能力评价着重考虑基金管理公司的整体投资管理能力,而不是单只基金的业绩。它试图克服单只基金评级的缺陷,综合考虑基金公司旗下不同类型基金的表现,以及同一公司旗下基金业绩之间的均衡表现,可以反映基金管理公司整体投研实力的强弱与均衡与否。样本范围包括基金公司旗下的普通股票型、偏股混合型、平衡混合型、偏债混合型、债券型、指数型、货币型等类型基金。

　　《中国公募基金管理公司整体投资能力评价研究(2015)》是我们首次将研究成果以专著的形式呈现。我们分为一年期、三年期、五年期、十年期四种时间段来对样本基金公司进行评价分析,从我们的分析报告中,可以看出为什么有些基金公司的整体投资回报能力在短期内可以排在前面,有些基金公司则排在后面。从不同的时段上,也可以看出某些基金公司的整体投资能力在长、短期上的剧烈变化,让我们可以对某些基金公司投研的稳定性有直观的感受。

目前的评价方法虽然有其创新性,但难免有不足之处,我们非常欢迎同行的批评与建议,在后续定期的修订版本中根据实际情况进行方法的改进。

感谢国家自然科学基金的资助,感谢东南大学出版社编辑老师的辛勤工作。

目　　录

1 概　述

截至 2015 年年底,我国公募基金管理公司已经超过 100 家,他们管理的各类型公募基金超过 3 000 只,数量已经超过国内上市的 A 股股票数量。面对如此多的公募基金,普通的非专业投资者一般都会无从下手,他们需要专业的研究人员为其对公募基金进行评价与挑选。其中最重要的研究工作之一便是根据投资范围、投资风格、收益与风险特征等对各类型基金进行评级,给出一定时期内哪些基金相对表现好,哪些基金相对表现差的直观认识。市场上现有的绝大多数评级一般是对单个基金进行评级,这种做法比较纯粹,但更有其缺点,理由将在本章的理论基础部分谈及。我们创新性地提出"中国基金管理公司整体投资回报能力评价",基于基金管理公司的整体层面来评价其投资能力的相对高低,基于这样的视角,可以看到基金管理公司整体的投研能力以及对旗下基金的综合管理能力,真正体现出一家基金公司的实力。

在本书中,根据不同的统计区间,我们在第 2 至第 6 章中分别展现截至 2015 年年底,一年期、三年期、五年期与十年期的"中国基金管理公司整体投资回报能力评价"结果,大家可以从不同长度时间段的统计结果,宏观上看出我国公募基金业的迅速发展势头,微观上也可以看出不同基金公司的综合投研实力的平稳或起伏。本章将阐述中国基金管理公司整体投资回报能力评价的理论基础、数据来源与评价指标设计思路。

1.1　理论基础

基金管理公司整体投资回报能力评价(TIP Rating)着重考虑基金管理公司的整体投资管理能力,而不是单只基金的业绩。相对于发达资本市场国家的公司型基金,我国成立的基金管理公司所发行的证券投资基金产品全部是契约型基金,即每只基金都由基金管理公司发行并管理。国内的证券基金与基金公司有着与发达市场不一样的特点。同一基金公司管理着数只基金产品,并且同一公司旗下所有基金产品均共用公司的同一个投研平台,公司投资研究实力的强弱对具体某一只基金的影响非常大。在这种情况下,绝大多数基金经理的决策权限与表现空间将极为有限。

然而，目前国内市场上的基金评级多为对单只基金的业绩进行考量，这样的评级思路没有考虑到单只基金背后所依托的基金管理公司的实力，在中国目前特有的制度环境下必有其局限性。如某基金公司整体实力可能不行，但可以利用整个公司资源将一只基金业绩做上去，而旗下其他基金业绩会很差，或故意将旗下数只基金投资行为进行显著的差异化，这样可以寄希望总能"蒙"对好的股票，人为的"造出"一两只"明星"基金，以使公司在市场中出名，虽然由此会造成旗下基金业绩间差距，但市场被"明星"基金所吸引，更多的资金流入基金公司，管理费收入得以扩大。（具体理论与研究结论可参见本书作者的学术论文《他们真的是明星吗？——来自中国证券基金市场的经验证据》一文，发表于《金融研究》2009 年第 5 期）这样，对单只基金的排名就可能受制于某些基金公司的"造星"行为或"激进"行为，并不能反映基金公司的整体实力与水平。

由南京大学中国机构投资者研究中心开发的基金管理公司整体投资回报能力评价(TIP Rating)试图克服目前单只基金评级的缺陷，综合考虑基金公司旗下不同类型基金的表现，以及同一公司旗下基金业绩之间的均衡表现，可以反映基金管理公司整体投研实力的强弱与均衡与否。该评级包括基金公司旗下的普通股票型、偏股混合型、平衡混合型、偏债混合型、债券型、指数型、封闭型等类型基金，不包括货币型、QDII、保本型等特殊类型基金产品。

1.2　数据来源与指标设计

1.2.1　数据来源与基金分类说明

所有基础数据来源于 Wind 金融资讯终端。涉及指标包括：基金公司简称、基金名称、期初基金复权净值、期末基金复权净值、期初基金规模、期末基金规模、基金分类。

关于基金分类，我们直接参考 Wind 的基金分类标准。

基金分类说明：

Wind 基金分类体系是结合了契约类型和投资范围来进行的分类。契约类型主要分为了开放式和封闭式；又在此基础上按照投资范围进行分类。

Wind 基金投资范围分类主要以基金招募说明书中所载明的基金类别、投资策略以及业绩比较基准为基础。我们认为，以上条款包含了基金管理人对所发行基金的定性，代表了基金对投资者的承诺，构成了对基金投资行为的基本约束。以此为基准进行基金分类，保证了该分类的稳定性，不会因市场环境变化而导致分类频繁调整。Wind 基金分类的数量化界限依据为证监会所规定的基金分类标准。自 2014 年 8 月 8 日起施行的《公开募集证券投资基金运作管理办法》,第四章第三十条规定:基金合同和基金招募说明书应当按照下列规定载明基金的类别:(一)百分之八十以上的基金资产投资于股票的,为股票基金;(二)百分之八十以上的基金资产投资于债券的,为债券基金;(三)仅投资于货币市场工具的,为货币市场基金;(四)百分之八十以上的基金资产投资于其他基金份额的,为基金中基金;(五)投资于股票、债券、货币市场工具或其他基金份额,并且股票投资、债券投资、基金投资的比例不符合第一项、第二项、第四项规定的,为混合基金;(六)中国证监会规定的其他基金类别。在此基础上,我们将在国内市场上所发行的基金分为 6 个一级类别,24 个二级类别。(本分类在基金成立时进行,当发生基金调整投资范围、转型时对分类重新进行界定)

按照 Wind 的分类规则,基金分类体系是结合了契约类型和投资范围来进行的分类。先根据契约类型分类;然后再结合投资类型进行分类。基金投资类型分类居于事前分类,即根据基金的招募说明书以及基金合同确定的基金分类。

基金投资范围分类细则:

1. 股票型

以股票投资为主,股票等权益类资产占基金资产比例下限大于等于 80% 或者在其基金合同和基金招募说明书中载明基金的类别为股票型,且不符合《公开募集证券投资基金运作管理办法》第三十条中第四项、第五项规定的基金。

(1)普通股票型

对属于股票型的基金,在基金公司定义的基金名称或简称中包含"股票"等字样的,则二级分类为普通股票型基金。

(2)指数型

a. 被动指数型

以追踪某一股票指数为投资目标的股票型基金,采取完全复制方法进行指数管理和运作的为被动指数型。

b. 增强指数型

以追踪某一股票指数为投资目标的股票型基金,实施优化策略或增强策略的为增强指数型。

2. 债券型

以债券投资为主,债券资产＋现金占基金资产比例下限大于等于 80% 或者在其基金合同和基金招募说明书中载明基金的类别为债券型,且不符合《公开募集证券投资基金运作管理办法》第三十条中第四项、第五项规定的基金。

（1）纯债券型

符合债券型条件,但不能投资权益类资产的基金为纯债券型基金;根据其债券久期配置的不同,可分为中长期纯债券型、短期纯债券型。

（2）中长期纯债券型

属于纯债券型,且在招募说明书中明确其债券的期限配置为长期的基金,期限配置超过1年的为中长期纯债券型。

（3）短期纯债券型

属于纯债券型,且在招募说明书中明确其债券的期限配置为短期的基金,期限配置小于等于1年的为短期纯债券型。

（4）混合债券型

符合债券型条件,同时可部分投资权益类资产的基金;根据其配置的权益类资产方式不同,可分为混合债券一级、混合债券二级。

a. 混合债券一级

符合混合债券型,其中可参与一级市场新股申购,持有因可转债转股所形成的股票以及股票派发或可分离交易可转债分离交易的权证等资产的为混合债券一级。

b. 混合债券二级

符合混合债券型,其中可参与投资公开上市发行的股票以及权证的基金,为混合债券二级。

（5）指数债券型

被动指数型债券基金:被动追踪投资于债券型指数的基金。

增强指数型债券基金:以追踪某一债券指数为投资目标的债券基金,实施优化策略或增强策略的为增强指数型债券基金。

3. 混合型

股票资产与债券资产的配置比例可视市场情况灵活配置,且不符合《公开募集证券投资基金运作管理办法》第三十条中第一项、第二项、第四项、第六项规定的基金。同时根据基金的投资策略、实际资产确定基金的三级分类。

（1）偏股混合型基金

按照基金的投资策略说明文字,如该基金明确说明其投资是偏向股票,则定为偏股混合型。

（2）偏债混合型基金

按照基金的投资策略说明文字,如该基金明确说明其投资是偏向债券,则定为偏债混合型基金。

（3）平衡混合型基金

按照基金的投资策略说明文字，如该基金投资股票和债券的上限接近70%左右，下限接近30%左右，则为平衡混合型基金。

（4）灵活配置型基金

灵活配置型基金是指基金名称或者基金管理公司自定义为混合基金的，且基金合同载明或者合同本义是股票和债券大类资产之间较大比例灵活配置的基金。分为灵活配置型基金（股票上限95%）与灵活配置型基金（股票上限80%）两类。

4. 货币市场型

仅投资于货币市场工具的基金。

5. 另类投资基金

不属于传统的股票基金、混合基金、债券基金、货币基金的基金。

（1）股票多空

通过做空和做多投资于股票及股票衍生物获得收益的基金。通常有至少50%的资金投资于股票。

（2）事件驱动

通过持有公司股票并参与或将参与公司的各种交易，包括但是并不局限于并购、重组、财务危机、收购报价、股票回购、债务调换、证券发行或者其他资本结构调整。

（3）宏观对冲

关注经济指标的变动方向，投资于大宗商品等。国内公募基金主要是指投资于黄金。

（4）商品型

投资于大宗商品等。

（5）相对价值

相对价值策略利用相关投资品种之间的定价误差获利，常见的相对价值策略包括股票市场中性、可转换套利和固定收益套利。

（6）REITS

房地产信托基金，或者主要投资于REITS的基金。

（7）其他

无法归于上述分类的另类投资基金。

6. QDII

主要投资于非本国的股票、债券、基金、货币、商品或其他衍生品的基金。QDII的分类细则同上面国内的分类。包括QDII股票型、QDII混合型、QDII债券型、QDII另类投资。

1.2.2　基金公司整体投资回报能力指标设计思路

1. 首先根据 Wind 基金分类标准（投资类型二级分类）计算期间内样本基金公司旗下各类型样本基金在同类型基金中的相对排名，计算得出这只基金的标准分。

这一排名方法克服了业绩比较标准不同的麻烦。如果在牛市大家表现都好，那么就看你在同类型基金中的排列情况，如果在同类型基金中排名靠后，即使收益不错，也会被认为不行。如果在熊市中大家表现都差，同样要看你在同类型基金中的相对表现，即使收益很差，但相对排名靠前，仍然认为是胜过其他同类型基金。

2. 给参与排名计算的基金赋于权重。

我们采用统计期间内此基金的规模除以所属基金公司样本基金同时期规模之和作为其权重。

3. 按基金公司旗下样本基金的权重，将公司旗下样本基金的标准分加权得到该基金公司的整体投资回报能力分值。

4. 将基金公司整体投资回报能力分值由高到低排序，得出该期间基金管理公司整体投资回报能力评价名次。

2 一年期公募基金管理公司整体投资回报能力评价

2.1 数据来源与样本说明

一年期的数据区间为 2014 年 12 月 31 日至 2015 年 12 月 31 日。所有公募基金数据来源于 Wind 金融资讯终端。从 Wind 上我们获得的数据变量有:基金名称、基金管理公司、投资类型(二级分类)、投资风格、复权单位净值增长率(20141231—20151231)、单位净值(20141231)、单位净值(20151231)、基金份额(20141231)、基金份额(20151231)。全部样本基金数为 2 509 只。

投资类型包括:被动指数型基金(333 只)、被动指数型债券基金(28 只)、增强指数型基金(41 只)、增强指数型债券基金(7 只)、短期纯债型基金(9 只)、混合债券型二级基金(236 只)、混合债券型一级基金(183 只)、货币市场型基金(394 只)、灵活配置型基金(229 只)、偏股混合型基金(449 只)、偏债混合型基金(69 只)、平衡混合型基金(19 只)、普通股票型基金(62 只)、中长期纯债型基金(323 只)、国际(QDII)股票型基金(68 只)、国际(QDII)混合型基金(19 只)、国际(QDII)另类投资基金(12 只)、国际(QDII)债券型基金(12 只)、股票多空(8 只)、商品型基金(8 只)。

我们删除国际(QDII)类基金、特别类型类(股票多空、商品型基金),同期样本数少于 10 的类别(短期纯债型基金、增强指数型债券基金),保留样本基金数 2 366 只。再删除同期旗下样本基金数少于 3 只的基金管理公司,最后的样本基金数为 2 355 只,样本基金管理公司总共 85 家。

2.2 一年期整体投资回报能力评价结果

我们按第 1 部分介绍的计算方法,计算出样本中每家基金公司的整体投资回报能力分数,依高分到低分进行排序。样本中,基金管理公司总共为 85 家,一年期的整体投资回报能力排名如表 1。

表1 一年期整体投资回报能力评价

基金公司名称	整体投资回报能力排名	整体投资回报能力得分	样本基金数量
中融	1	1.040 436	5
北信瑞丰	2	1.009 005	5
圆信永丰	3	0.906 578	4
富安达	4	0.844 441	9
国金	5	0.795 448	7
中加	6	0.703 222	6
长信	7	0.640 215	23
上银	8	0.637 432	3
中邮	9	0.616 823	19
东方红资产管理	10	0.564 762	3
富国	11	0.536 882	69
兴业全球	12	0.461 94	16
银河	13	0.429 579	33
摩根士丹利华鑫	14	0.414 66	21
财通	15	0.399 571	7
华商	16	0.390 267	25
农银汇理	17	0.385 068	28
广发	18	0.361 491	65
民生加银	19	0.327 512	31
金鹰	20	0.314 846	16
宝盈	21	0.309 443	18
德邦	22	0.307 962	6
国寿安保	23	0.302 849	8
长盛	24	0.286 672	38
华润元大	25	0.281 796	6
工银瑞信	26	0.260 19	68
南方	27	0.258 713	72

基金公司名称	整体投资回报能力排名	整体投资回报能力得分	样本基金数量
汇添富	28	0.246 911	66
平安大华	29	0.229 743	8
浦银安盛	30	0.222 082	26
安信	31	0.211 805	11
长安	32	0.204 12	5
方正富邦	33	0.172 397	6
光大保德信	34	0.141 942	22
华夏	35	0.140 799	52
易方达	36	0.129 712	80
嘉实	37	0.104 788	73
建信	38	0.098 595	62
长城	39	0.083 326	29
中欧	40	0.074 484	23
东方	41	0.059 733	17
国泰	42	0.043 741	55
华泰柏瑞	43	0.042 95	25
交银施罗德	44	0.038 187	44
新华	45	0.031 954	29
中银	46	0.029 06	54
天弘	47	0.018 806	20
兴业	48	−0.022 58	3
招商	49	−0.043 04	58
国联安	50	−0.045 61	25
华安	51	−0.055 25	61
融通	52	−0.074 85	31
诺德	53	−0.077 25	10
信诚	54	−0.083 11	50

基金公司名称	整体投资回报能力排名	整体投资回报能力得分	样本基金数量
浙商	55	−0.089 8	7
信达澳银	56	−0.093 82	13
海富通	57	−0.102 79	32
万家	58	−0.114 45	24
泰信	59	−0.115 64	18
华富	60	−0.139 73	22
国海富兰克林	61	−0.169 72	22
东吴	62	−0.185 62	23
大成	63	−0.189 35	59
诺安	64	−0.215 67	44
天治	65	−0.230 47	11
汇丰晋信	66	−0.234 64	16
国投瑞银	67	−0.238 77	38
鹏华	68	−0.253 81	72
博时	69	−0.300 75	58
中信建投	70	−0.305 23	4
景顺长城	71	−0.347 59	46
英大	72	−0.384 99	4
前海开源	73	−0.391 15	7
鑫元	74	−0.398 9	14
华宝兴业	75	−0.399 82	28
中海	76	−0.427 79	31
中金	77	−0.464 72	4
银华	78	−0.488 89	67
金元顺安	79	−0.495 8	10
华融证券	80	−0.498 23	3
泰达宏利	81	−0.565 22	32

（续表1）

基金公司名称	整体投资回报能力排名	整体投资回报能力得分	样本基金数量
上投摩根	82	−0.700 28	49
申万菱信	83	−1.057 76	29
益民	84	−1.097 37	6
西部利得	85	−1.582 18	6

　　由表1可以看出,在2014年12月31日至2015年12月31日这一年的期间内,85家基金管理公司的整体投资回报能力排名,排在最前面的大多数是一些成立时间较短的较小型基金公司。前十名的基金公司分别是:中融、北信瑞丰、圆信永丰、富安达、国金、中加、长信、上银、中邮、东方红资产管理。其中除了长信基金公司与中邮基金公司的样本基金分别为23只与19只外,其他八家基金公司的样本基金均在10只以内,而上银基金公司的样本基金数只有3只。相比之下,排名在后面的基金公司的样本基金数量均较多。后十名的基金公司分别是:中海、中金、银华、金元顺安、华融证券、泰达宏利、上投摩根、申万菱信、益民、西部利得。其中,中金基金公司的样本基金数为4、华融证券基金公司样本基金数为3、益民基金公司样本基金数为6、西部利得基金公司样本基金数为6,金元顺安基金公司的样本基金数为10。而其他几家"资历"较老的基金公司的样本基金数量均较多,如中海基金公司的样本数量为31、银华基金公司的样本基金数量为67、泰达宏利基金公司样本基金数量为32,上投摩根基金公司样本基金数量为49,申万菱信基金公司样本基金数量为29。

　　我们通过基金公司旗下样本基金数量来看它们的排名。样本基金数量最多的是易方达基金公司,旗下样本基金数量高达80只,在整体投资回报能力排名中列第36,属中游略偏上。样本基金数量第二的是嘉实基金公司,样本基金数73只,在整体投资回报能力排名中列37,属中游略偏上。样本基金数量第三的是南方基金公司,样本基金数72,整体投资回报能力排名列第27,接近前四分之一。样本基金数量第四的是鹏华基金公司,样本基金数72只,在整体投资回报能力排名中列第68,约在后四分之一。样本基金数量第五的是富国基金公司,样本基金数69,整体投资回报能力排名列第11,在前八分之一,表现非常不错。样本基金数量第六的是工银瑞信基金公司,样本基金数68,整体投资回报能力排名列第26,约在前四分之一。样本基金数量第七的基金公司是银华基金公司,样本基金数67,整体投资回报能力排名列第78,排在最后十名中。样本基金数量第八的基金公司是汇添富基金公司,样本基金数66,整体投资回报能力排名第28,约在前四分之一。样本基金数量第九的是广发基金公司,样本基金数量65只,整体投资回报能力排名第

18名,表现相当不错。样本基金数量第十的基金公司是建信基金公司,样本基金数62,整体投资回报能力排名第38,属中游略偏上。

我们再看样本基金数量最少的基金公司。样本基金数量最少的有4家基金公司,上银基金公司、东方红资产管理、兴业基金公司、华融证券均只有3只样本基金(少于3只样本基金的基金公司已经被删除),但它们的表现差异很大,上银基金公司的整体投资回报能力排名第8,表现非常好。东方红资产管理基金公司的整体投资回报能力排名第10,表现也非常好。兴业基金公司的整体投资回报能力排名第48,处于中游。华融证券股份有限公司整体投资回报能力排名则为80,处于后十名中。样本基金数量为4只的基金公司有4家,分别是圆信永丰基金公司、英大基金公司、中金基金公司、中信建投基金公司。其中圆信永丰基金公司整体投资回报能力排名第3,英大基金公司整体投资回报能力排名72,中金基金公司整体投资回报能力排名77,中信建设基金公司整体投资回报能力排名70。

在一年期的排名中,我们似乎可以看到,整体投资回报能力排名靠前的基金公司一般管理幅度较小,而管理幅度较大的基金公司在整体投资回报能力排名上很难出现在前列,老牌的大型基金公司在整体投资回报能力排名上较多处于中游,少数甚至排名靠后。

2.3 一年期整体投资回报能力评价详细说明

我们对进入一年期排名的85家基金公司进行详细说明。说明的顺序依照整体投资回报能力的得分从高往低。见表2。

第1名:中融基金公司

在一年期的排名中,中融基金公司的样本基金数量为5只,分别是中融货币A、中融货币C、中融增鑫一年A、中融增鑫一年C、中融国企改革。其中中融货币A与中融货币C在同期391只货币市场型样本基金中分别排名55与27,中融增鑫一年A与中融增鑫一年C在同期181只混合债券型样本基金中分别排名132与139,中融国企改革则在同期226只灵活配置型样本基金中排名220。我们可以看出,中融基金公司虽然在整体投资回报能力排名中列第1位,但5只样本基金中有3只表现不好,只是由于这3只规模太小,而中融货币C有着200多亿的巨大规模,因为它的排名非常靠前,所以以它的极大权重使得中融基金公司的整体投资回报评级排名第1。

第2名:北信瑞丰基金公司

在一年期的排名中,北信瑞丰基金公司的样本基金数量为5只,分别是北信瑞丰稳定收益A、稳定收益C,北信瑞丰无限互联主题、北信瑞丰宜投宝A、宜投宝

B。其中北信瑞丰稳定收益 A、稳定收益 C 在同期 321 只中长期纯债型样本基金中分别排名第 21 与 23,北信瑞丰无限互联主题在同期 226 只灵活配置型样本基金中排名第 85,北信瑞丰宜投宝 A、宜投宝 B 在同期 391 只货币市场型样本基金中分别排名第 365 与 371。因为稳定收益 A 与稳定收益 C 的规模明显大于其他 3 只,在整体投资回报能力计算中占有很高的权重,所以北信瑞丰基金公司得以在综合排名中位居第 2。

第 3 名:圆信永丰基金公司

在一年期的排名中,圆信永丰基金公司的样本基金数量为 4 只,分别是圆信永丰双红利 A、双红利 C,圆信永丰纯债 A、纯债 C。其中,圆信永丰双红利 A、双红利 C 在同期 226 只灵活配置型样本基金中分别排名第 18 与 24,圆信永丰纯债 A、纯债 C 在同期 321 只中长期纯债样本基金中排名第 192 与 203。由于圆信永丰双红利 A、双红利 C 规模较大,圆信永丰基金公司得以在整体投资回报排名中位列第 3。

第 4 名:富安达基金公司

在一年期的排名中,富安达基金公司的样本基金数为 9 只,分别是富安达优势成长、富安达增强收益 A、富安达增强收益 C、富安达策略精选、富安达新兴成长、富安达现金通货币 B、富安信用主题轮动 A、信用主题轮动 C、富安达现金通货币 A。其中,富安达优势成长在同期 449 只偏股混合型样本基金中排名第 36,富安达增强收益 A、增强收益 C 在同期 236 只混合债券型二级样本基金中分别排第 58 与 61,富安达策略精选、新兴成长在同期 226 只灵活配置型样本基金中排第 77 与 121,富安达现金通货币 B、现金通货币 A 在同期 391 只货币市场型样本基金中排名第 211 与 283,富安达信用主题轮动 A、信用主题轮动 C 在同期 321 只中长期纯债型样本基金中排名第 273 与 276。由于富安达优势成长规模明显大于其他基金,富安达基金公司得以在一年期整体投资回报排名中位列第 4。

表 2　一年期排名中所有样本基金详细情况

基金公司	整体投资回报能力排名	基金名称	投资类型（二级分类）	样本基金数量	同类基金中排名	期间内规模(亿元)
中融	1	中融增鑫一年 A	混合债券型一级基金	181	132	0.318 2
中融	1	中融增鑫一年 C	混合债券型一级基金	181	139	0.495 4
中融	1	中融货币 C	货币市场型基金	391	27	210.989 5

（续表2）

基金公司	整体投资回报能力排名	基金名称	投资类型（二级分类）	样本基金数量	同类基金中排名	期间内规模（亿元）
中融	1	中融货币A	货币市场型基金	391	55	0.830 2
中融	1	中融国企改革	灵活配置型基金	226	220	4.330 4
北信瑞丰	2	北信瑞丰宜投宝A	货币市场型基金	391	365	1.840 6
北信瑞丰	2	北信瑞丰宜投宝B	货币市场型基金	391	371	0.009 9
北信瑞丰	2	北信瑞丰无限互联主题	灵活配置型基金	226	85	3.974 2
北信瑞丰	2	北信瑞丰稳定收益A	中长期纯债型基金	321	21	11.769 0
北信瑞丰	2	北信瑞丰稳定收益C	中长期纯债型基金	321	23	10.464 0
圆信永丰	3	圆信永丰双红利A	灵活配置型基金	226	18	6.950 1
圆信永丰	3	圆信永丰双红利C	灵活配置型基金	226	24	0.735 4
圆信永丰	3	圆信永丰纯债A	中长期纯债型基金	321	192	1.952 7
圆信永丰	3	圆信永丰纯债C	中长期纯债型基金	321	203	0.057 1
富安达	4	富安达增强收益A	混合债券型二级基金	236	58	0.139 4
富安达	4	富安达增强收益C	混合债券型二级基金	236	61	0.288 0
富安达	4	富安达现金通货币B	货币市场型基金	391	211	3.849 6
富安达	4	富安达现金通货币A	货币市场型基金	391	283	0.251 0
富安达	4	富安达策略精选	灵活配置型基金	226	77	1.281 6
富安达	4	富安达新兴成长	灵活配置型基金	226	121	4.449 6
富安达	4	富安达优势成长	偏股混合型基金	449	36	13.385 9
富安达	4	富安达信用主题轮动A	中长期纯债型基金	321	273	0.156 9
富安达	4	富安达信用主题轮动C	中长期纯债型基金	321	276	0.039 7
国金	5	国金沪深300A	被动指数型基金	333	208	0.124 1
国金	5	国金沪深300	被动指数型基金	333	249	0.177 4
国金	5	国金沪深300B	被动指数型基金	333	271	0.194 2
国金	5	国金金腾通A	货币市场型基金	391	23	91.959 8
国金	5	国金鑫盈货币	货币市场型基金	391	234	1.363 8
国金	5	国金国鑫灵活配置	灵活配置型基金	226	45	5.102 9
国金	5	国金鑫安保本	平衡混合型基金	19	16	15.230 8
中加	6	中加货币C	货币市场型基金	391	59	67.157 6
中加	6	中加货币A	货币市场型基金	391	119	13.157 0

基金公司	整体投资回报能力排名	基金名称	投资类型（二级分类）	样本基金数量	同类基金中排名	期间内规模（亿元）
中加	6	中加纯债B	中长期纯债型基金	321	3	1.983 5
中加	6	中加纯债一年A	中长期纯债型基金	321	27	5.145 7
中加	6	中加纯债一年C	中长期纯债型基金	321	32	1.632 8
中加	6	中加纯债A	中长期纯债型基金	321	291	4.011 7
长信	7	长信可转债A	混合债券型二级基金	236	10	7.191 0
长信	7	长信利丰	混合债券型二级基金	236	14	48.958 8
长信	7	长信可转债C	混合债券型二级基金	236	15	1.410 5
长信	7	长信利众B	混合债券型一级基金	181	21	2.637 3
长信	7	长信利众分级	混合债券型一级基金	181	24	3.100 3
长信	7	长信利鑫分级B	混合债券型一级基金	181	30	3.280 3
长信	7	长信利鑫分级	混合债券型一级基金	181	46	3.667 0
长信	7	长信利众A	混合债券型一级基金	181	168	0.463 0
长信	7	长信利鑫分级A	混合债券型一级基金	181	172	0.386 7
长信	7	长信利息收益B	货币市场型基金	391	107	33.101 0
长信	7	长信利息收益A	货币市场型基金	391	192	3.817 7
长信	7	长信医疗保健行业	灵活配置型基金	226	115	1.673 7
长信	7	长信双利优选	灵活配置型基金	226	150	16.286 2
长信	7	长信改革红利	灵活配置型基金	226	214	11.653 7
长信	7	长信内需成长	偏股混合型基金	449	10	8.134 7
长信	7	长信增利策略	偏股混合型基金	449	21	19.670 6
长信	7	长信量化先锋	偏股混合型基金	449	32	22.060 1
长信	7	长信银利精选	偏股混合型基金	449	149	10.956 9
长信	7	长信恒利优势	偏股混合型基金	449	284	1.081 0
长信	7	长信金利趋势	偏股混合型基金	449	302	45.609 7
长信	7	长信纯债壹号	中长期纯债型基金	321	51	13.472 6
长信	7	长信纯债一年A	中长期纯债型基金	321	74	5.275 5
长信	7	长信纯债一年C	中长期纯债型基金	321	87	6.070 3
上银	8	上银慧财宝B	货币市场型基金	391	68	217.097 9
上银	8	上银慧财宝A	货币市场型基金	391	131	15.825 2

(续表2)

基金公司	整体投资回报能力排名	基金名称	投资类型(二级分类)	样本基金数量	同类基金中排名	期间内规模(亿元)
上银	8	上银新兴价值成长	灵活配置型基金	226	172	1.383 5
中邮	9	中邮货币 B	货币市场型基金	391	139	39.055 4
中邮	9	中邮现金驿站 C	货币市场型基金	391	189	2.717 6
中邮	9	中邮货币 A	货币市场型基金	391	231	1.767 7
中邮	9	中邮现金驿站 B	货币市场型基金	391	258	1.484 9
中邮	9	中邮现金驿站 A	货币市场型基金	391	272	1.310 1
中邮	9	中邮核心竞争力	灵活配置型基金	226	10	33.914 7
中邮	9	中邮核心优势	灵活配置型基金	226	48	14.350 4
中邮	9	中邮中小盘灵活配置	灵活配置型基金	226	57	13.670 8
中邮	9	中邮多策略	灵活配置型基金	226	72	1.472 7
中邮	9	中邮战略新兴产业	偏股混合型基金	449	6	65.984 8
中邮	9	中邮核心主题	偏股混合型基金	449	145	29.337 0
中邮	9	中邮核心成长	偏股混合型基金	449	197	122.780 0
中邮	9	中邮核心优选	偏股混合型基金	449	329	56.271 6
中邮	9	中邮双动力	偏债混合型基金	69	6	23.468 4
中邮	9	中邮上证 380	增强指数型基金	40	4	0.702 3
中邮	9	中邮定期开放 A	中长期纯债型基金	321	88	12.599 4
中邮	9	中邮定期开放 C	中长期纯债型基金	321	99	5.004 1
中邮	9	中邮稳定收益 A	中长期纯债型基金	321	150	32.607 0
中邮	9	中邮稳定收益 C	中长期纯债型基金	321	164	11.320 1
东方红资产管理	10	东方红睿丰	灵活配置型基金	226	44	23.435 9
东方红资产管理	10	东方红产业升级	灵活配置型基金	226	68	6.983 0
东方红资产管理	10	东方红新动力	灵活配置型基金	226	80	8.966 6
富国	11	富国创业板指数分级	被动指数型基金	333	3	13.555 5
富国	11	富国中证军工 B	被动指数型基金	333	8	58.292 1
富国	11	富国中证军工	被动指数型基金	333	52	110.434 5
富国	11	富国中证移动互联网	被动指数型基金	333	89	7.969 6
富国	11	富国上证综指 ETF	被动指数型基金	333	158	2.108 4
富国	11	富国上证综指 ETF 联接	被动指数型基金	333	163	1.946 0

基金公司	整体投资回报能力排名	基金名称	投资类型（二级分类）	样本基金数量	同类基金中排名	期间内规模（亿元）
富国	11	富国国企改革	被动指数型基金	333	177	80.159 6
富国	11	富国创业板 A	被动指数型基金	333	211	16.926 9
富国	11	富国中证移动互联网 A	被动指数型基金	333	239	5.383 9
富国	11	富国中证军工 A	被动指数型基金	333	240	68.049 5
富国	11	富国国企改革 A	被动指数型基金	333	241	24.263 8
富国	11	富国创业板 B	被动指数型基金	333	320	21.911 2
富国	11	富国中证移动互联网 B	被动指数型基金	333	321	5.350 3
富国	11	富国国企改革 B	被动指数型基金	333	322	25.363 8
富国	11	富国收益增强 A	混合债券型二级基金	236	60	11.214 8
富国	11	富国收益增强 C	混合债券型二级基金	236	62	5.844 7
富国	11	富国优化增强 A	混合债券型二级基金	236	77	4.616 6
富国	11	富国优化增强 B	混合债券型二级基金	236	78	4.616 6
富国	11	富国优化增强 C	混合债券型二级基金	236	82	2.464 8
富国	11	富国可转债	混合债券型二级基金	236	92	7.362 5
富国	11	富国信用增强 AB	混合债券型二级基金	236	129	0.958 9
富国	11	富国信用增强 C	混合债券型二级基金	236	138	0.896 6
富国	11	富国汇利回报分级 B	混合债券型一级基金	181	6	1.799 5
富国	11	富国天丰强化收益	混合债券型一级基金	181	17	14.819 2
富国	11	富国天利增长债券	混合债券型一级基金	181	74	14.406 1
富国	11	富国新天锋	混合债券型一级基金	181	80	7.035 4
富国	11	富国汇利回报分级	混合债券型一级基金	181	106	15.958 3
富国	11	富国天盈	混合债券型一级基金	181	128	7.080 1
富国	11	富国汇利回报分级 A	混合债券型一级基金	181	166	3.811 1
富国	11	富国富钱包	货币市场型基金	391	72	14.085 3
富国	11	富国天时货币 B	货币市场型基金	391	74	86.878 9
富国	11	富国天时货币 C	货币市场型基金	391	140	0.103 8
富国	11	富国天时货币 A	货币市场型基金	391	146	6.833 0
富国	11	富国天时货币 D	货币市场型基金	391	323	0.136 8
富国	11	富国收益宝	货币市场型基金	391	363	0.213 2

（续表2）

基金公司	整体投资回报能力排名	基金名称	投资类型（二级分类）	样本基金数量	同类基金中排名	期间内规模（亿元）
富国	11	富国研究精选	灵活配置型基金	226	66	26.963 9
富国	11	富国天成红利	灵活配置型基金	226	93	36.471 5
富国	11	富国宏观策略	灵活配置型基金	226	110	4.289 3
富国	11	富国天盛	灵活配置型基金	226	113	7.242 9
富国	11	富国新回报 AB	灵活配置型基金	226	215	4.058 5
富国	11	富国新回报 C	灵活配置型基金	226	217	1.104 5
富国	11	富国低碳环保	偏股混合型基金	449	1	46.722 1
富国	11	富国医疗保健行业	偏股混合型基金	449	55	15.407 8
富国	11	富国天博创新主题	偏股混合型基金	449	64	38.404 7
富国	11	富国天惠精选成长	偏股混合型基金	449	65	35.866 3
富国	11	富国天合稳健优选	偏股混合型基金	449	67	35.883 2
富国	11	富国通胀通缩主题	偏股混合型基金	449	169	4.502 5
富国	11	富国天益价值	偏股混合型基金	449	250	47.045 3
富国	11	富国消费主题	偏股混合型基金	449	253	24.526 3
富国	11	富国高新技术产业	偏股混合型基金	449	257	3.252 3
富国	11	富国天瑞强势精选	偏股混合型基金	449	259	25.430 0
富国	11	富国天源沪港深	平衡混合型基金	19	1	10.409 6
富国	11	富国城镇发展	普通股票型基金	62	1	30.690 3
富国	11	富国高端制造行业	普通股票型基金	62	11	7.052 4
富国	11	富国中证 500	增强指数型基金	40	3	2.696 9
富国	11	富国中证红利	增强指数型基金	40	9	4.896 1
富国	11	富国沪深 300	增强指数型基金	40	12	29.641 0
富国	11	富国强回报 A	中长期纯债型基金	321	69	3.811 0
富国	11	富国强回报 C	中长期纯债型基金	321	86	2.135 1
富国	11	富国两年期纯债	中长期纯债型基金	321	178	6.933 9
富国	11	富国产业债	中长期纯债型基金	321	199	27.172 1
富国	11	富国信用债 A	中长期纯债型基金	321	220	1.528 1
富国	11	富国信用债 C	中长期纯债型基金	321	232	1.366 9
富国	11	富国目标齐利一年	中长期纯债型基金	321	238	7.692 9

(续表2)

基金公司	整体投资回报能力排名	基金名称	投资类型（二级分类）	样本基金数量	同类基金中排名	期间内规模(亿元)
富国	11	富国纯债 AB	中长期纯债型基金	321	239	1.184 0
富国	11	富国国有企业债 AB	中长期纯债型基金	321	243	3.437 9
富国	11	富国一年期纯债	中长期纯债型基金	321	249	19.828 9
富国	11	富国纯债 C	中长期纯债型基金	321	250	1.775 9
富国	11	富国国有企业债 C	中长期纯债型基金	321	257	0.486 0
兴业全球	12	兴全磐稳增利债券	混合债券型一级基金	181	36	33.248 3
兴业全球	12	兴全货币	货币市场型基金	391	71	12.225 2
兴业全球	12	兴全添利宝	货币市场型基金	391	87	613.423 0
兴业全球	12	兴全有机增长	灵活配置型基金	226	51	12.546 1
兴业全球	12	兴全趋势投资	灵活配置型基金	226	101	85.711 5
兴业全球	12	兴全轻资产	偏股混合型基金	449	8	18.414 1
兴业全球	12	兴全合润分级 A	偏股混合型基金	449	20	0.190 4
兴业全球	12	兴全合润分级 B	偏股混合型基金	449	22	0.385 6
兴业全球	12	兴全合润分级	偏股混合型基金	449	23	24.761 1
兴业全球	12	兴全社会责任	偏股混合型基金	449	80	56.538 9
兴业全球	12	兴全商业模式优选	偏股混合型基金	449	134	3.749 8
兴业全球	12	兴全绿色投资	偏股混合型基金	449	339	22.948 0
兴业全球	12	兴全保本	偏债混合型基金	69	41	16.834 4
兴业全球	12	兴全可转债	偏债混合型基金	69	60	33.718 1
兴业全球	12	兴全全球视野	普通股票型基金	62	21	43.293 8
兴业全球	12	兴全沪深 300	增强指数型基金	40	24	11.492 9
银河	13	银河定投宝	被动指数型基金	333	58	4.342 4
银河	13	银河沪深 300 价值	被动指数型基金	333	201	4.238 6
银河	13	银河增利 A	混合债券型二级基金	236	124	4.500 4
银河	13	银河增利 C	混合债券型二级基金	236	125	0.833 6
银河	13	银河强化收益	混合债券型二级基金	236	130	2.064 1
银河	13	银河通利	混合债券型一级基金	181	11	3.576 4
银河	13	银河通利 C	混合债券型一级基金	181	13	1.648 1
银河	13	银河银信添利 A	混合债券型一级基金	181	92	2.352 6

（续表2）

基金公司	整体投资回报能力排名	基金名称	投资类型（二级分类）	样本基金数量	同类基金中排名	期间内规模(亿元)
银河	13	银河银信添利 B	混合债券型一级基金	181	99	1.135 1
银河	13	银河银富货币 B	货币市场型基金	391	249	149.920 4
银河	13	银河银富货币 A	货币市场型基金	391	316	17.667 3
银河	13	银河灵活配置 C	灵活配置型基金	226	134	1.069 5
银河	13	银河灵活配置 A	灵活配置型基金	226	136	0.984 8
银河	13	银河主题策略	偏股混合型基金	449	25	18.016 7
银河	13	银河竞争优势成长	偏股混合型基金	449	50	7.915 1
银河	13	银河美丽优萃 A	偏股混合型基金	449	77	3.051 9
银河	13	银河美丽优萃 C	偏股混合型基金	449	84	1.335 0
银河	13	银河行业优选	偏股混合型基金	449	101	33.164 3
银河	13	银河创新成长	偏股混合型基金	449	110	9.947 0
银河	13	银河稳健	偏股混合型基金	449	195	9.476 3
银河	13	银河消费驱动	偏股混合型基金	449	227	1.224 2
银河	13	银河蓝筹精选	偏股混合型基金	449	295	1.407 3
银河	13	银河银泰理财分红	偏债混合型基金	69	1	18.933 9
银河	13	银河润利保本 A	偏债混合型基金	69	18	6.318 6
银河	13	银河收益	偏债混合型基金	69	37	19.915 3
银河	13	基金银丰	平衡混合型基金	19	4	43.890 0
银河	13	银河康乐	普通股票型基金	62	30	15.789 9
银河	13	银河沪深 300 成长 B	增强指数型基金	40	10	0.374 5
银河	13	银河沪深 300 成长	增强指数型基金	40	17	0.392 6
银河	13	银河沪深 300 成长 A	增强指数型基金	40	30	0.314 3
银河	13	银河岁岁回报 A	中长期纯债型基金	321	25	0.688 4
银河	13	银河岁岁回报 C	中长期纯债型基金	321	29	0.935 3
银河	13	银河领先债券	中长期纯债型基金	321	96	4.421 3
摩根士丹利华鑫	14	大摩多元收益 A	混合债券型二级基金	236	34	0.478 7
摩根士丹利华鑫	14	大摩多元收益 C	混合债券型二级基金	236	42	1.269 0
摩根士丹利华鑫	14	大摩强收益债券	混合债券型一级基金	181	41	1.784 7
摩根士丹利华鑫	14	大摩消费领航	灵活配置型基金	226	104	5.112 7

基金公司	整体投资回报能力排名	基金名称	投资类型（二级分类）	样本基金数量	同类基金中排名	期间内规模（亿元）
摩根士丹利华鑫	14	大摩多因子策略	偏股混合型基金	449	28	30.908 8
摩根士丹利华鑫	14	大摩卓越成长	偏股混合型基金	449	37	7.331 6
摩根士丹利华鑫	14	大摩主题优选	偏股混合型基金	449	59	4.687 8
摩根士丹利华鑫	14	大摩基础行业混合	偏股混合型基金	449	154	1.134 2
摩根士丹利华鑫	14	大摩领先优势	偏股混合型基金	449	175	6.745 4
摩根士丹利华鑫	14	大摩资源优选混合	偏股混合型基金	449	268	14.028 9
摩根士丹利华鑫	14	大摩量化配置	偏股混合型基金	449	309	22.319 2
摩根士丹利华鑫	14	大摩品质生活精选	普通股票型基金	62	10	4.653 0
摩根士丹利华鑫	14	大摩进取优选	普通股票型基金	62	25	0.784 7
摩根士丹利华鑫	14	大摩深证 300	增强指数型基金	40	6	0.697 3
摩根士丹利华鑫	14	大摩纯债稳定添利 A	中长期纯债型基金	321	93	8.443 4
摩根士丹利华鑫	14	大摩双利增强 C	中长期纯债型基金	321	103	2.527 9
摩根士丹利华鑫	14	大摩纯债稳定添利 C	中长期纯债型基金	321	104	14.366 9
摩根士丹利华鑫	14	大摩双利增强 A	中长期纯债型基金	321	121	2.925 6
摩根士丹利华鑫	14	大摩纯债稳定增利	中长期纯债型基金	321	181	15.905 2
摩根士丹利华鑫	14	大摩优质信价纯债 A	中长期纯债型基金	321	224	4.570 3
摩根士丹利华鑫	14	大摩优质信价纯债 C	中长期纯债型基金	321	228	1.626 0
财通	15	财通稳健增长	混合债券型二级基金	236	178	0.927 5
财通	15	财通价值动量	灵活配置型基金	226	27	5.270 6
财通	15	财通可持续发展主题	偏股混合型基金	449	209	3.387 7
财通	15	财通中证 100 增强	增强指数型基金	40	21	0.394 2
财通	15	财通纯债分级 B	中长期纯债型基金	321	90	0.826 2
财通	15	财通纯债分级 A	中长期纯债型基金	321	295	0.337 3
财通	15	财通纯债分级	中长期纯债型基金	321	321	0.983 9
华商	16	华商双债丰利 A	混合债券型二级基金	236	4	13.186 3
华商	16	华商双债丰利 C	混合债券型二级基金	236	5	10.975 6
华商	16	华商稳定增利 A	混合债券型二级基金	236	69	2.348 5
华商	16	华商稳定增利 C	混合债券型二级基金	236	80	0.697 4
华商	16	华商稳健双利 A	混合债券型二级基金	236	161	4.922 3

基金公司	整体投资回报能力排名	基金名称	投资类型（二级分类）	样本基金数量	同类基金中排名	期间内规模（亿元）
华商	16	华商稳健双利B	混合债券型二级基金	236	166	5.541 5
华商	16	华商收益增强A	混合债券型一级基金	181	4	6.970 4
华商	16	华商收益增强B	混合债券型一级基金	181	5	4.248 9
华商	16	华商现金增利B	货币市场型基金	391	311	6.218 3
华商	16	华商现金增利A	货币市场型基金	391	344	3.090 5
华商	16	华商创新成长	灵活配置型基金	226	15	17.976 7
华商	16	华商优势行业	灵活配置型基金	226	21	10.691 2
华商	16	华商红利优选	灵活配置型基金	226	39	5.766 3
华商	16	华商动态阿尔法	灵活配置型基金	226	70	24.594 7
华商	16	华商新锐产业	灵活配置型基金	226	73	32.886 3
华商	16	华商价值共享灵活配置	灵活配置型基金	226	99	25.303 0
华商	16	华商新量化	灵活配置型基金	226	119	17.388 7
华商	16	华商策略精选	灵活配置型基金	226	143	26.418 6
华商	16	华商大盘量化精选	灵活配置型基金	226	148	29.551 7
华商	16	华商价值精选	偏股混合型基金	449	15	41.046 8
华商	16	华商盛世成长	偏股混合型基金	449	31	58.335 6
华商	16	华商产业升级	偏股混合型基金	449	140	2.208 8
华商	16	华商主题精选	偏股混合型基金	449	303	31.174 5
华商	16	华商领先企业	偏股混合型基金	449	340	44.458 5
华商	16	华商未来主题	偏股混合型基金	449	343	42.420 7
农银汇理	17	农银汇理中证500	被动指数型基金	333	55	0.952 9
农银汇理	17	农银汇理沪深300	被动指数型基金	333	175	14.049 3
农银汇理	17	农银汇理增强收益A	混合债券型二级基金	236	148	0.670 3
农银汇理	17	农银汇理增强收益C	混合债券型二级基金	236	152	0.397 1
农银汇理	17	农银汇理信用添利	混合债券型一级基金	181	72	0.675 5
农银汇理	17	农银汇理恒久增利A	混合债券型一级基金	181	102	1.896 2
农银汇理	17	农银汇理恒久增利C	混合债券型一级基金	181	111	0.461 8
农银汇理	17	农银汇理7天理财B	货币市场型基金	391	50	14.858 5
农银汇理	17	农银汇理14天理财B	货币市场型基金	391	75	3.779 8

基金公司	整体投资回报能力排名	基金名称	投资类型（二级分类）	样本基金数量	同类基金中排名	期间内规模(亿元)
农银汇理	17	农银汇理红利 B	货币市场型基金	391	92	69.615 3
农银汇理	17	农银汇理货币 B	货币市场型基金	391	94	236.851 0
农银汇理	17	农银汇理 7 天理财 A	货币市场型基金	391	101	26.152 4
农银汇理	17	农银汇理 14 天理财 A	货币市场型基金	391	142	4.713 0
农银汇理	17	农银汇理红利 A	货币市场型基金	391	175	71.968 1
农银汇理	17	农银汇理货币 A	货币市场型基金	391	181	143.267 4
农银汇理	17	农银汇理区间收益	灵活配置型基金	226	22	0.624 8
农银汇理	17	农银汇理研究精选	灵活配置型基金	226	52	3.303 8
农银汇理	17	农银汇理行业轮动	偏股混合型基金	449	29	2.806 5
农银汇理	17	农银汇理中小盘	偏股混合型基金	449	33	14.719 6
农银汇理	17	农银汇理消费主题	偏股混合型基金	449	45	13.871 9
农银汇理	17	农银汇理低估值高增长	偏股混合型基金	449	114	5.171 0
农银汇理	17	农银汇理行业成长	偏股混合型基金	449	192	25.393 9
农银汇理	17	农银汇理行业领先	偏股混合型基金	449	198	7.883 3
农银汇理	17	农银汇理平衡双利	偏股混合型基金	449	201	4.339 9
农银汇理	17	农银汇理策略价值	偏股混合型基金	449	262	5.255 6
农银汇理	17	农银汇理大盘蓝筹	偏股混合型基金	449	414	6.568 9
农银汇理	17	农银汇理策略精选	偏股混合型基金	449	425	1.324 3
农银汇理	17	农银汇理深证 100	增强指数型基金	40	18	0.553 4
广发	18	广发中小板 300ETF	被动指数型基金	333	7	3.245 4
广发	18	广发中证全指可选消费 ETF	被动指数型基金	333	28	2.603 5
广发	18	广发中证全指医药卫生 ETF	被动指数型基金	333	32	6.282 5
广发	18	广发中小板 300ETF 联接	被动指数型基金	333	35	2.954 1
广发	18	广发中证 500ETF	被动指数型基金	333	51	19.676 0
广发	18	广发中证 500ETF 联接	被动指数型基金	333	62	19.881 2
广发	18	广发深证 100B	被动指数型基金	333	79	0.203 4
广发	18	广发中证百发 100A	被动指数型基金	333	86	9.485 7
广发	18	广发中证百发 100E	被动指数型基金	333	90	13.853 6
广发	18	广发深证 100 分级	被动指数型基金	333	136	0.402 8

（续表2）

基金公司	整体投资回报能力排名	基金名称	投资类型（二级分类）	样本基金数量	同类基金中排名	期间内规模（亿元）
广发	18	广发沪深300	被动指数型基金	333	185	19.490 1
广发	18	广发深证100A	被动指数型基金	333	205	0.196 9
广发	18	广发中债金融债A	被动指数型债券基金	28	23	0.047 7
广发	18	广发中债金融债C	被动指数型债券基金	28	24	0.130 9
广发	18	广发聚鑫C	混合债券型二级基金	236	6	2.678 9
广发	18	广发聚鑫A	混合债券型二级基金	236	7	5.585 5
广发	18	广发集鑫C	混合债券型二级基金	236	153	0.238 8
广发	18	广发集鑫A	混合债券型二级基金	236	177	1.414 8
广发	18	广发聚利	混合债券型一级基金	181	7	3.149 0
广发	18	广发聚财信用A	混合债券型一级基金	181	9	2.867 1
广发	18	广发聚财信用B	混合债券型一级基金	181	10	4.130 7
广发	18	广发增强债券	混合债券型一级基金	181	27	8.842 7
广发	18	广发理财30天B	货币市场型基金	391	20	0.202 4
广发	18	广发理财7天B	货币市场型基金	391	21	0.621 1
广发	18	广发活期宝	货币市场型基金	391	37	2.343 4
广发	18	广发理财30天A	货币市场型基金	391	47	1.653 3
广发	18	广发理财7天A	货币市场型基金	391	52	3.280 7
广发	18	广发钱袋子	货币市场型基金	391	91	75.437 4
广发	18	广发天天红	货币市场型基金	391	100	190.019 4
广发	18	广发货币B	货币市场型基金	391	115	983.283 2
广发	18	广发天天利B	货币市场型基金	391	159	0.275 6
广发	18	广发货币A	货币市场型基金	391	206	118.919 9
广发	18	广发现金宝B	货币市场型基金	391	224	5.932 4
广发	18	广发天天利A	货币市场型基金	391	245	2.219 8
广发	18	广发现金宝A	货币市场型基金	391	347	10.758 1
广发	18	广发聚祥灵活配置	灵活配置型基金	226	19	5.585 3
广发	18	广发竞争优势	灵活配置型基金	226	30	7.078 5
广发	18	广发主题领先	灵活配置型基金	226	36	19.621 9
广发	18	广发聚优A	灵活配置型基金	226	108	5.316 9

（续表2）

基金公司	整体投资回报能力排名	基金名称	投资类型（二级分类）	样本基金数量	同类基金中排名	期间内规模（亿元）
广发	18	广发逆向策略	灵活配置型基金	226	137	1.296 6
广发	18	广发趋势优选	灵活配置型基金	226	149	0.451 5
广发	18	广发内需增长	灵活配置型基金	226	151	5.580 1
广发	18	广发成长优选	灵活配置型基金	226	165	3.319 6
广发	18	广发轮动配置	偏股混合型基金	449	54	9.520 8
广发	18	广发核心精选	偏股混合型基金	449	68	16.562 4
广发	18	广发制造业精选	偏股混合型基金	449	70	6.838 2
广发	18	广发行业领先	偏股混合型基金	449	113	38.823 3
广发	18	广发聚丰	偏股混合型基金	449	130	120.838 5
广发	18	广发新动力	偏股混合型基金	449	137	27.822 4
广发	18	广发稳健增长	偏股混合型基金	449	199	40.215 2
广发	18	广发策略优选	偏股混合型基金	449	235	56.754 6
广发	18	广发消费品精选	偏股混合型基金	449	307	0.628 1
广发	18	广发大盘成长	偏股混合型基金	449	326	50.612 7
广发	18	广发新经济	偏股混合型基金	449	359	6.743 1
广发	18	广发聚瑞	偏股混合型基金	449	370	20.647 6
广发	18	广发小盘成长	偏股混合型基金	449	385	40.491 8
广发	18	广发聚富	平衡混合型基金	19	9	27.159 8
广发	18	广发集利一年 A	中长期纯债型基金	321	17	10.074 6
广发	18	广发集利一年 C	中长期纯债型基金	321	22	2.980 4
广发	18	广发纯债 A	中长期纯债型基金	321	40	17.166 4
广发	18	广发纯债 C	中长期纯债型基金	321	41	23.219 5
广发	18	广发双债添利 C	中长期纯债型基金	321	72	0.931 0
广发	18	广发双债添利 A	中长期纯债型基金	321	83	30.122 5
广发	18	广发聚源 A	中长期纯债型基金	321	111	1.108 9
广发	18	广发聚源 C	中长期纯债型基金	321	134	0.763 3
民生加银	19	民生加银中证内地资源	被动指数型基金	333	294	1.132 3
民生加银	19	民生加银信用双利 A	混合债券型二级基金	236	22	23.718 9
民生加银	19	民生加银信用双利 C	混合债券型二级基金	236	24	7.712 5

（续表2）

基金公司	整体投资回报能力排名	基金名称	投资类型（二级分类）	样本基金数量	同类基金中排名	期间内规模（亿元）
民生加银	19	民生加银增强收益 A	混合债券型二级基金	236	43	20.490 3
民生加银	19	民生加银增强收益 C	混合债券型二级基金	236	50	6.226 3
民生加银	19	民生加银转债优选 A	混合债券型二级基金	236	235	9.703 5
民生加银	19	民生加银转债优选 C	混合债券型二级基金	236	236	1.545 1
民生加银	19	民生加银家盈月度 B	货币市场型基金	391	16	3.719 3
民生加银	19	民生加银家盈月度 A	货币市场型基金	391	33	2.272 0
民生加银	19	民生加银家盈月度 E	货币市场型基金	391	34	38.999 9
民生加银	19	民生加银现金增利 B	货币市场型基金	391	138	122.534 6
民生加银	19	民生加银家盈 7 天 A	货币市场型基金	391	141	0.168 0
民生加银	19	民生加银现金宝	货币市场型基金	391	160	201.433 1
民生加银	19	民生加银现金增利 A	货币市场型基金	391	232	20.231 7
民生加银	19	民生加银家盈 7 天 B	货币市场型基金	391	300	0.560 7
民生加银	19	民生加银策略精选	灵活配置型基金	226	8	3.283 8
民生加银	19	民生加银城镇化	灵活配置型基金	226	13	1.334 2
民生加银	19	民生加银红利回报	灵活配置型基金	226	28	2.558 9
民生加银	19	民生加银品牌蓝筹	灵活配置型基金	226	49	2.221 8
民生加银	19	民生加银积极成长	灵活配置型基金	226	142	1.085 5
民生加银	19	民生加银精选	偏股混合基金	449	120	3.632 1
民生加银	19	民生加银内需增长	偏股混合型基金	449	160	2.328 0
民生加银	19	民生加银稳健成长	偏股混合型基金	449	164	0.909 3
民生加银	19	民生加银景气行业	偏股混合型基金	449	252	1.150 4
民生加银	19	民生加银优选	普通股票基金	62	54	11.204 2
民生加银	19	民生加银平稳添利 A	中长期纯债型基金	321	45	18.083 7
民生加银	19	民生加银平稳添利 C	中长期纯债型基金	321	59	1.082 9
民生加银	19	民生加银岁岁增利 A	中长期纯债型基金	321	115	3.000 4
民生加银	19	民生加银平稳增利 A	中长期纯债型基金	321	120	10.833 5
民生加银	19	民生加银岁岁增利 C	中长期纯债型基金	321	136	3.323 2
民生加银	19	民生加银平稳增利 C	中长期纯债型基金	321	142	2.732 3
金鹰	20	金鹰中证 500	被动指数型基金	333	68	0.134 7

基金公司	整体投资回报能力排名	基金名称	投资类型（二级分类）	样本基金数量	同类基金中排名	期间内规模(亿元)
金鹰	20	金鹰中证500A	被动指数型基金	333	197	0.025 0
金鹰	20	金鹰中证500B	被动指数型基金	333	307	0.038 1
金鹰	20	金鹰货币B	货币市场型基金	391	136	17.326 7
金鹰	20	金鹰货币A	货币市场型基金	391	230	1.791 0
金鹰	20	金鹰红利价值	灵活配置型基金	226	94	1.843 6
金鹰	20	金鹰成分股优选	灵活配置型基金	226	116	6.910 7
金鹰	20	金鹰主题优势	偏股混合型基金	449	44	4.292 6
金鹰	20	金鹰行业优势	偏股混合型基金	449	52	3.884 9
金鹰	20	金鹰稳健成长	偏股混合型基金	449	58	2.154 6
金鹰	20	金鹰核心资源	偏股混合型基金	449	176	1.013 5
金鹰	20	金鹰中小盘精选	偏股混合型基金	449	182	10.692 6
金鹰	20	金鹰策略配置	偏股混合型基金	449	221	2.259 6
金鹰	20	金鹰元丰保本	偏债混合型基金	69	40	2.013 5
金鹰	20	金鹰元安保本	偏债混合型基金	69	45	1.586 8
金鹰	20	金鹰保本	偏债混合型基金	69	52	0.841 6
宝盈	21	宝盈增强收益AB	混合债券型二级基金	236	114	8.185 9
宝盈	21	宝盈增强收益C	混合债券型二级基金	236	120	5.281 8
宝盈	21	宝盈货币B	货币市场型基金	391	112	151.655 5
宝盈	21	宝盈货币A	货币市场型基金	391	201	34.024 1
宝盈	21	宝盈新价值	灵活配置型基金	226	6	21.254 8
宝盈	21	宝盈睿丰创新AB	灵活配置型基金	226	16	1.341 0
宝盈	21	宝盈睿丰创新C	灵活配置型基金	226	32	6.308 5
宝盈	21	宝盈科技30	灵活配置型基金	226	35	28.580 7
宝盈	21	宝盈先进制造	灵活配置型基金	226	114	27.086 4
宝盈	21	宝盈鸿利收益	灵活配置型基金	226	126	18.006 6
宝盈	21	宝盈核心优势A	灵活配置型基金	226	153	47.685 9
宝盈	21	宝盈核心优势C	灵活配置型基金	226	156	1.844 9
宝盈	21	宝盈策略增长	偏股混合型基金	449	138	57.583 4
宝盈	21	宝盈资源优选	偏股混合型基金	449	188	58.594 5

基金公司	整体投资回报能力排名	基金名称	投资类型（二级分类）	样本基金数量	同类基金中排名	期间内规模(亿元)
宝盈	21	宝盈泛沿海增长	偏股混合型基金	449	233	21.004 9
宝盈	21	基金鸿阳	偏股混合型基金	449	298	24.791 0
宝盈	21	宝盈祥瑞养老	偏债混合型基金	69	8	20.830 3
宝盈	21	宝盈中证100	增强指数型基金	40	34	2.197 6
德邦	22	德邦企债分级B	被动指数型债券基金	28	1	0.045 9
德邦	22	德邦企债分级	被动指数型债券基金	28	11	0.704 9
德邦	22	德邦企债分级A	被动指数型债券基金	28	22	0.097 2
德邦	22	德邦德利货币B	货币市场型基金	391	125	94.678 0
德邦	22	德邦德利货币A	货币市场型基金	391	216	3.574 9
德邦	22	德邦优化配置	灵活配置型基金	226	159	4.042 8
国寿安保	23	国寿安保沪深300	被动指数型基金	333	170	13.859 4
国寿安保	23	国寿安保薪金宝	货币市场型基金	391	73	14.748 0
国寿安保	23	国寿安保货币B	货币市场型基金	391	132	258.730 6
国寿安保	23	国寿安保场内申赎B	货币市场型基金	391	147	18.997 5
国寿安保	23	国寿安保货币A	货币市场型基金	391	228	3.833 7
国寿安保	23	国寿安保场内申赎A	货币市场型基金	391	307	4.963 2
国寿安保	23	国寿安保尊享C	中长期纯债型基金	321	79	0.433 3
国寿安保	23	国寿安保尊享A	中长期纯债型基金	321	80	8.507 5
长盛	24	长盛同辉深证100等权	被动指数型基金	333	153	0.120 8
长盛	24	长盛沪深300	被动指数型基金	333	182	1.567 8
长盛	24	长盛同辉深证100等权A	被动指数型基金	333	186	0.388 6
长盛	24	长盛同瑞A	被动指数型基金	333	199	0.019 2
长盛	24	长盛中证100	被动指数型基金	333	261	6.672 1
长盛	24	长盛同瑞中证200	被动指数型基金	333	286	0.121 4
长盛	24	长盛同辉深证100等权B	被动指数型基金	333	326	0.615 8
长盛	24	长盛同瑞B	被动指数型基金	333	330	0.039 3
长盛	24	长盛积极配置	混合债券型二级基金	236	185	1.471 6
长盛	24	长盛同禧信用增利A	混合债券型二级基金	236	186	0.379 0
长盛	24	长盛同禧信用增利C	混合债券型二级基金	236	190	0.129 1

基金公司	整体投资回报能力排名	基金名称	投资类型（二级分类）	样本基金数量	同类基金中排名	期间内规模（亿元）
长盛	24	长盛货币	货币市场型基金	391	56	71.657 0
长盛	24	长盛添利宝B	货币市场型基金	391	84	100.594 9
长盛	24	长盛添利宝A	货币市场型基金	391	169	6.379 9
长盛	24	长盛电子信息主题	灵活配置型基金	226	3	16.539 6
长盛	24	长盛创新先锋	灵活配置型基金	226	78	5.989 6
长盛	24	长盛战略新兴产业A	灵活配置型基金	226	103	9.899 8
长盛	24	长盛养老健康产业	灵活配置型基金	226	133	6.685 4
长盛	24	长盛高端装备制造	灵活配置型基金	226	141	7.670 2
长盛	24	长盛航天海工装备	灵活配置型基金	226	146	4.143 6
长盛	24	长盛生态环境主题	灵活配置型基金	226	155	9.146 3
长盛	24	长盛同益成长回报	灵活配置型基金	226	178	7.768 9
长盛	24	长盛同盛成长优选	灵活配置型基金	226	222	22.162 1
长盛	24	长盛电子信息产业	偏股混合型基金	449	27	28.693 3
长盛	24	长盛量化红利策略	偏股混合型基金	449	94	5.159 6
长盛	24	长盛城镇化主题	偏股混合型基金	449	174	4.185 9
长盛	24	长盛成长价值	偏股混合型基金	449	193	9.022 0
长盛	24	长盛动态精选	偏股混合型基金	449	290	7.566 9
长盛	24	长盛同德	偏股混合型基金	449	346	33.708 9
长盛	24	长盛同智	偏股混合型基金	449	426	18.654 8
长盛	24	长盛同鑫行业配置	偏股混合型基金	449	438	1.246 9
长盛	24	长盛纯债A	中长期纯债型基金	321	131	0.992 4
长盛	24	长盛同丰	中长期纯债型基金	321	135	0.911 4
长盛	24	长盛纯债C	中长期纯债型基金	321	141	0.440 1
长盛	24	长盛双月红1年期A	中长期纯债型基金	321	183	0.979 4
长盛	24	长盛双月红1年期C	中长期纯债型基金	321	195	0.688 0
长盛	24	长盛年年收益A	中长期纯债型基金	321	254	0.535 7
长盛	24	长盛年年收益C	中长期纯债型基金	321	265	0.209 1
华润元大	25	华润元大富时中国A50	被动指数型基金	333	288	1.293 1
华润元大	25	华润元大现金收益B	货币市场型基金	391	118	14.701 8

基金公司	整体投资回报能力排名	基金名称	投资类型（二级分类）	样本基金数量	同类基金中排名	期间内规模（亿元）
华润元大	25	华润元大现金收益A	货币市场型基金	391	212	2.338 4
华润元大	25	华润元大安鑫	灵活配置型基金	226	75	2.810 2
华润元大	25	华润元大信息传媒科技	偏股混合型基金	449	48	0.481 7
华润元大	25	华润元大医疗保健量化	偏股混合型基金	449	170	0.699 3
工银瑞信	26	工银瑞信深证100B	被动指数型基金	333	50	0.169 5
工银瑞信	26	工银瑞信中证500B	被动指数型基金	333	63	0.092 1
工银瑞信	26	工银瑞信中证500	被动指数型基金	333	97	0.522 6
工银瑞信	26	工银瑞信深证100	被动指数型基金	333	105	0.108 3
工银瑞信	26	工银瑞信深证红利ETF	被动指数型基金	333	132	5.700 1
工银瑞信	26	工银瑞信深证红利ETF联接	被动指数型基金	333	140	4.951 0
工银瑞信	26	工银瑞信沪深300	被动指数型基金	333	172	32.151 3
工银瑞信	26	工银瑞信中证500A	被动指数型基金	333	204	0.039 4
工银瑞信	26	工银瑞信深证100A	被动指数型基金	333	206	0.107 0
工银瑞信	26	工银上证央企50ETF	被动指数型基金	333	285	5.467 5
工银瑞信	26	工银瑞信添颐A	混合债券型二级基金	236	71	5.364 6
工银瑞信	26	工银瑞信产业债A	混合债券型二级基金	236	84	3.302 9
工银瑞信	26	工银瑞信添福A	混合债券型二级基金	236	87	31.491 3
工银瑞信	26	工银瑞信添颐B	混合债券型二级基金	236	88	11.489 6
工银瑞信	26	工银瑞信月月薪	混合债券型二级基金	236	89	13.172 7
工银瑞信	26	工银瑞信产业债B	混合债券型二级基金	236	90	3.600 0
工银瑞信	26	工银瑞信添福B	混合债券型二级基金	236	95	5.306 7
工银瑞信	26	工银瑞信双债增强	混合债券型二级基金	236	100	4.638 4
工银瑞信	26	工银瑞信双利A	混合债券型二级基金	236	107	73.401 3
工银瑞信	26	工银瑞信双利B	混合债券型二级基金	236	115	6.013 4
工银瑞信	26	工银瑞信四季收益	混合债券型二级基金	236	128	11.039 5
工银瑞信	26	工银瑞信增利分级	混合债券型二级基金	236	194	7.941 5
工银瑞信	26	工银瑞信增利B	混合债券型二级基金	236	197	7.304 4
工银瑞信	26	工银瑞信增利A	混合债券型二级基金	236	210	0.636 5
工银瑞信	26	工银瑞信信用添利A	混合债券型一级基金	181	66	25.314 6

基金公司	整体投资回报能力排名	基金名称	投资类型（二级分类）	样本基金数量	同类基金中排名	期间内规模（亿元）
工银瑞信	26	工银瑞信信用添利B	混合债券型一级基金	181	77	23.054 2
工银瑞信	26	工银瑞信增强收益A	混合债券型一级基金	181	116	25.131 3
工银瑞信	26	工银瑞信增强收益B	混合债券型一级基金	181	125	12.827 6
工银瑞信	26	工银瑞信60天理财B	货币市场型基金	391	3	2.157 5
工银瑞信	26	工银瑞信14天理财B	货币市场型基金	391	9	79.510 2
工银瑞信	26	工银瑞信60天理财A	货币市场型基金	391	11	13.625 2
工银瑞信	26	工银瑞信14天理财A	货币市场型基金	391	26	29.025 4
工银瑞信	26	工银瑞信7天理财B	货币市场型基金	391	35	131.957 9
工银瑞信	26	工银瑞信薪金B	货币市场型基金	391	63	186.845 1
工银瑞信	26	工银瑞信7天理财A	货币市场型基金	391	89	205.098 4
工银瑞信	26	工银瑞信现金快线	货币市场型基金	391	109	18.277 6
工银瑞信	26	工银瑞信货币	货币市场型基金	391	164	1 599.373 2
工银瑞信	26	工银瑞信薪金A	货币市场型基金	391	226	97.909 8
工银瑞信	26	工银瑞信添益快线	货币市场型基金	391	268	8.156 3
工银瑞信	26	工银瑞信新财富	灵活配置型基金	226	177	15.284 2
工银瑞信	26	工银瑞信中小盘成长	偏股混合型基金	449	66	4.357 7
工银瑞信	26	工银瑞信主题策略	偏股混合型基金	449	91	14.758 5
工银瑞信	26	工银瑞信量化策略	偏股混合型基金	449	118	1.795 3
工银瑞信	26	工银瑞信信息产业	偏股混合型基金	449	121	30.401 9
工银瑞信	26	工银瑞信精选平衡	偏股混合型基金	449	146	31.762 1
工银瑞信	26	工银瑞信稳健成长A	偏股混合型基金	449	310	35.149 7
工银瑞信	26	工银瑞信消费服务	偏股混合型基金	449	331	3.214 5
工银瑞信	26	工银瑞信金融地产	偏股混合型基金	449	384	27.845 3
工银瑞信	26	工银瑞信核心价值A	偏股混合型基金	449	410	56.246 5
工银瑞信	26	工银瑞信大盘蓝筹	偏股混合型基金	449	434	3.564 7
工银瑞信	26	工银瑞信红利	偏股混合型基金	449	436	12.184 1
工银瑞信	26	工银瑞信保本2号	偏债混合型基金	69	38	51.918 8
工银瑞信	26	工银瑞信保本3号A	偏债混合型基金	69	47	1.864 1
工银瑞信	26	工银瑞信保本3号B	偏债混合型基金	69	49	1.723 5

（续表 2）

基金公司	整体投资回报能力排名	基金名称	投资类型（二级分类）	样本基金数量	同类基金中排名	期间内规模（亿元）
工银瑞信	26	工银瑞信医疗保健行业	普通股票型基金	62	12	35.161 0
工银瑞信	26	工银瑞信高端制造行业	普通股票型基金	62	28	24.430 0
工银瑞信	26	工银瑞信研究精选	普通股票型基金	62	43	4.014 3
工银瑞信	26	工银瑞信创新动力	普通股票型基金	62	44	53.692 8
工银瑞信	26	工银瑞信纯债 A	中长期纯债型基金	321	76	26.771 2
工银瑞信	26	工银瑞信纯债 B	中长期纯债型基金	321	89	23.587 1
工银瑞信	26	工银信用纯债一年 A	中长期纯债型基金	321	92	2.714 0
工银瑞信	26	工银信用纯债一年 C	中长期纯债型基金	321	102	1.770 5
工银瑞信	26	工银瑞信信用纯债 A	中长期纯债型基金	321	128	7.686 4
工银瑞信	26	工银瑞信信用纯债 B	中长期纯债型基金	321	146	4.691 5
工银瑞信	26	工银瑞信目标收益一年	中长期纯债型基金	321	222	7.793 7
工银瑞信	26	工银瑞信纯债	中长期纯债型基金	321	234	28.996 1
工银瑞信	26	工银信用纯债两年 A	中长期纯债型基金	321	268	4.952 0
工银瑞信	26	工银信用纯债两年 C	中长期纯债型基金	321	271	1.743 3
南方	27	南方中证 500 医药卫生 ETF	被动指数型基金	333	15	3.897 6
南方	27	南方中证 500ETF	被动指数型基金	333	23	125.995 5
南方	27	南方中证 500ETF 联接	被动指数型基金	333	37	48.417 1
南方	27	南方上证 380ETF	被动指数型基金	333	53	3.000 4
南方	27	南方上证 380ETF 联接	被动指数型基金	333	69	2.635 4
南方	27	南方深成 ETF	被动指数型基金	333	134	12.334 0
南方	27	南方深成 ETF 联接	被动指数型基金	333	138	7.802 6
南方	27	南方开元沪深 300ETF	被动指数型基金	333	178	18.077 3
南方	27	南方开元沪深 300ETF 联接	被动指数型基金	333	213	14.129 8
南方	27	南方小康产业 ETF	被动指数型基金	333	238	6.654 4
南方	27	南方小康产业 ETF 联接	被动指数型基金	333	245	6.492 7
南方	27	南方中债中期票据 A	被动指数型债券基金	28	12	1.017 3
南方	27	南方中债中期票据 C	被动指数型债券基金	28	14	0.126 0
南方	27	南方中证 50 债 A	被动指数型债券基金	28	16	1.033 6
南方	27	南方中证 50 债 C	被动指数型债券基金	28	18	0.284 7

基金公司	整体投资回报能力排名	基金名称	投资类型 (二级分类)	样本基金数量	同类基金中排名	期间内规模(亿元)
南方	27	南方广利回报 C	混合债券型二级基金	236	188	10.128 4
南方	27	南方广利回报 AB	混合债券型二级基金	236	189	14.047 3
南方	27	南方多利增强 A	混合债券型一级基金	181	63	27.528 5
南方	27	南方多利增强 C	混合债券型一级基金	181	67	13.047 2
南方	27	南方丰元信用增强 A	混合债券型一级基金	181	69	18.724 4
南方	27	南方丰元信用增强 C	混合债券型一级基金	181	87	2.662 4
南方	27	南方永利 1 年 A	混合债券型一级基金	181	173	3.340 5
南方	27	南方永利 1 年 C	混合债券型一级基金	181	175	0.056 4
南方	27	南方理财 60 天 B	货币市场型基金	391	15	0.319 2
南方	27	南方理财 14 天 B	货币市场型基金	391	19	2.900 3
南方	27	南方现金通 C	货币市场型基金	391	39	12.565 5
南方	27	南方理财 60 天 A	货币市场型基金	391	42	5.341 2
南方	27	南方理财 14 天 A	货币市场型基金	391	46	17.510 8
南方	27	南方现金通 B	货币市场型基金	391	49	0.646 9
南方	27	南方现金通 A	货币市场型基金	391	53	0.153 6
南方	27	南方现金通 E	货币市场型基金	391	67	0.691 6
南方	27	南方现金增利 B	货币市场型基金	391	108	443.724 4
南方	27	南方薪金宝	货币市场型基金	391	176	17.459 9
南方	27	南方现金增利 A	货币市场型基金	391	193	517.888 1
南方	27	南方收益宝 A	货币市场型基金	391	237	8.643 6
南方	27	南方理财金 H	货币市场型基金	391	266	79.065 6
南方	27	南方理财金 A	货币市场型基金	391	267	14.900 7
南方	27	南方新优享	灵活配置型基金	226	29	4.690 5
南方	27	南方医药保健	灵活配置型基金	226	37	5.203 6
南方	27	南方优选成长	灵活配置型基金	226	81	6.332 8
南方	27	南方中国梦	灵活配置型基金	226	87	3.362 8
南方	27	南方高端装备	灵活配置型基金	226	89	3.679 5
南方	27	南方盛元红利	偏股混合型基金	449	57	15.958 0
南方	27	南方优选价值 A	偏股混合型基金	449	72	13.721 0

基金公司	整体投资回报能力排名	基金名称	投资类型（二级分类）	样本基金数量	同类基金中排名	期间内规模（亿元）
南方	27	南方策略优化	偏股混合型基金	449	112	5.689 0
南方	27	南方绩优成长	偏股混合型基金	449	131	60.774 1
南方	27	南方隆元产业主题	偏股混合型基金	449	215	29.103 9
南方	27	南方积极配置	偏股混合型基金	449	238	12.947 2
南方	27	南方稳健成长	偏股混合型基金	449	248	29.764 9
南方	27	南方高增长	偏股混合型基金	449	278	27.189 3
南方	27	南方成分精选	偏股混合型基金	449	354	73.596 3
南方	27	南方宝元债券	偏债混合型基金	69	13	18.028 4
南方	27	南方恒元保本三期	偏债混合型基金	69	25	5.929 5
南方	27	南方保本	偏债混合型基金	69	30	6.815 9
南方	27	南方避险增值	偏债混合型基金	69	43	69.410 1
南方	27	南方稳健成长2号	平衡混合型基金	19	8	30.267 2
南方	27	南方新兴消费进取	普通股票型基金	62	6	0.293 1
南方	27	南方天元新产业	普通股票型基金	62	16	8.157 0
南方	27	南方新兴消费增长	普通股票型基金	62	37	1.298 8
南方	27	南方新兴消费收益	普通股票型基金	62	61	0.230 7
南方	27	南方通利C	中长期纯债型基金	321	34	8.951 4
南方	27	南方通利A	中长期纯债型基金	321	39	8.785 2
南方	27	南方金利A	中长期纯债型基金	321	58	6.530 2
南方	27	南方聚利1年A	中长期纯债型基金	321	62	3.490 9
南方	27	南方金利C	中长期纯债型基金	321	68	4.186 1
南方	27	南方聚利1年C	中长期纯债型基金	321	73	0.335 1
南方	27	南方稳利1年A	中长期纯债型基金	321	184	23.678 5
南方	27	南方启元A	中长期纯债型基金	321	187	17.393 1
南方	27	南方润元纯债AB	中长期纯债型基金	321	189	7.990 4
南方	27	南方启元C	中长期纯债型基金	321	208	0.646 1
南方	27	南方润元纯债C	中长期纯债型基金	321	209	13.102 8
南方	27	南方稳利1年C	中长期纯债型基金	321	212	1.056 9
汇添富	28	汇添富中证医药卫生ETF	被动指数型基金	333	44	1.515 0

基金公司	整体投资回报能力排名	基金名称	投资类型（二级分类）	样本基金数量	同类基金中排名	期间内规模(亿元)
汇添富	28	汇添富深证 300ETF	被动指数型基金	333	67	0.847 0
汇添富	28	汇添富深证 300ETF 联接	被动指数型基金	333	78	0.639 5
汇添富	28	汇添富中证主要消费 ETF	被动指数型基金	333	101	6.492 6
汇添富	28	汇添富沪深 300 安中动态策略	被动指数型基金	333	159	2.661 3
汇添富	28	汇添富上证综指	被动指数型基金	333	160	29.522 1
汇添富	28	汇添富中证金融地产 ETF	被动指数型基金	333	272	1.705 7
汇添富	28	汇添富中证能源 ETF	被动指数型基金	333	310	0.291 9
汇添富	28	汇添富双利 A	混合债券型二级基金	236	93	1.507 7
汇添富	28	汇添富多元收益 A	混合债券型二级基金	236	97	6.173 1
汇添富	28	汇添富双利 C	混合债券型二级基金	236	98	0.306 9
汇添富	28	汇添富双利增强 C	混合债券型二级基金	236	102	0.288 0
汇添富	28	汇添富多元收益 C	混合债券型二级基金	236	105	3.134 5
汇添富	28	汇添富双利增强 A	混合债券型二级基金	236	106	2.839 6
汇添富	28	汇添富可转债 A	混合债券型二级基金	236	231	3.404 5
汇添富	28	汇添富可转债 C	混合债券型二级基金	236	232	3.070 4
汇添富	28	汇添富季季红	混合债券型一级基金	181	38	5.544 2
汇添富	28	汇添富信用债 A	混合债券型一级基金	181	70	8.411 9
汇添富	28	汇添富信用债 C	混合债券型一级基金	181	86	0.039 7
汇添富	28	汇添富增强收益 A	混合债券型一级基金	181	96	17.131 9
汇添富	28	汇添富增强收益 C	混合债券型一级基金	181	97	2.326 5
汇添富	28	汇添富理财 60 天 B	货币市场型基金	391	17	0.464 0
汇添富	28	汇添富理财 30 天 B	货币市场型基金	391	30	0.555 2
汇添富	28	汇添富理财 7 天 B	货币市场型基金	391	32	1.616 1
汇添富	28	汇添富和聚宝	货币市场型基金	391	38	16.946 2
汇添富	28	汇添富理财 60 天 A	货币市场型基金	391	45	4.126 5
汇添富	28	汇添富理财 30 天 A	货币市场型基金	391	76	7.951 6
汇添富	28	汇添富全额宝	货币市场型基金	391	79	106.323 1
汇添富	28	汇添富理财 7 天 A	货币市场型基金	391	122	5.125 8
汇添富	28	汇添富现金宝	货币市场型基金	391	165	351.498 8

基金公司	整体投资回报能力排名	基金名称	投资类型（二级分类）	样本基金数量	同类基金中排名	期间内规模（亿元）
汇添富	28	汇添富收益快线货币B	货币市场型基金	391	290	124.166 3
汇添富	28	汇添富货币B	货币市场型基金	391	305	51.423 0
汇添富	28	汇添富收益快钱B	货币市场型基金	391	315	2.151 5
汇添富	28	汇添富货币D	货币市场型基金	391	339	4.381 0
汇添富	28	汇添富货币C	货币市场型基金	391	340	40.285 8
汇添富	28	汇添富货币A	货币市场型基金	391	341	3.285 5
汇添富	28	汇添富收益快钱A	货币市场型基金	391	346	2.151 5
汇添富	28	汇添富理财14天A	货币市场型基金	391	353	0.508 7
汇添富	28	汇添富理财14天B	货币市场型基金	391	354	0.191 4
汇添富	28	汇添富收益快线货币A	货币市场型基金	391	356	139.069 2
汇添富	28	汇添富蓝筹稳健	灵活配置型基金	226	26	5.120 6
汇添富	28	汇添富民营活力A	偏股混合型基金	449	4	50.693 7
汇添富	28	汇添富成长焦点	偏股混合型基金	449	30	54.058 4
汇添富	28	汇添富消费行业	偏股混合型基金	449	41	22.423 9
汇添富	28	汇添富社会责任	偏股混合型基金	449	49	27.562 6
汇添富	28	汇添富价值精选A	偏股混合型基金	449	92	48.698 0
汇添富	28	汇添富策略回报	偏股混合型基金	449	103	12.576 6
汇添富	28	汇添富均衡增长	偏股混合型基金	449	119	96.283 4
汇添富	28	汇添富优势精选	偏股混合型基金	449	132	26.731 1
汇添富	28	汇添富美丽30	偏股混合型基金	449	148	33.263 7
汇添富	28	汇添富医药保健A	偏股混合型基金	449	234	56.472 7
汇添富	28	汇添富逆向投资	偏股混合型基金	449	260	8.739 2
汇添富	28	汇添富移动互联	普通股票型基金	62	8	64.824 0
汇添富	28	汇添富环保行业	普通股票型基金	62	22	30.470 7
汇添富	28	汇添富外延增长主题	普通股票型基金	62	34	54.818 4
汇添富	28	汇添富互利分级B	中长期纯债型基金	321	9	2.825 9
汇添富	28	汇添富互利分级	中长期纯债型基金	321	31	3.696 7
汇添富	28	汇添富高息债A	中长期纯债型基金	321	127	0.727 7
汇添富	28	汇添富高息债C	中长期纯债型基金	321	157	0.682 8

基金公司	整体投资回报能力排名	基金名称	投资类型（二级分类）	样本基金数量	同类基金中排名	期间内规模(亿元)
汇添富	28	汇添富实业债A	中长期纯债型基金	321	173	2.838 4
汇添富	28	汇添富实业债C	中长期纯债型基金	321	182	0.918 8
汇添富	28	汇添富年年利A	中长期纯债型基金	321	194	5.392 9
汇添富	28	汇添富年年利C	中长期纯债型基金	321	216	1.713 6
汇添富	28	汇添富安心中国C	中长期纯债型基金	321	251	0.245 4
汇添富	28	汇添富安心中国A	中长期纯债型基金	321	258	2.212 9
汇添富	28	汇添富互利分级A	中长期纯债型基金	321	304	0.871 7
平安大华	29	平安大华财富宝	货币市场型基金	391	41	16.928 4
平安大华	29	平安大华日增利	货币市场型基金	391	170	199.643 7
平安大华	29	平安大华策略先锋	灵活配置型基金	226	25	1.755 1
平安大华	29	平安大华行业先锋	偏股混合型基金	449	274	6.286 9
平安大华	29	平安大华保本	偏债混合型基金	69	68	4.806 4
平安大华	29	平安大华深证300	增强指数型基金	40	7	0.476 6
平安大华	29	平安大华添利A	中长期纯债型基金	321	12	0.598 1
平安大华	29	平安大华添利C	中长期纯债型基金	321	14	0.338 0
浦银安盛	30	浦银安盛基本面400	被动指数型基金	333	80	0.670 7
浦银安盛	30	浦银安盛优化收益A	混合债券型二级基金	236	180	0.682 2
浦银安盛	30	浦银安盛优化收益C	混合债券型二级基金	236	184	0.482 4
浦银安盛	30	浦银安盛稳健增利	混合债券型一级基金	181	176	6.289 7
浦银安盛	30	浦银安盛日日盈B	货币市场型基金	391	116	40.820 0
浦银安盛	30	浦银安盛货币B	货币市场型基金	391	195	19.419 3
浦银安盛	30	浦银安盛日日盈D	货币市场型基金	391	207	24.068 0
浦银安盛	30	浦银安盛日日盈A	货币市场型基金	391	208	0.452 4
浦银安盛	30	浦银安盛货币A	货币市场型基金	391	273	2.351 7
浦银安盛	30	浦银安盛货币E	货币市场型基金	391	277	0.063 2
浦银安盛	30	浦银安盛战略新兴产业	灵活配置型基金	226	4	9.805 0
浦银安盛	30	浦银安盛精选生活	灵活配置型基金	226	5	3.313 9
浦银安盛	30	浦银安盛消费升级	灵活配置型基金	226	33	0.914 5
浦银安盛	30	浦银安盛新经济结构	灵活配置型基金	226	71	0.859 0

(续表 2)

基金公司	整体投资回报能力排名	基金名称	投资类型（二级分类）	样本基金数量	同类基金中排名	期间内规模(亿元)
浦银安盛	30	浦银安盛盛世精选 A	灵活配置型基金	226	166	20.559 0
浦银安盛	30	浦银安盛红利精选	偏股混合型基金	449	86	1.165 4
浦银安盛	30	浦银安盛价值成长 A	偏股混合型基金	449	153	29.945 3
浦银安盛	30	浦银安盛沪深 300	增强指数型基金	40	20	1.641 3
浦银安盛	30	浦银安盛幸福回报 A	中长期纯债型基金	321	97	7.974 3
浦银安盛	30	浦银安盛幸福回报 B	中长期纯债型基金	321	109	0.692 0
浦银安盛	30	浦银安盛 6 个月 A	中长期纯债型基金	321	236	1.004 9
浦银安盛	30	浦银安盛 6 个月 C	中长期纯债型基金	321	244	0.152 5
浦银安盛	30	浦银安盛月月盈 A	中长期纯债型基金	321	281	2.871 9
浦银安盛	30	浦银安盛月月盈 C	中长期纯债型基金	321	285	0.186 3
浦银安盛	30	浦银安盛季季添利 A	中长期纯债型基金	321	293	10.001 3
浦银安盛	30	浦银安盛季季添利 C	中长期纯债型基金	321	297	0.242 0
安信	31	安信现金管理货币 B	货币市场型基金	391	103	20.352 5
安信	31	安信现金管理货币 A	货币市场型基金	391	187	4.059 3
安信	31	安信现金增利	货币市场型基金	391	191	1.160 2
安信	31	安信鑫发优选	灵活配置型基金	226	152	3.863 3
安信	31	安信灵活配置	灵活配置型基金	226	158	0.994 5
安信	31	安信平稳增长 A	灵活配置型基金	226	185	1.735 1
安信	31	安信价值精选	普通股票型基金	62	26	0.712 1
安信	31	安信永利信用 A	中长期纯债型基金	321	50	2.177 4
安信	31	安信永利信用 C	中长期纯债型基金	321	60	0.898 1
安信	31	安信目标收益 A	中长期纯债型基金	321	116	4.498 2
安信	31	安信目标收益 C	中长期纯债型基金	321	139	4.592 1
长安	32	长安 300 非周期	被动指数型基金	333	130	0.730 5
长安	32	长安货币 B	货币市场型基金	391	124	26.191 8
长安	32	长安货币 A	货币市场型基金	391	217	4.386 1
长安	32	长安产业精选 A	灵活配置型基金	226	212	1.555 2
长安	32	长安宏观策略	偏股混合型基金	449	348	1.131 8
方正富邦	33	方正富邦货币 B	货币市场型基金	391	40	1.358 2

基金公司	整体投资回报能力排名	基金名称	投资类型（二级分类）	样本基金数量	同类基金中排名	期间内规模(亿元)
方正富邦	33	方正富邦货币A	货币市场型基金	391	82	1.632 4
方正富邦	33	方正富邦金小宝	货币市场型基金	391	179	44.919 3
方正富邦	33	方正富邦创新动力	偏股混合型基金	449	71	0.497 5
方正富邦	33	方正富邦红利精选	偏股混合型基金	449	315	0.154 0
方正富邦	33	方正富邦互利定期开放	中长期纯债型基金	321	316	0.733 0
光大保德信	34	光大添益A	混合债券型二级基金	236	176	2.999 5
光大保德信	34	光大添益C	混合债券型二级基金	236	179	0.568 9
光大保德信	34	光大收益A	混合债券型一级基金	181	124	5.884 4
光大保德信	34	光大收益C	混合债券型一级基金	181	133	0.348 9
光大保德信	34	光大现金宝B	货币市场型基金	391	148	115.775 3
光大保德信	34	光大货币	货币市场型基金	214	141.539 1
光大保德信	34	光大现金宝A	货币市场型基金	391	233	0.881 5
光大保德信	34	光大添天盈B	货币市场型基金	391	259	5.115 8
光大保德信	34	光大添天盈A	货币市场型基金	391	318	0.491 7
光大保德信	34	光大添盛理财A	货币市场型基金	391	387	0.067 7
光大保德信	34	光大添盛理财B	货币市场型基金	391	391	0.222 3
光大保德信	34	光大动态优选	灵活配置型基金	226	106	21.164 9
光大保德信	34	光大中小盘	偏股混合型基金	449	51	4.004 1
光大保德信	34	光大精选	偏股混合型基金	449	87	1.303 7
光大保德信	34	光大红利	偏股混合型基金	449	165	24.220 7
光大保德信	34	光大银发商机主题	偏股混合型基金	449	181	2.469 0
光大保德信	34	光大优势	偏股混合型基金	449	191	69.908 3
光大保德信	34	光大行业轮动	偏股混合型基金	449	281	1.415 9
光大保德信	34	光大新增长	偏股混合型基金	449	289	6.556 6
光大保德信	34	光大核心	普通股票型基金	62	23	59.959 7
光大保德信	34	光大岁末红利纯债A	中长期纯债型基金	321	214	5.957 7
光大保德信	34	光大岁末红利纯债C	中长期纯债型基金	321	233	0.591 0
华夏	35	华夏中小板ETF	被动指数型基金	333	11	24.850 4
华夏	35	华夏上证医药卫生ETF	被动指数型基金	333	24	3.161 8

（续表2）

基金公司	整体投资回报能力排名	基金名称	投资类型（二级分类）	样本基金数量	同类基金中排名	期间内规模（亿元）
华夏	35	华夏上证主要消费 ETF	被动指数型基金	333	93	3.295 1
华夏	35	华夏沪深 300ETF	被动指数型基金	333	155	232.428 9
华夏	35	华夏沪深 300ETF 联接	被动指数型基金	333	156	172.523 8
华夏	35	华夏上证原材料 ETF	被动指数型基金	333	262	0.609 1
华夏	35	华夏上证 50ETF	被动指数型基金	333	281	280.037 2
华夏	35	华夏上证金融地产 ETF	被动指数型基金	333	290	3.274 7
华夏	35	华夏上证能源 ETF	被动指数型基金	333	303	0.728 5
华夏	35	华夏亚债中国 A	被动指数型债券基金	28	9	24.934 6
华夏	35	华夏亚债中国 C	被动指数型债券基金	28	10	0.343 6
华夏	35	华夏安康信用优选 A	混合债券型二级基金	236	40	9.563 9
华夏	35	华夏安康信用优选 C	混合债券型二级基金	236	45	4.424 4
华夏	35	华夏希望债券 A	混合债券型二级基金	236	104	16.972 9
华夏	35	华夏希望债券 C	混合债券型二级基金	236	112	9.796 4
华夏	35	华夏双债增强 A	混合债券型一级基金	181	40	1.762 6
华夏	35	中信稳定双利债券	混合债券型一级基金	181	42	10.597 7
华夏	35	华夏双债增强 C	混合债券型一级基金	181	44	1.104 8
华夏	35	华夏债券 AB	混合债券型一级基金	181	126	11.772 9
华夏	35	华夏债券 C	混合债券型一级基金	181	130	18.520 1
华夏	35	华夏聚利	混合债券型一级基金	181	140	47.573 1
华夏	35	华夏薪金宝	货币市场型基金	391	77	51.612 4
华夏	35	华夏财富宝	货币市场型基金	391	81	479.336 0
华夏	35	华夏理财 30 天 A	货币市场型基金	391	93	3.761 2
华夏	35	华夏现金增利 E	货币市场型基金	391	120	886.772 6
华夏	35	华夏现金增利 A	货币市场型基金	391	121	886.772 6
华夏	35	华夏货币 B	货币市场型基金	391	166	148.228 9
华夏	35	华夏货币 A	货币市场型基金	391	252	26.190 9
华夏	35	华夏理财 30 天 B	货币市场型基金	391	299	0.206 0
华夏	35	华夏保证金 B	货币市场型基金	391	304	4.575 9
华夏	35	华夏理财 21 天 A	货币市场型基金	391	345	0.541 4

（续表2）

基金公司	整体投资回报能力排名	基金名称	投资类型（二级分类）	样本基金数量	同类基金中排名	期间内规模(亿元)
华夏	35	华夏保证金 A	货币市场型基金	391	359	3.438 7
华夏	35	华夏理财21天 B	货币市场型基金	391	378	0.085 4
华夏	35	华夏兴和	灵活配置型基金	226	58	13.090 9
华夏	35	华夏兴华	灵活配置型基金	226	76	14.254 7
华夏	35	华夏平稳增长	灵活配置型基金	226	102	29.658 7
华夏	35	华夏策略精选	灵活配置型基金	226	107	7.219 9
华夏	35	华夏红利	偏股混合型基金	449	177	144.773 5
华夏	35	华夏行业精选	偏股混合型基金	449	178	47.559 3
华夏	35	华夏优势增长	偏股混合型基金	449	246	96.127 8
华夏	35	华夏收入	偏股混合型基金	449	254	34.445 4
华夏	35	华夏复兴	偏股混合型基金	449	321	30.526 1
华夏	35	华夏盛世精选	偏股混合型基金	449	324	37.036 2
华夏	35	华夏蓝筹核心	偏股混合型基金	449	330	65.601 5
华夏	35	华夏大盘精选	偏股混合型基金	449	351	20.505 6
华夏	35	华夏成长	偏股混合型基金	449	369	69.093 3
华夏	35	华夏经典配置	偏股混合型基金	449	390	16.258 7
华夏	35	华夏永福养老理财 A	偏债混合型基金	69	35	15.208 4
华夏	35	华夏回报 2 号	平衡混合型基金	19	14	46.532 9
华夏	35	华夏回报	平衡混合型基金	19	15	84.268 5
华夏	35	华夏纯债 A	中长期纯债型基金	321	119	54.726 8
华夏	35	华夏纯债 C	中长期纯债型基金	321	137	13.772 3
易方达	36	易方达创业板 ETF	被动指数型基金	333	2	27.998 2
易方达	36	易方达创业板 ETF 联接	被动指数型基金	333	19	7.628 2
易方达	36	易方达中小板指数	被动指数型基金	333	71	0.940 2
易方达	36	易方达沪深300 医药卫生 ETF	被动指数型基金	333	74	0.706 0
易方达	36	易方达深证 100ETF	被动指数型基金	333	102	77.258 8
易方达	36	易方达深证 100ETF 联接	被动指数型基金	333	111	42.525 3
易方达	36	易方达上证中盘 ETF	被动指数型基金	333	148	5.412 8
易方达	36	易方达上证中盘 ETF 联接	被动指数型基金	333	150	4.285 3

（续表2）

基金公司	整体投资回报能力排名	基金名称	投资类型（二级分类）	样本基金数量	同类基金中排名	期间内规模(亿元)
易方达	36	易方达沪深300ETF联接	被动指数型基金	333	171	58.378 7
易方达	36	易方达沪深300ETF	被动指数型基金	333	173	57.393 7
易方达	36	易方达中小板指数A	被动指数型基金	333	188	1.040 2
易方达	36	易方达沪深300非银ETF	被动指数型基金	333	313	11.430 7
易方达	36	易方达中小板指数B	被动指数型基金	333	324	1.562 8
易方达	36	易方达中债新综合A	被动指数型债券基金	28	2	1.088 9
易方达	36	易方达中债新综合C	被动指数型债券基金	28	5	1.341 3
易方达	36	易方达安心回报A	混合债券型二级基金	236	2	26.938 9
易方达	36	易方达安心回报B	混合债券型二级基金	236	3	28.719 4
易方达	36	易方达裕丰回报	混合债券型二级基金	236	26	22.950 5
易方达	36	易方达稳健收益B	混合债券型二级基金	236	37	51.510 4
易方达	36	易方达稳健收益A	混合债券型二级基金	236	39	27.056 4
易方达	36	易方达增强回报A	混合债券型一级基金	181	18	36.359 2
易方达	36	易方达增强回报B	混合债券型一级基金	181	19	30.235 9
易方达	36	易方达岁丰添利	混合债券型一级基金	181	20	2.064 6
易方达	36	易方达双债增强C	混合债券型一级基金	181	107	0.473 0
易方达	36	易方达双债增强A	混合债券型一级基金	181	109	40.464 2
易方达	36	易方达月月利B	货币市场型基金	391	4	7.561 1
易方达	36	易方达双月利B	货币市场型基金	391	6	3.690 4
易方达	36	易方达月月利A	货币市场型基金	391	13	7.352 4
易方达	36	易方达双月利A	货币市场型基金	391	14	8.668 3
易方达	36	易方达天天R	货币市场型基金	391	64	15.059 5
易方达	36	易方达天天增利B	货币市场型基金	391	65	2.816 2
易方达	36	易方达天天B	货币市场型基金	391	69	162.414 8
易方达	36	易方达易理财	货币市场型基金	391	80	131.695 8
易方达	36	易方达龙宝B	货币市场型基金	391	83	1.788 4
易方达	36	易方达财富快线B	货币市场型基金	391	88	6.678 7
易方达	36	易方达天天增利A	货币市场型基金	391	128	3.891 0
易方达	36	易方达天天A	货币市场型基金	391	133	296.442 0

基金公司	整体投资回报能力排名	基金名称	投资类型（二级分类）	样本基金数量	同类基金中排名	期间内规模(亿元)
易方达	36	易方达龙宝A	货币市场型基金	391	168	3.771 5
易方达	36	易方达财富快线Y	货币市场型基金	391	171	5.566 4
易方达	36	易方达财富快线A	货币市场型基金	391	172	54.033 7
易方达	36	易方达保证金B	货币市场型基金	391	296	8.968 7
易方达	36	易方达货币B	货币市场型基金	391	297	899.473 8
易方达	36	易方达货币A	货币市场型基金	391	334	67.888 4
易方达	36	易方达货币E	货币市场型基金	391	335	271.317 0
易方达	36	易方达保证金A	货币市场型基金	391	336	7.690 8
易方达	36	易方达新兴成长	灵活配置基金	226	1	16.838 3
易方达	36	易方达价值成长	灵活配置基金	226	34	97.102 1
易方达	36	易方达科汇	灵活配置型基金	226	98	5.426 1
易方达	36	易方达科讯	偏股混合型基金	449	12	72.622 2
易方达	36	易方达科翔	偏股混合型基金	449	16	18.937 6
易方达	36	易方达价值精选	偏股混合型基金	449	60	37.494 3
易方达	36	易方达行业领先	偏股混合型基金	449	74	7.351 2
易方达	36	易方达医疗保健	偏股混合型基金	449	316	17.740 8
易方达	36	易方达中小盘	偏股混合型基金	449	347	12.530 5
易方达	36	易方达策略成长	偏股混合型基金	449	373	30.516 3
易方达	36	易方达积极成长	偏股混合型基金	449	379	32.095 6
易方达	36	易方达策略2号	偏股混合型基金	449	382	27.693 3
易方达	36	易方达资源行业	偏股混合型基金	449	442	2.918 9
易方达	36	易方达裕惠回报	偏债混合型基金	69	11	27.723 3
易方达	36	易方达平稳增长	平衡混合型基金	19	2	21.424 6
易方达	36	基金科瑞	普通股票型基金	62	27	44.164 5
易方达	36	易方达消费行业	普通股票型基金	62	49	10.373 1
易方达	36	易方达沪深300量化	增强指数型基金	40	19	5.278 3
易方达	36	易方达上证50	增强指数型基金	40	31	144.282 9
易方达	36	易方达聚盈B	中长期纯债型基金	321	18	18.586 6
易方达	36	易方达永旭添利	中长期纯债型基金	321	48	7.248 5

（续表 2）

基金公司	整体投资回报能力排名	基金名称	投资类型（二级分类）	样本基金数量	同类基金中排名	期间内规模（亿元）
易方达	36	易方达投资级信用债 A	中长期纯债型基金	321	49	8.131 7
易方达	36	易方达聚盈分级	中长期纯债型基金	321	56	24.911 3
易方达	36	易方达投资级信用债 C	中长期纯债型基金	321	63	5.021 4
易方达	36	易方达信用债 A	中长期纯债型基金	321	91	10.960 2
易方达	36	易方达信用债 C	中长期纯债型基金	321	101	4.457 1
易方达	36	易方达纯债 A	中长期纯债型基金	321	114	19.036 7
易方达	36	易方达纯债 C	中长期纯债型基金	321	129	24.121 0
易方达	36	易方达纯债 1 年 A	中长期纯债型基金	321	175	7.458 1
易方达	36	易方达纯债 1 年 C	中长期纯债型基金	321	188	1.798 0
易方达	36	易方达高等级信用债 A	中长期纯债型基金	321	202	6.339 7
易方达	36	易方达恒久添利 1 年 A	中长期纯债型基金	321	207	2.273 9
易方达	36	易方达恒久添利 1 年 C	中长期纯债型基金	321	226	1.411 8
易方达	36	易方达高等级信用债 C	中长期纯债型基金	321	231	7.408 1
易方达	36	易方达聚盈 A	中长期纯债型基金	321	292	6.377 3
嘉实	37	嘉实中创 400ETF	被动指数型基金	333	6	1.445 7
嘉实	37	嘉实中创 400ETF 联接	被动指数型基金	333	10	1.473 1
嘉实	37	嘉实中证医药卫生 ETF	被动指数型基金	333	46	2.023 5
嘉实	37	嘉实中证 500ETF	被动指数型基金	333	48	6.172 3
嘉实	37	嘉实中证 500ETF 联接	被动指数型基金	333	64	3.406 6
嘉实	37	嘉实中证主要消费 ETF	被动指数型基金	333	107	0.350 3
嘉实	37	嘉实深证基本面 120ETF	被动指数型基金	333	109	1.610 9
嘉实	37	嘉实深证基本面 120ETF 联接	被动指数型基金	333	119	1.577 0
嘉实	37	嘉实沪深 300ETF	被动指数型基金	333	166	332.174 2
嘉实	37	嘉实沪深 300ETF 联接	被动指数型基金	333	168	267.901 9
嘉实	37	嘉实基本面 50	被动指数型基金	333	181	15.118 9
嘉实	37	嘉实中证金融地产 ETF	被动指数型基金	333	270	0.797 6
嘉实	37	嘉实中证中期企业债 C	被动指数型债券基金	28	3	0.487 2
嘉实	37	嘉实中证中期企业债 A	被动指数型债券基金	28	8	3.188 3
嘉实	37	嘉实中证中期国债 ETF	被动指数型债券基金	28	19	2.347 9

基金公司	整体投资回报能力排名	基金名称	投资类型（二级分类）	样本基金数量	同类基金中排名	期间内规模(亿元)
嘉实	37	嘉实中期国债ETF联接C	被动指数型债券基金	28	20	0.029 0
嘉实	37	嘉实中期国债ETF联接A	被动指数型债券基金	28	21	0.327 6
嘉实	37	嘉实多利进取	混合债券型二级基金	236	1	0.066 9
嘉实	37	嘉实稳固收益	混合债券型二级基金	236	86	11.086 7
嘉实	37	嘉实多元收益A	混合债券型二级基金	236	113	1.466 6
嘉实	37	嘉实多元收益B	混合债券型二级基金	236	118	2.148 0
嘉实	37	嘉实多利分级	混合债券型二级基金	236	135	1.078 2
嘉实	37	嘉实多利优先	混合债券型二级基金	236	199	0.261 7
嘉实	37	嘉实信用A	混合债券型一级基金	181	64	9.167 1
嘉实	37	嘉实信用C	混合债券型一级基金	181	68	5.513 2
嘉实	37	嘉实债券	混合债券型一级基金	181	110	5.821 6
嘉实	37	嘉实理财宝7天B	货币市场型基金	391	1	11.816 4
嘉实	37	嘉实理财宝7天A	货币市场型基金	391	2	0.981 6
嘉实	37	嘉实货币B	货币市场型基金	391	44	190.451 4
嘉实	37	嘉实活期宝	货币市场型基金	391	61	211.354 9
嘉实	37	嘉实货币A	货币市场型基金	391	85	406.045 2
嘉实	37	嘉实活钱包	货币市场型基金	391	86	31.388 2
嘉实	37	嘉实薪金宝	货币市场型基金	391	111	108.827 5
嘉实	37	嘉实保证金理财B	货币市场型基金	391	137	1.036 1
嘉实	37	嘉实保证金理财A	货币市场型基金	391	321	4.601 5
嘉实	37	嘉实安心货币B	货币市场型基金	391	348	43.323 2
嘉实	37	嘉实安心货币A	货币市场型基金	391	360	2.156 8
嘉实	37	嘉实1个月理财E	货币市场型基金	391	381	30.008 2
嘉实	37	嘉实1个月理财A	货币市场型基金	391	385	30.008 2
嘉实	37	嘉实3个月理财E	货币市场型基金	391	386	0.104 7
嘉实	37	嘉实3个月理财A	货币市场型基金	391	389	2.147 8
嘉实	37	嘉实新收益	灵活配置型基金	226	20	21.926 4
嘉实	37	嘉实泰和	灵活配置型基金	226	62	24.457 3
嘉实	37	嘉实回报灵活配置	灵活配置型基金	226	145	7.425 4

(续表2)

基金公司	整体投资回报能力排名	基金名称	投资类型(二级分类)	样本基金数量	同类基金中排名	期间内规模(亿元)
嘉实	37	嘉实元和	灵活配置型基金	226	210	105.155 0
嘉实	37	嘉实优化红利	偏股混合型基金	449	40	2.333 5
嘉实	37	嘉实优质企业	偏股混合型基金	449	46	33.132 1
嘉实	37	嘉实领先成长	偏股混合型基金	449	73	13.346 3
嘉实	37	嘉实增长	偏股混合型基金	449	82	29.062 1
嘉实	37	嘉实成长收益	偏股混合型基金	449	85	42.785 1
嘉实	37	嘉实主题新动力	偏股混合型基金	449	99	12.334 6
嘉实	37	嘉实策略增长	偏股混合型基金	449	122	66.701 1
嘉实	37	嘉实量化阿尔法	偏股混合型基金	449	129	3.983 1
嘉实	37	嘉实主题精选	偏股混合型基金	449	156	56.142 8
嘉实	37	嘉实研究精选	偏股混合型基金	449	230	76.262 3
嘉实	37	嘉实服务增值行业	偏股混合型基金	449	279	35.649 5
嘉实	37	嘉实价值优势	偏股混合型基金	449	323	10.697 4
嘉实	37	嘉实稳健	偏股混合型基金	449	333	62.293 6
嘉实	37	嘉实周期优选	偏股混合型基金	449	366	43.601 8
嘉实	37	嘉实新兴产业	普通股票型基金	62	18	6.496 2
嘉实	37	嘉实医疗保健	普通股票型基金	62	20	16.589 6
嘉实	37	嘉实研究阿尔法	普通股票型基金	62	45	2.741 4
嘉实	37	基金丰和	普通股票型基金	62	50	39.058 5
嘉实	37	嘉实沪深300增强	增强指数型基金	40	22	8.428 2
嘉实	37	嘉实如意宝 AB	中长期纯债型基金	321	155	0.860 3
嘉实	37	嘉实如意宝 C	中长期纯债型基金	321	169	0.495 2
嘉实	37	嘉实增强收益定期 A	中长期纯债型基金	321	171	2.545 6
嘉实	37	嘉实丰益信用 A	中长期纯债型基金	321	177	0.742 8
嘉实	37	嘉实丰益纯债	中长期纯债型基金	321	201	1.359 1
嘉实	37	嘉实增强信用	中长期纯债型基金	321	204	13.495 2
嘉实	37	嘉实纯债 C	中长期纯债型基金	321	225	0.439 9
嘉实	37	嘉实纯债 A	中长期纯债型基金	321	235	74.798 5
嘉实	37	嘉实丰益策略	中长期纯债型基金	321	252	0.835 4

（续表2）

基金公司	整体投资回报能力排名	基金名称	投资类型（二级分类）	样本基金数量	同类基金中排名	期间内规模（亿元）
建信	38	建信央视财经50B	被动指数型基金	333	82	3.754 8
建信	38	建信深证基本面60ETF	被动指数型基金	333	122	1.386 4
建信	38	建信深证基本面60ETF联接	被动指数型基金	333	125	1.436 1
建信	38	建信央视财经50	被动指数型基金	333	131	0.980 3
建信	38	建信沪深300	被动指数型基金	333	176	15.480 2
建信	38	建信央视财经50A	被动指数型基金	333	184	2.693 9
建信	38	建信上证社会责任ETF	被动指数型基金	333	247	2.030 1
建信	38	建信上证社会责任ETF联接	被动指数型基金	333	248	2.156 8
建信	38	建信转债增强A	混合债券型二级基金	236	8	3.951 1
建信	38	建信转债增强C	混合债券型二级基金	236	9	6.013 2
建信	38	建信双息红利A	混合债券型二级基金	236	17	35.795 8
建信	38	建信双息红利C	混合债券型二级基金	236	19	8.255 4
建信	38	建信收益增强A	混合债券型二级基金	236	28	8.442 8
建信	38	建信收益增强C	混合债券型二级基金	236	31	3.565 6
建信	38	建信稳定添利A	混合债券型二级基金	236	53	3.772 2
建信	38	建信稳定添利C	混合债券型二级基金	236	56	1.642 2
建信	38	建信稳定得利A	混合债券型二级基金	236	134	9.300 9
建信	38	建信稳定得利C	混合债券型二级基金	236	139	7.200 5
建信	38	建信信用增强A	混合债券型一级基金	181	31	5.736 8
建信	38	建信信用增强C	混合债券型一级基金	181	37	2.492 1
建信	38	建信稳定增利A	混合债券型一级基金	181	39	14.057 5
建信	38	建信稳定增利C	混合债券型一级基金	181	47	35.317 0
建信	38	建信双债增强A	混合债券型一级基金	181	119	3.477 1
建信	38	建信双债增强C	混合债券型一级基金	181	123	2.358 3
建信	38	建信安心回报两年A	混合债券型一级基金	181	138	1.496 2
建信	38	建信安心回报两年C	混合债券型一级基金	181	144	1.523 7
建信	38	建信双月安心B	货币市场型基金	391	10	2.690 9
建信	38	建信月盈安心理财B	货币市场型基金	391	12	12.366 7
建信	38	建信双周安心理财B	货币市场型基金	391	25	22.055 1

（续表2）

基金公司	整体投资回报能力排名	基金名称	投资类型（二级分类）	样本基金数量	同类基金中排名	期间内规模（亿元）
建信	38	建信双月安心A	货币市场型基金	391	28	3.536 0
建信	38	建信月盈安心理财A	货币市场型基金	391	31	9.938 3
建信	38	建信双周安心理财A	货币市场型基金	391	57	10.506 7
建信	38	建信嘉薪宝	货币市场型基金	391	66	4.078 5
建信	38	建信周盈安心理财B	货币市场型基金	391	96	45.571 8
建信	38	建信现金添利	货币市场型基金	391	180	994.278 7
建信	38	建信周盈安心理财A	货币市场型基金	391	196	14.581 4
建信	38	建信货币	货币市场型基金	391	276	591.088 9
建信	38	建信积极配置	灵活配置型基金	226	69	3.170 4
建信	38	建信消费升级	灵活配置型基金	226	118	0.819 2
建信	38	建信优化配置	灵活配置型基金	226	130	44.447 9
建信	38	建信恒稳价值	灵活配置型基金	226	164	0.545 0
建信	38	建信健康民生	偏股混合型基金	449	42	1.206 6
建信	38	建信创新中国	偏股混合型基金	449	53	0.671 8
建信	38	建信恒久价值	偏股混合型基金	449	162	16.190 6
建信	38	建信优选成长	偏股混合型基金	449	166	23.581 1
建信	38	建信核心精选	偏股混合型基金	449	194	15.779 0
建信	38	建信内生动力	偏股混合型基金	449	380	9.212 8
建信	38	建信社会责任	偏股混合型基金	449	394	0.637 9
建信	38	建信优势动力	偏股混合型基金	449	399	10.425 5
建信	38	建信安心保本	偏债混合型基金	69	14	5.522 0
建信	38	建信中小盘	普通股票基金	62	5	4.374 2
建信	38	建信改革红利	普通股票型基金	62	9	1.716 2
建信	38	建信进取	普通股票型基金	62	46	0.182 1
建信	38	建信潜力新蓝筹	普通股票型基金	62	51	4.133 0
建信	38	建信双利策略主题	普通股票型基金	62	53	3.213 9
建信	38	建信稳健	普通股票型基金	62	60	0.094 9
建信	38	建信中证500	增强指数型基金	40	2	1.541 0
建信	38	建信深证100	增强指数型基金	40	8	1.217 3

基金公司	整体投资回报能力排名	基金名称	投资类型 (二级分类)	样本基金数量	同类基金中排名	期间内规模(亿元)
建信	38	建信纯债A	中长期纯债型基金	321	153	6.337 6
建信	38	建信纯债C	中长期纯债型基金	321	168	4.953 4
建信	38	建信安心回报A	中长期纯债型基金	321	263	1.850 9
建信	38	建信安心回报C	中长期纯债型基金	321	270	1.594 9
长城	39	长城久兆中小板300	被动指数型基金	333	25	0.311 4
长城	39	长城中小300B	被动指数型基金	333	152	0.097 6
长城	39	长城中小300A	被动指数型基金	333	219	0.052 0
长城	39	长城稳健增利	混合债券型二级基金	236	123	7.950 8
长城	39	长城积极增利A	混合债券型一级基金	181	73	22.582 7
长城	39	长城积极增利C	混合债券型一级基金	181	91	8.659 0
长城	39	长城货币B	货币市场型基金	391	58	105.502 9
长城	39	长城货币A	货币市场型基金	391	117	58.755 2
长城	39	长城工资宝	货币市场型基金	391	218	0.468 7
长城	39	长城安心回报	灵活配置型基金	226	112	42.627 4
长城	39	长城景气行业龙头	灵活配置型基金	226	138	1.161 8
长城	39	长城久恒	灵活配置型基金	226	197	6.107 5
长城	39	长城双动力	偏股混合型基金	449	18	8.362 6
长城	39	长城医疗保健	偏股混合型基金	449	271	5.875 0
长城	39	长城优化升级	偏股混合型基金	449	312	1.561 6
长城	39	长城久富	偏股混合型基金	449	318	15.739 1
长城	39	长城品牌优选	偏股混合型基金	449	335	97.457 8
长城	39	长城消费增值	偏股混合型基金	449	367	20.101 9
长城	39	长城中小盘成长	偏股混合型基金	449	445	1.556 7
长城	39	长城久利保本	偏债混合型基金	69	5	10.216 4
长城	39	长城保本	偏债混合型基金	69	12	12.553 4
长城	39	长城久鑫保本	偏债混合型基金	69	29	29.269 6
长城	39	基金久嘉	普通股票型基金	62	39	24.598 0
长城	39	长城久泰沪深300	增强指数型基金	40	29	16.118 7
长城	39	长城久盈纯债B	中长期纯债型基金	321	1	3.739 3

基金公司	整体投资回报能力排名	基金名称	投资类型（二级分类）	样本基金数量	同类基金中排名	期间内规模（亿元）
长城	39	长城久盈纯债	中长期纯债型基金	321	15	7.656 3
长城	39	长城增强收益 A	中长期纯债型基金	321	176	9.241 8
长城	39	长城增强收益 C	中长期纯债型基金	321	190	1.923 0
长城	39	长城久盈纯债 A	中长期纯债型基金	321	294	3.917 4
中欧	40	中欧鼎利分级 B	混合债券型二级基金	236	72	0.138 6
中欧	40	中欧鼎利分级	混合债券型二级基金	236	169	3.562 2
中欧	40	中欧鼎利分级 A	混合债券型二级基金	236	208	0.213 7
中欧	40	中欧增强回报 A	混合债券型一级基金	181	55	11.489 9
中欧	40	中欧稳健收益 A	混合债券型一级基金	181	161	0.260 2
中欧	40	中欧稳健收益 C	混合债券型一级基金	181	167	0.260 9
中欧	40	中欧货币 B	货币市场型基金	391	197	85.374 9
中欧	40	中欧货币 A	货币市场型基金	391	279	1.943 3
中欧	40	中欧价值智选回报 A	灵活配置型基金	226	53	11.104 2
中欧	40	中欧新蓝筹 A	灵活配置型基金	226	61	31.120 3
中欧	40	中欧成长优选回报 A	灵活配置型基金	226	190	8.699 6
中欧	40	中欧新动力 A	偏股混合型基金	449	83	25.142 8
中欧	40	中欧新趋势 A	偏股混合型基金	449	111	32.205 8
中欧	40	中欧价值发现 A	偏股混合型基金	449	207	18.504 7
中欧	40	中欧行业成长 A	偏股混合型基金	449	249	23.315 8
中欧	40	中欧睿达定期开放	偏债混合型基金	69	61	23.338 0
中欧	40	中欧沪深300A	增强指数型基金	40	27	2.002 1
中欧	40	中欧纯债 B	中长期纯债型基金	321	113	3.847 8
中欧	40	中欧纯债分级	中长期纯债型基金	321	158	4.490 8
中欧	40	中欧纯债添利 B	中长期纯债型基金	321	217	4.925 7
中欧	40	中欧纯债添利分级	中长期纯债型基金	321	256	6.478 0
中欧	40	中欧纯债添利 A	中长期纯债型基金	321	303	1.550 9
中欧	40	中欧纯债 A	中长期纯债型基金	321	313	0.643 7
东方	41	东方双债添利 A	混合债券型二级基金	236	38	2.249 1
东方	41	东方双债添利 C	混合债券型二级基金	236	44	0.932 6

基金公司	整体投资回报能力排名	基金名称	投资类型 (二级分类)	样本基金数量	同类基金中排名	期间内规模(亿元)
东方	41	东方强化收益	混合债券型二级基金	236	79	2.046 1
东方	41	东方稳健回报	混合债券型一级基金	181	121	10.126 1
东方	41	东方金账簿货币 B	货币市场型基金	391	123	26.334 1
东方	41	东方金账簿货币 A	货币市场型基金	391	213	3.812 8
东方	41	东方龙混合	灵活配置型基金	226	42	11.052 2
东方	41	东方新兴成长	灵活配置型基金	226	95	1.820 9
东方	41	东方增长中小盘	灵活配置型基金	226	100	0.765 7
东方	41	东方多策略 A	灵活配置型基金	226	189	6.223 6
东方	41	东方利群	灵活配置型基金	226	208	12.737 9
东方	41	东方核心动力	偏股混合型基金	449	93	0.846 0
东方	41	东方精选	偏股混合型基金	449	150	43.291 4
东方	41	东方策略成长	偏股混合型基金	449	183	3.856 4
东方	41	东方安心收益保本	偏债混合型基金	69	53	7.454 5
东方	41	东方保本	偏债混合型基金	69	55	5.517 2
东方	41	东方添益	中长期纯债型基金	321	193	4.752 8
国泰	42	国泰国证医药卫生 B	被动指数型基金	333	4	37.306 6
国泰	42	国泰国证房地产 B	被动指数型基金	333	16	11.947 0
国泰	42	国泰国证医药卫生	被动指数型基金	333	38	13.746 7
国泰	42	国泰国证房地产	被动指数型基金	333	47	9.096 0
国泰	42	国泰国证食品饮料	被动指数型基金	333	127	2.686 2
国泰	42	国泰国证食品饮料 B	被动指数型基金	333	143	7.516 5
国泰	42	国泰沪深 300	被动指数型基金	333	164	35.356 9
国泰	42	国泰国证房地产 A	被动指数型基金	333	190	8.846 8
国泰	42	国泰国证医药卫生 A	被动指数型基金	333	191	42.158 0
国泰	42	国泰国证食品饮料 A	被动指数型基金	333	194	8.399 4
国泰	42	国泰上证 180 金融 ETF	被动指数型基金	333	296	30.947 0
国泰	42	国泰上证 180 金融 ETF 联接	被动指数型基金	333	298	9.712 8
国泰	42	国泰上证 5 年期国债 ETF	被动指数型债券基金	28	15	7.460 6
国泰	42	国泰上证 5 年期国债 ETF 联接 A	被动指数型债券基金	28	25	0.146 0

（续表2）

基金公司	整体投资回报能力排名	基金名称	投资类型（二级分类）	样本基金数量	同类基金中排名	期间内规模（亿元）
国泰	42	国泰上证5年期国债ETF联接C	被动指数型债券基金	28	26	4.213 6
国泰	42	国泰民安增利A	混合债券型二级基金	236	110	0.332 0
国泰	42	国泰民安增利C	混合债券型二级基金	236	111	0.206 1
国泰	42	国泰双利债券A	混合债券型二级基金	236	141	0.797 2
国泰	42	国泰双利债券C	混合债券型二级基金	236	144	0.709 2
国泰	42	国泰信用A	混合债券型二级基金	236	191	0.158 1
国泰	42	国泰信用C	混合债券型二级基金	236	196	0.404 6
国泰	42	国泰互利B	混合债券型一级基金	181	3	0.050 5
国泰	42	国泰金龙债券A	混合债券型一级基金	181	84	6.659 9
国泰	42	国泰金龙债券C	混合债券型一级基金	181	93	1.079 4
国泰	42	国泰信用互利分级	混合债券型一级基金	181	98	2.931 3
国泰	42	国泰创利	混合债券型一级基金	181	154	0.265 6
国泰	42	国泰互利A	混合债券型一级基金	181	170	0.106 1
国泰	42	国泰货币	货币市场型基金	391	149	118.719 0
国泰	42	国泰现金管理B	货币市场型基金	391	152	15.917 4
国泰	42	国泰现金管理A	货币市场型基金	391	239	3.005 5
国泰	42	国泰新经济	灵活配置型基金	226	31	6.912 2
国泰	42	国泰聚信价值优势A	灵活配置型基金	226	129	0.815 1
国泰	42	国泰聚信价值优势C	灵活配置型基金	226	131	0.378 0
国泰	42	国泰结构转型A	灵活配置型基金	226	140	2.324 6
国泰	42	国泰浓益A	灵活配置型基金	226	184	17.371 0
国泰	42	国泰民益A	灵活配置型基金	226	186	39.064 3
国泰	42	国泰国策驱动A	灵活配置型基金	226	207	2.985 3
国泰	42	国泰估值优势	偏股混合型基金	449	7	1.090 3
国泰	42	国泰中小盘成长	偏股混合型基金	449	19	5.861 2
国泰	42	国泰金龙行业精选	偏股混合型基金	449	35	3.850 0
国泰	42	国泰区位优势	偏股混合型基金	449	105	3.231 2
国泰	42	国泰金鼎价值精选	偏股混合型基金	449	136	22.412 2
国泰	42	国泰价值经典	偏股混合型基金	449	159	10.312 1

(续表2)

基金公司	整体投资回报能力排名	基金名称	投资类型（二级分类）	样本基金数量	同类基金中排名	期间内规模(亿元)
国泰	42	国泰金鹰增长	偏股混合型基金	449	168	22.814 7
国泰	42	国泰成长优选	偏股混合型基金	449	217	1.198 6
国泰	42	国泰金牛创新成长	偏股混合型基金	449	239	29.690 0
国泰	42	国泰事件驱动	偏股混合型基金	449	383	1.344 5
国泰	42	国泰金鹏蓝筹价值	偏股混合型基金	449	406	10.718 5
国泰	42	国泰金马稳健回报	偏股混合型基金	449	432	23.014 0
国泰	42	国泰金鹿保本五期	偏债混合型基金	69	16	3.799 2
国泰	42	国泰保本	偏债混合型基金	69	34	7.789 6
国泰	42	国泰安康养老定期支付 A	偏债混合型基金	69	46	10.143 1
国泰	42	国泰金泰平衡 A	偏债混合型基金	69	54	2.321 1
国泰	42	国泰金鑫	普通股票型基金	62	55	11.498 4
国泰	42	国泰淘金互联网	中长期纯债型基金	321	278	0.875 6
华泰柏瑞	43	华泰柏瑞上证中小盘 ETF	被动指数型基金	333	113	0.483 5
华泰柏瑞	43	华泰柏瑞上证中小盘 ETF 联接	被动指数型基金	333	117	0.262 8
华泰柏瑞	43	华泰柏瑞红利 ETF	被动指数型基金	333	147	9.649 6
华泰柏瑞	43	华泰柏瑞沪深 300ETF 联接	被动指数型基金	333	154	8.950 0
华泰柏瑞	43	华泰柏瑞沪深 300ETF	被动指数型基金	333	165	278.731 3
华泰柏瑞	43	华泰柏瑞增利 A	混合债券型二级基金	236	193	0.128 9
华泰柏瑞	43	华泰柏瑞增利 B	混合债券型二级基金	236	195	0.618 0
华泰柏瑞	43	华泰柏瑞信用增利	混合债券型一级基金	181	83	2.732 5
华泰柏瑞	43	华泰柏瑞季季红	混合债券型一级基金	181	122	3.701 2
华泰柏瑞	43	华泰柏瑞丰汇 A	混合债券型一级基金	181	157	6.098 3
华泰柏瑞	43	华泰柏瑞丰汇 C	混合债券型一级基金	181	158	5.994 3
华泰柏瑞	43	华泰柏瑞货币 B	货币市场型基金	391	95	333.650 4
华泰柏瑞	43	华泰柏瑞货币 A	货币市场型基金	391	182	13.312 4
华泰柏瑞	43	华泰柏瑞创新升级	灵活配置型基金	226	55	5.662 0
华泰柏瑞	43	华泰柏瑞量化优选	灵活配置型基金	226	132	9.924 4
华泰柏瑞	43	华泰柏瑞价值增长	偏股混合型基金	449	11	6.598 8
华泰柏瑞	43	华泰柏瑞量化先行	偏股混合型基金	449	76	1.997 1

(续表2)

基金公司	整体投资回报能力排名	基金名称	投资类型(二级分类)	样本基金数量	同类基金中排名	期间内规模(亿元)
华泰柏瑞	43	华泰柏瑞盛世中国	偏股混合型基金	449	327	35.924 6
华泰柏瑞	43	华泰柏瑞行业领先	偏股混合型基金	449	365	5.660 9
华泰柏瑞	43	华泰柏瑞量化	偏股混合型基金	449	372	27.866 7
华泰柏瑞	43	华泰柏瑞积极成长 A	偏股混合型基金	449	393	31.358 9
华泰柏瑞	43	华泰柏瑞稳健收益 A	中长期纯债型基金	321	112	36.745 3
华泰柏瑞	43	华泰柏瑞稳健收益 C	中长期纯债型基金	321	132	21.889 2
华泰柏瑞	43	华泰柏瑞丰盛纯债 C	中长期纯债型基金	321	185	0.337 3
华泰柏瑞	43	华泰柏瑞丰盛纯债 A	中长期纯债型基金	321	197	7.833 1
交银施罗德	44	交银深证 300 价值 ETF	被动指数型基金	333	135	0.519 5
交银施罗德	44	交银深证 300 价值 ETF 联接	被动指数型基金	333	144	0.481 5
交银施罗德	44	交银 180 治理 ETF 联接	被动指数型基金	333	274	13.616 5
交银施罗德	44	交银 180 治理 ETF	被动指数型基金	333	278	13.498 9
交银施罗德	44	交银强化回报 AB	混合债券型二级基金	236	41	3.384 5
交银施罗德	44	交银强化回报 C	混合债券型二级基金	236	46	2.726 1
交银施罗德	44	交银定期支付月月丰 A	混合债券型二级基金	236	101	0.465 0
交银施罗德	44	交银定期支付月月丰 C	混合债券型二级基金	236	116	0.289 0
交银施罗德	44	交银双利 AB	混合债券型二级基金	236	167	7.276 1
交银施罗德	44	交银双利 C	混合债券型二级基金	236	173	2.042 3
交银施罗德	44	交银信用添利	混合债券型一级基金	181	26	1.314 1
交银施罗德	44	交银增利债券 A	混合债券型一级基金	181	113	10.463 0
交银施罗德	44	交银增利债券 B	混合债券型一级基金	181	114	10.463 0
交银施罗德	44	交银增利债券 C	混合债券型一级基金	181	120	2.927 0
交银施罗德	44	交银理财 21 天 B	货币市场型基金	391	130	5.975 9
交银施罗德	44	交银现金宝	货币市场型基金	391	186	14.373 0
交银施罗德	44	交银理财 60 天 B	货币市场型基金	391	200	1.258 6
交银施罗德	44	交银理财 21 天 A	货币市场型基金	391	235	0.248 4
交银施罗德	44	交银理财 60 天 A	货币市场型基金	391	289	0.130 2
交银施罗德	44	交银货币 B	货币市场型基金	391	293	155.486 5
交银施罗德	44	交银货币 A	货币市场型基金	391	331	12.401 4

(续表 2)

基金公司	整体投资回报能力排名	基金名称	投资类型（二级分类）	样本基金数量	同类基金中排名	期间内规模(亿元)
交银施罗德	44	交银优势行业	灵活配置型基金	226	17	3.075 4
交银施罗德	44	交银稳健配置混合	灵活配置型基金	226	54	31.573 9
交银施罗德	44	交银主题优选	灵活配置型基金	226	67	12.400 4
交银施罗德	44	交银周期回报 A	灵活配置型基金	226	181	17.576 6
交银施罗德	44	交银先进制造	偏股混合型基金	449	9	8.682 0
交银施罗德	44	交银趋势优先	偏股混合型基金	449	61	5.238 5
交银施罗德	44	交银新成长	偏股混合型基金	449	79	3.012 2
交银施罗德	44	交银先锋	偏股混合型基金	449	98	17.985 1
交银施罗德	44	交银精选	偏股混合型基金	449	109	33.257 5
交银施罗德	44	交银成长 A	偏股混合型基金	449	115	43.769 0
交银施罗德	44	交银蓝筹	偏股混合型基金	449	208	48.764 2
交银施罗德	44	交银施罗德成长 30	偏股混合型基金	449	219	1.712 2
交银施罗德	44	交银阿尔法	偏股混合型基金	449	288	1.609 8
交银施罗德	44	交银荣泰保本	偏债混合型基金	69	23	2.074 4
交银施罗德	44	交银荣祥保本	偏债混合型基金	69	28	2.872 4
交银施罗德	44	交银定期支付双息平衡	平衡混合型基金	19	3	1.647 7
交银施罗德	44	交银丰盈收益 A	中长期纯债型基金	321	57	5.507 4
交银施罗德	44	交银丰润收益 A	中长期纯债型基金	321	108	4.194 5
交银施罗德	44	交银丰润收益 C	中长期纯债型基金	321	126	0.242 7
交银施罗德	44	交银纯债 AB	中长期纯债型基金	321	159	6.512 2
交银施罗德	44	交银纯债 C	中长期纯债型基金	321	174	5.067 1
交银施罗德	44	交银双轮动 AB	中长期纯债型基金	321	230	16.261 8
交银施罗德	44	交银双轮动 C	中长期纯债型基金	321	245	0.736 2
新华	45	新华中证环保产业	被动指数型基金	333	60	3.395 2
新华	45	新华中证环保产业 A	被动指数型基金	333	189	3.955 3
新华	45	新华中证环保产业 B	被动指数型基金	333	244	4.532 3
新华	45	新华信用增益 A	混合债券型二级基金	236	203	5.710 8
新华	45	新华信用增益 C	混合债券型二级基金	236	204	0.349 0
新华	45	新华惠鑫分级 B	混合债券型一级基金	181	33	4.609 7

（续表2）

基金公司	整体投资回报能力排名	基金名称	投资类型（二级分类）	样本基金数量	同类基金中排名	期间内规模（亿元）
新华	45	新华惠鑫分级	混合债券型一级基金	181	60	8.272 8
新华	45	新华惠鑫分级 A	混合债券型一级基金	181	160	3.662 0
新华	45	新华财富金 30 天	货币市场型基金	391	7	0.796 6
新华	45	新华活期添利	货币市场型基金	391	314	1.797 6
新华	45	新华壹诺宝	货币市场型基金	391	320	69.059 4
新华	45	新华行业轮换配置 A	灵活配置型基金	226	2	18.444 6
新华	45	新华鑫益	灵活配置型基金	226	14	3.449 2
新华	45	新华鑫利	灵活配置型基金	226	56	2.141 2
新华	45	新华泛资源优势	灵活配置型基金	226	74	3.402 1
新华	45	新华中小市值优选	偏股混合型基金	449	38	3.243 7
新华	45	新华趋势领航	偏股混合型基金	449	39	12.881 6
新华	45	新华优选消费	偏股混合型基金	449	104	8.797 4
新华	45	新华优选成长	偏股混合型基金	449	172	6.791 8
新华	45	新华行业周期轮换	偏股混合型基金	449	231	2.473 9
新华	45	新华灵活主题	偏股混合型基金	449	311	0.519 4
新华	45	新华钻石品质企业	偏股混合型基金	449	356	12.777 4
新华	45	新华优选分红	偏股混合型基金	449	429	22.703 3
新华	45	新华阿鑫一号保本	偏债混合型基金	69	15	10.045 6
新华	45	新华阿里一号保本	偏债混合型基金	69	21	7.784 2
新华	45	新华安享惠金 A	中长期纯债型基金	321	282	8.221 7
新华	45	新华纯债添利 A	中长期纯债型基金	321	286	13.907 7
新华	45	新华安享惠金 C	中长期纯债型基金	321	287	1.913 0
新华	45	新华纯债添利 C	中长期纯债型基金	321	289	1.428 0
中银	46	中银沪深 300 等权重	被动指数型基金	333	133	0.618 6
中银	46	中银上证国企 ETF	被动指数型基金	333	279	0.476 9
中银	46	中银转债增强 A	混合债券型二级基金	236	23	2.041 6
中银	46	中银转债增强 B	混合债券型二级基金	236	25	2.111 9
中银	46	中银稳健添利	混合债券型二级基金	236	91	11.646 8
中银	46	中银稳健双利 A	混合债券型二级基金	236	126	35.368 4

基金公司	整体投资回报能力排名	基金名称	投资类型（二级分类）	样本基金数量	同类基金中排名	期间内规模（亿元）
中银	46	中银稳健双利 B	混合债券型二级基金	236	127	12.413 3
中银	46	中银产业债一年	混合债券型二级基金	236	215	16.485 5
中银	46	中银稳健增利	混合债券型一级基金	181	57	15.641 1
中银	46	中银信用增利	混合债券型一级基金	181	62	22.818 6
中银	46	中银理财 14 天 B	货币市场型基金	391	36	21.009 0
中银	46	中银理财 7 天 B	货币市场型基金	391	43	7.916 6
中银	46	中银理财 60 天 B	货币市场型基金	391	62	8.553 7
中银	46	中银理财 21 天 B	货币市场型基金	391	78	4.254 2
中银	46	中银理财 14 天 A	货币市场型基金	391	90	3.642 2
中银	46	中银理财 7 天 A	货币市场型基金	391	98	3.650 0
中银	46	中银理财 30 天 B	货币市场型基金	391	104	7.479 7
中银	46	中银活期宝	货币市场型基金	391	126	63.043 4
中银	46	中银理财 60 天 A	货币市场型基金	391	143	0.630 1
中银	46	中银薪钱包	货币市场型基金	391	161	102.657 6
中银	46	中银理财 21 天 A	货币市场型基金	391	162	1.775 8
中银	46	中银理财 30 天 A	货币市场型基金	391	205	0.612 3
中银	46	中银货币 B	货币市场型基金	391	219	1 221.734 5
中银	46	中银货币 A	货币市场型基金	391	285	11.025 3
中银	46	中银新经济	灵活配置型基金	226	11	11.790 7
中银	46	中银行业优选	灵活配置型基金	226	82	5.799 9
中银	46	中银价值精选	灵活配置型基金	226	128	5.546 8
中银	46	中银蓝筹精选	灵活配置型基金	226	163	5.042 4
中银	46	中银研究精选	灵活配置型基金	226	176	23.068 5
中银	46	中银多策略	灵活配置型基金	226	179	26.408 3
中银	46	中银主题策略	偏股混合型基金	449	43	2.069 8
中银	46	中银动态策略	偏股混合型基金	449	96	10.542 6
中银	46	中银健康生活	偏股混合型基金	449	173	1.345 5
中银	46	中银收益 A	偏股混合型基金	449	228	26.998 7
中银	46	中银中小盘成长	偏股混合型基金	449	240	0.717 2

基金公司	整体投资回报能力排名	基金名称	投资类型(二级分类)	样本基金数量	同类基金中排名	期间内规模(亿元)
中银	46	中银美丽中国	偏股混合型基金	449	280	0.808 2
中银	46	中银中国精选	偏股混合型基金	449	300	16.564 4
中银	46	中银持续增长 A	偏股混合型基金	449	313	50.691 8
中银	46	中银消费主题	偏股混合型基金	449	322	0.566 9
中银	46	中银优秀企业	偏股混合型基金	449	349	0.453 3
中银	46	中银保本	偏债混合型基金	69	20	41.885 0
中银	46	中银中证 100	增强指数型基金	40	33	8.761 2
中银	46	中银聚利 B	中长期纯债型基金	321	2	7.067 3
中银	46	中银互利 B	中长期纯债型基金	321	26	12.303 1
中银	46	中银互利分级	中长期纯债型基金	321	43	16.109 0
中银	46	中银聚利分级	中长期纯债型基金	321	71	21.669 4
中银	46	中银盛利纯债一年	中长期纯债型基金	321	77	27.270 9
中银	46	中银惠利纯债	中长期纯债型基金	321	147	36.139 5
中银	46	中银中高等级	中长期纯债型基金	321	191	33.302 2
中银	46	中银纯债 A	中长期纯债型基金	321	241	23.921 3
中银	46	中银纯债 C	中长期纯债型基金	321	255	22.384 5
中银	46	中银安心回报半年	中长期纯债型基金	321	272	25.116 4
中银	46	中银聚利 A	中长期纯债型基金	321	301	14.606 0
中银	46	中银互利 A	中长期纯债型基金	321	306	3.808 5
天弘	47	天弘永利债券 B	混合债券型二级基金	236	94	13.650 4
天弘	47	天弘永利债券 A	混合债券型二级基金	236	96	11.206 5
天弘	47	天弘弘利	混合债券型二级基金	236	122	6.862 9
天弘	47	天弘债券型发起式 A	混合债券型二级基金	236	147	3.542 8
天弘	47	天弘债券型发起式 B	混合债券型二级基金	236	151	2.450 4
天弘	47	天弘丰利	混合债券型一级基金	181	88	10.006 6
天弘	47	天弘余额宝	货币市场型基金	391	215	5 998.131 3
天弘	47	天弘现金 B	货币市场型基金	391	295	34.973 1
天弘	47	天弘现金 C	货币市场型基金	391	328	4.655 9
天弘	47	天弘现金 A	货币市场型基金	391	333	1.290 0

基金公司	整体投资回报能力排名	基金名称	投资类型（二级分类）	样本基金数量	同类基金中排名	期间内规模(亿元)
天弘	47	天弘精选	灵活配置型基金	226	86	18.959 0
天弘	47	天弘通利	灵活配置型基金	226	218	17.555 8
天弘	47	天弘周期策略	偏股混合型基金	449	90	4.599 1
天弘	47	天弘永定成长	偏股混合型基金	449	336	1.621 2
天弘	47	天弘安康养老	偏债混合型基金	69	33	18.858 9
天弘	47	天弘同利分级 B	中长期纯债型基金	321	7	3.298 9
天弘	47	天弘同利分级	中长期纯债型基金	321	35	4.339 0
天弘	47	天弘稳利 A	中长期纯债型基金	321	64	2.477 8
天弘	47	天弘稳利 B	中长期纯债型基金	321	75	1.859 5
天弘	47	天弘同利分级 A	中长期纯债型基金	321	305	1.040 5
兴业	48	兴业货币 B	货币市场型基金	391	221	192.356 6
兴业	48	兴业货币 A	货币市场型基金	391	288	16.922 8
兴业	48	兴业定期开放	中长期纯债型基金	321	161	28.736 2
招商	49	招商深证 TMT50ETF	被动指数型基金	333	12	0.795 7
招商	49	招商深证 TMT50ETF 联接	被动指数型基金	333	21	0.786 9
招商	49	招商中证大宗商品 B	被动指数型基金	333	43	4.234 8
招商	49	招商上证消费 80ETF	被动指数型基金	333	81	3.790 7
招商	49	招商上证消费 80ETF 联接	被动指数型基金	333	85	3.769 4
招商	49	招商沪深 300 地产 B	被动指数型基金	333	94	0.287 9
招商	49	招商沪深 300 地产	被动指数型基金	333	112	0.904 2
招商	49	招商中证大宗商品	被动指数型基金	333	121	0.345 1
招商	49	招商深证 100	被动指数型基金	333	123	0.810 2
招商	49	招商央视财经 50	被动指数型基金	333	141	0.568 5
招商	49	招商沪深 300 高贝塔	被动指数型基金	333	167	0.390 8
招商	49	招商中证大宗商品 A	被动指数型基金	333	203	5.514 8
招商	49	招商沪深 300 高贝塔 A	被动指数型基金	333	209	0.596 6
招商	49	招商中证证券公司 A	被动指数型基金	333	217	23.501 2
招商	49	招商沪深 300 地产 A	被动指数型基金	333	233	0.276 1
招商	49	招商沪深 300 高贝塔 B	被动指数型基金	333	254	0.901 5

（续表2）

基金公司	整体投资回报能力排名	基金名称	投资类型（二级分类）	样本基金数量	同类基金中排名	期间内规模（亿元）
招商	49	招商中证证券公司	被动指数型基金	333	317	7.086 2
招商	49	招商中证证券公司B	被动指数型基金	333	333	27.494 6
招商	49	招商安瑞进取	混合债券型二级基金	236	27	5.345 4
招商	49	招商信用增强	混合债券型二级基金	236	158	6.843 1
招商	49	招商安本增利	混合债券型二级基金	236	163	9.164 6
招商	49	招商产业A	混合债券型一级基金	181	59	10.527 6
招商	49	招商安心收益	混合债券型一级基金	181	81	5.568 4
招商	49	招商信用添利	混合债券型一级基金	181	142	19.299 7
招商	49	招商可转债A	混合债券型一级基金	181	156	5.006 9
招商	49	招商可转债	混合债券型一级基金	181	179	3.557 7
招商	49	招商可转债B	混合债券型一级基金	181	181	3.619 6
招商	49	招商招利1个月A	货币市场型基金	391	51	46.719 5
招商	49	招商招利1个月B	货币市场型基金	391	54	4.685 5
招商	49	招商保证金快线B	货币市场型基金	391	153	29.417 8
招商	49	招商现金增值B	货币市场型基金	391	154	421.829 1
招商	49	招商招钱宝B	货币市场型基金	391	156	308.303 0
招商	49	招商招钱宝A	货币市场型基金	391	157	10.449 9
招商	49	招商招钱宝C	货币市场型基金	391	158	0.002 5
招商	49	招商理财7天B	货币市场型基金	391	163	0.754 8
招商	49	招商现金增值A	货币市场型基金	391	242	174.703 2
招商	49	招商保证金快线A	货币市场型基金	391	244	24.356 8
招商	49	招商理财7天A	货币市场型基金	391	261	2.101 8
招商	49	招商招金宝B	货币市场型基金	391	264	7.769 1
招商	49	招商招金宝A	货币市场型基金	391	322	3.336 4
招商	49	招商优势企业	灵活配置型基金	226	91	1.137 2
招商	49	招商丰利	灵活配置型基金	226	187	5.602 1
招商	49	招商丰盛稳定增长	灵活配置型基金	226	188	9.167 8
招商	49	招商瑞丰A	灵活配置型基金	226	193	3.428 2
招商	49	招商安泰	偏股混合型基金	449	214	6.794 0

基金公司	整体投资回报能力排名	基金名称	投资类型（二级分类）	样本基金数量	同类基金中排名	期间内规模(亿元)
招商	49	招商行业领先	偏股混合型基金	449	236	14.104 2
招商	49	招商中小盘精选	偏股混合型基金	449	241	2.598 8
招商	49	招商优质成长	偏股混合型基金	449	267	20.913 8
招商	49	招商核心价值	偏股混合型基金	449	276	21.425 3
招商	49	招商先锋	偏股混合型基金	449	292	28.060 9
招商	49	招商大盘蓝筹	偏股混合型基金	449	350	13.539 4
招商	49	招商安润保本	偏债混合型基金	69	19	19.669 5
招商	49	招商安泰平衡	偏债混合型基金	69	32	1.663 2
招商	49	招商安达保本	偏债混合型基金	69	50	31.663 8
招商	49	招商安盈保本	偏债混合型基金	69	65	30.163 2
招商	49	招商行业精选	普通股票型基金	62	32	10.372 2
招商	49	招商安泰债券A	中长期纯债型基金	321	248	15.422 6
招商	49	招商安泰债券B	中长期纯债型基金	321	264	11.167 8
国联安	50	国联安中证医药100	被动指数型基金	333	20	4.603 0
国联安	50	国联安双禧A中证100	被动指数型基金	333	229	4.537 3
国联安	50	国联安上证商品ETF联接	被动指数型基金	333	253	1.769 4
国联安	50	国联安上证商品ETF	被动指数型基金	333	258	2.195 8
国联安	50	国联安双禧中证100	被动指数型基金	333	276	3.993 9
国联安	50	国联安双禧B中证100	被动指数型基金	333	284	9.979 8
国联安	50	国联安信心增长A	混合债券型二级基金	236	133	1.776 6
国联安	50	国联安信心增长B	混合债券型二级基金	236	136	0.213 9
国联安	50	国联安增利债券A	混合债券型一级基金	181	52	15.518 3
国联安	50	国联安增利债券B	混合债券型一级基金	181	58	2.129 3
国联安	50	国联安信心增益	混合债券型一级基金	181	131	4.490 5
国联安	50	国联安货币B	货币市场型基金	391	278	82.918 3
国联安	50	国联安货币A	货币市场型基金	391	326	5.468 0
国联安	50	国联安新精选	灵活配置型基金	226	175	19.088 6
国联安	50	国联安通盈	灵活配置型基金	226	209	21.258 4
国联安	50	国联安中证股债动态	灵活配置型基金	226	226	0.278 8

（续表 2）

基金公司	整体投资回报能力排名	基金名称	投资类型（二级分类）	样本基金数量	同类基金中排名	期间内规模（亿元）
国联安	50	国联安优选行业	偏股混合型基金	449	13	15.912 1
国联安	50	国联安精选	偏股混合型基金	449	97	19.569 9
国联安	50	国联安小盘精选	偏股混合型基金	449	141	20.294 6
国联安	50	国联安红利	偏股混合型基金	449	143	1.230 3
国联安	50	国联安主题驱动	偏股混合型基金	449	216	3.532 6
国联安	50	国联安优势	偏股混合型基金	449	283	5.779 8
国联安	50	国联安稳健	偏债混合型基金	69	3	1.659 8
国联安	50	国联安安心成长	偏债混合型基金	69	31	26.733 4
国联安	50	国联安保本	偏债混合型基金	69	42	1.164 8
华安	51	华安中证细分医药 ETF	被动指数型基金	333	45	0.535 0
华安	51	华安中证细分医药 ETF 联接 A	被动指数型基金	333	65	2.015 6
华安	51	华安中证细分医药 ETF 联接 C	被动指数型基金	333	70	0.332 1
华安	51	华安中证细分地产 ETF	被动指数型基金	333	98	0.064 8
华安	51	华安深证 300	被动指数型基金	333	103	0.476 2
华安	51	华安上证龙头 ETF	被动指数型基金	333	118	2.490 5
华安	51	华安上证龙头 ETF 联接	被动指数型基金	333	124	2.240 7
华安	51	华安沪深 300A	被动指数型基金	333	202	0.135 8
华安	51	华安沪深 300	被动指数型基金	333	224	0.271 0
华安	51	华安上证 180ETF 联接	被动指数型基金	333	225	7.499 1
华安	51	华安沪深 300B	被动指数型基金	333	230	0.209 1
华安	51	华安上证 180ETF	被动指数型基金	333	252	170.036 9
华安	51	华安安心收益 B	混合债券型二级基金	236	16	0.990 6
华安	51	华安安心收益 A	混合债券型二级基金	236	21	2.215 1
华安	51	华安信用增强	混合债券型二级基金	236	32	4.577 7
华安	51	华安强化收益 A	混合债券型二级基金	236	47	1.697 6
华安	51	华安强化收益 B	混合债券型二级基金	236	51	1.033 8
华安	51	华安可转债 A	混合债券型二级基金	236	219	3.084 9
华安	51	华安可转债 B	混合债券型二级基金	236	221	5.193 7
华安	51	华安稳定收益 A	混合债券型一级基金	181	75	11.250 0

（续表2）

基金公司	整体投资回报能力排名	基金名称	投资类型（二级分类）	样本基金数量	同类基金中排名	期间内规模（亿元）
华安	51	华安稳定收益B	混合债券型一级基金	181	90	3.012 9
华安	51	华安稳固收益	混合债券型一级基金	181	146	17.187 8
华安	51	华安日日鑫B	货币市场型基金	391	114	6.239 5
华安	51	华安汇财通	货币市场型基金	391	144	9.327 3
华安	51	华安日日鑫A	货币市场型基金	391	203	8.022 6
华安	51	华安现金富利B	货币市场型基金	391	220	262.469 1
华安	51	华安现金富利A	货币市场型基金	391	287	36.865 6
华安	51	华安月月鑫B	货币市场型基金	391	294	2.519 8
华安	51	华安月月鑫A	货币市场型基金	391	332	3.502 0
华安	51	华安季季鑫B	货币市场型基金	391	349	0.050 0
华安	51	华安季季鑫A	货币市场型基金	391	362	0.338 3
华安	51	华安月安鑫A	货币市场型基金	391	367	1.117 3
华安	51	华安月安鑫B	货币市场型基金	391	372	1.615 1
华安	51	华安动态灵活配置	灵活配置型基金	226	46	5.994 1
华安	51	华安安顺	灵活配置型基金	226	161	19.129 4
华安	51	华安新活力	灵活配置型基金	226	200	20.438 1
华安	51	华安逆向策略	偏股混合型基金	449	5	11.216 6
华安	51	华安行业轮动	偏股混合型基金	449	88	3.227 6
华安	51	华安科技动力	偏股混合型基金	449	89	6.441 9
华安	51	华安安信消费服务	偏股混合型基金	449	106	5.145 6
华安	51	华安宏利	偏股混合型基金	449	116	35.602 7
华安	51	华安中小盘成长	偏股混合型基金	449	126	39.856 6
华安	51	华安生态优先	偏股混合型基金	449	151	1.490 8
华安	51	华安升级主题	偏股混合型基金	449	171	3.070 9
华安	51	华安策略优选	偏股混合型基金	449	247	61.144 1
华安	51	华安核心优选	偏股混合型基金	449	338	1.140 5
华安	51	华安保本	偏债混合型基金	69	4	4.485 0
华安	51	华安宝利配置	平衡混合型基金	19	7	24.513 5
华安	51	华安创新	平衡混合型基金	19	13	38.343 1

（续表2）

基金公司	整体投资回报能力排名	基金名称	投资类型（二级分类）	样本基金数量	同类基金中排名	期间内规模（亿元）
华安	51	华安大国新经济	普通股票型基金	62	24	3.274 4
华安	51	华安 MSCI 中国 A 股	增强指数型基金	40	23	46.595 9
华安	51	华安沪深 300 量化 A	增强指数型基金	40	26	0.303 6
华安	51	华安沪深 300 量化 C	增强指数型基金	40	28	0.737 6
华安	51	华安中证高分红 A	增强指数型基金	40	38	1.558 0
华安	51	华安中证高分红 C	增强指数型基金	40	39	1.835 9
华安	51	华安双债添利 A	中长期纯债型基金	321	44	10.743 7
华安	51	华安双债添利 C	中长期纯债型基金	321	54	4.345 9
华安	51	华安信用四季红	中长期纯债型基金	321	82	9.948 6
华安	51	华安纯债 C	中长期纯债型基金	321	211	5.157 9
华安	51	华安纯债 A	中长期纯债型基金	321	223	0.966 9
华安	51	华安年年红	中长期纯债型基金	321	237	14.724 2
融通	52	融通深证 100	被动指数型基金	333	116	95.268 8
融通	52	融通深证成指	被动指数型基金	333	151	4.033 1
融通	52	融通通瑞 AB	混合债券型二级基金	236	159	1.669 2
融通	52	融通通瑞 C	混合债券型二级基金	236	168	0.169 5
融通	52	融通通福 B	混合债券型一级基金	181	8	2.224 3
融通	52	融通通福分级	混合债券型一级基金	181	16	2.607 5
融通	52	融通四季添利	混合债券型一级基金	181	136	1.061 7
融通	52	融通通福 A	混合债券型一级基金	181	162	0.383 5
融通	52	融通易支付货币 B	货币市场型基金	391	241	234.634 0
融通	52	融通易支付货币 A	货币市场型基金	391	302	7.874 7
融通	52	融通七天理财 A	货币市场型基金	391	376	0.107 9
融通	52	融通七天理财 B	货币市场型基金	391	379	0.050 1
融通	52	融通健康产业	灵活配置型基金	226	123	7.026 9
融通	52	融通通泽	灵活配置型基金	226	224	13.124 0
融通	52	融通领先成长	偏股混合型基金	449	63	47.010 1
融通	52	融通医疗保健行业	偏股混合型基金	449	200	23.421 9
融通	52	融通行业景气	偏股混合型基金	449	205	17.303 1

(续表2)

基金公司	整体投资回报能力排名	基金名称	投资类型（二级分类）	样本基金数量	同类基金中排名	期间内规模(亿元)
融通	52	融通新蓝筹	偏股混合型基金	449	282	64.625 1
融通	52	融通内需驱动	偏股混合型基金	449	325	4.460 2
融通	52	融通动力先锋	偏股混合型基金	449	405	19.919 5
融通	52	融通通泰保本 A	偏债混合型基金	69	66	2.024 4
融通	52	融通蓝筹成长	平衡混合型基金	19	11	13.514 8
融通	52	基金通乾	普通股票型基金	62	56	33.127 0
融通	52	融通创业板	增强指数型基金	40	1	2.323 4
融通	52	融通巨潮 100	增强指数型基金	40	37	16.072 2
融通	52	融通岁岁添利 A	中长期纯债型基金	321	28	1.706 5
融通	52	融通岁岁添利 B	中长期纯债型基金	321	33	0.781 2
融通	52	融通月月添利 A	中长期纯债型基金	321	84	9.381 7
融通	52	融通月月添利 B	中长期纯债型基金	321	98	0.005 7
融通	52	融通债券 AB	中长期纯债型基金	321	125	4.781 4
融通	52	融通债券 C	中长期纯债型基金	321	152	9.279 2
诺德	53	诺德深证 300 分级	被动指数型基金	333	76	0.076 2
诺德	53	诺德深证 300A	被动指数型基金	333	232	0.053 9
诺德	53	诺德深证 300B	被动指数型基金	333	308	0.078 4
诺德	53	诺德增强收益	混合债券型二级基金	236	216	1.217 0
诺德	53	诺德主题灵活配置	灵活配置型基金	226	40	0.397 9
诺德	53	诺德中小盘	偏股混合型基金	449	100	0.787 4
诺德	53	诺德成长优势	偏股混合型基金	449	108	0.537 4
诺德	53	诺德优选 30	偏股混合型基金	449	152	1.781 7
诺德	53	诺德周期策略	偏股混合型基金	449	187	1.116 5
诺德	53	诺德价值优势	偏股混合型基金	449	245	15.067 0
信诚	54	信诚中证 TMT 产业	被动指数型基金	333	14	2.757 6
信诚	54	信诚中证 500 分级	被动指数型基金	333	27	2.869 6
信诚	54	信诚中证 800 医药 B	被动指数型基金	333	33	3.316 1
信诚	54	信诚中证 800 医药	被动指数型基金	333	72	0.948 7
信诚	54	信诚中证 500A	被动指数型基金	333	214	2.310 8

（续表2）

基金公司	整体投资回报能力排名	基金名称	投资类型（二级分类）	样本基金数量	同类基金中排名	期间内规模（亿元）
信诚	54	信诚中证800有色A	被动指数型基金	333	215	3.015 8
信诚	54	信诚中证800医药A	被动指数型基金	333	216	3.157 0
信诚	54	信诚中证800金融A	被动指数型基金	333	218	22.535 8
信诚	54	信诚中证TMT产业A	被动指数型基金	333	228	0.975 6
信诚	54	信诚沪深300A	被动指数型基金	333	234	5.806 8
信诚	54	信诚沪深300分级	被动指数型基金	333	259	0.952 7
信诚	54	信诚中证800有色	被动指数型基金	333	295	1.501 8
信诚	54	信诚中证TMT产业B	被动指数型基金	333	305	1.109 5
信诚	54	信诚中证800金融	被动指数型基金	333	306	2.753 3
信诚	54	信诚中证500B	被动指数型基金	333	311	3.646 8
信诚	54	信诚沪深300B	被动指数型基金	333	312	4.652 0
信诚	54	信诚中证800金融B	被动指数型基金	333	316	27.108 8
信诚	54	信诚中证800有色B	被动指数型基金	333	327	3.437 1
信诚	54	信诚季季定期支付	混合债券型二级基金	236	29	0.554 3
信诚	54	信诚增强收益	混合债券型二级基金	236	52	2.495 6
信诚	54	信诚三得益债券A	混合债券型二级基金	236	54	1.067 8
信诚	54	信诚三得益债券B	混合债券型二级基金	236	57	0.673 3
信诚	54	信诚岁岁添金	混合债券型一级基金	181	1	2.026 5
信诚	54	信诚添金分级	混合债券型一级基金	181	101	6.430 7
信诚	54	信诚经典优债A	混合债券型一级基金	181	129	1.359 9
信诚	54	信诚经典优债B	混合债券型一级基金	181	135	0.630 0
信诚	54	信诚年年有余A	混合债券型一级基金	181	148	1.629 1
信诚	54	信诚年年有余B	混合债券型一级基金	181	150	0.236 5
信诚	54	信诚季季添金	混合债券型一级基金	181	164	4.402 9
信诚	54	信诚薪金宝	货币市场型基金	391	199	115.878 8
信诚	54	信诚货币B	货币市场型基金	391	209	66.639 8
信诚	54	信诚理财7日盈A	货币市场型基金	391	210	0.942 5
信诚	54	信诚货币A	货币市场型基金	391	282	2.756 1
信诚	54	信诚理财7日盈B	货币市场型基金	391	374	0.503 5

基金公司	整体投资回报能力排名	基金名称	投资类型（二级分类）	样本基金数量	同类基金中排名	期间内规模(亿元)
信诚	54	信诚盛世蓝筹	偏股混合型基金	449	144	2.743 2
信诚	54	信诚新兴产业	偏股混合型基金	449	155	0.548 8
信诚	54	信诚周期轮动	偏股混合型基金	449	157	5.629 3
信诚	54	信诚优胜精选	偏股混合型基金	449	179	3.320 2
信诚	54	信诚中小盘	偏股混合型基金	449	202	0.921 1
信诚	54	信诚新机遇	偏股混合型基金	449	203	0.455 9
信诚	54	信诚幸福消费	偏股混合型基金	449	229	0.505 8
信诚	54	信诚精萃成长	偏股混合型基金	449	243	13.848 1
信诚	54	信诚四季红	偏股混合型基金	449	270	15.685 1
信诚	54	信诚深度价值	偏股混合型基金	449	344	1.292 8
信诚	54	信诚新双盈 B	中长期纯债型基金	321	8	2.235 1
信诚	54	信诚优质纯债 A	中长期纯债型基金	321	10	2.167 8
信诚	54	信诚优质纯债 B	中长期纯债型基金	321	16	11.319 3
信诚	54	信诚新双盈	中长期纯债型基金	321	52	4.828 8
信诚	54	信诚月月定期支付	中长期纯债型基金	321	215	0.340 6
信诚	54	信诚新双盈 A	中长期纯债型基金	321	299	2.592 8
浙商	55	浙商进取	被动指数型基金	333	183	0.112 3
浙商	55	浙商沪深 300	被动指数型基金	333	193	0.581 5
浙商	55	浙商稳健	被动指数型基金	333	236	0.080 9
浙商	55	浙商聚潮新思维	灵活配置型基金	226	88	1.304 0
浙商	55	浙商聚潮产业成长	偏股混合型基金	449	142	2.690 0
浙商	55	浙商聚盈信用债 A	中长期纯债型基金	321	319	0.577 0
浙商	55	浙商聚盈信用债 C	中长期纯债型基金	321	320	0.028 3
信达澳银	56	信达澳银信用债 A	混合债券型二级基金	236	222	3.874 5
信达澳银	56	信达澳银信用债 C	混合债券型二级基金	236	223	0.215 6
信达澳银	56	信达澳银稳定 A	混合债券型一级基金	181	152	0.425 3
信达澳银	56	信达澳银稳定 B	混合债券型一级基金	181	155	0.696 8
信达澳银	56	信达澳银慧管家 C	货币市场型基金	391	24	29.453 4
信达澳银	56	信达澳银慧管家 A	货币市场型基金	391	48	3.470 6

基金公司	整体投资回报能力排名	基金名称	投资类型（二级分类）	样本基金数量	同类基金中排名	期间内规模（亿元）
信达澳银	56	信达澳银慧管家E	货币市场型基金	391	105	0.014 9
信达澳银	56	信达澳银精华	灵活配置型基金	226	225	1.689 4
信达澳银	56	信达澳银产业升级	偏股混合型基金	449	158	1.879 2
信达澳银	56	信达澳银消费优选	偏股混合型基金	449	306	1.044 1
信达澳银	56	信达澳银中小盘	偏股混合型基金	449	378	2.191 5
信达澳银	56	信达澳银领先增长	偏股混合型基金	449	395	28.356 9
信达澳银	56	信达澳银红利回报	偏股混合型基金	449	428	1.629 2
海富通	57	海富通中证低碳	被动指数型基金	333	129	0.504 5
海富通	57	海富通上证非周期ETF	被动指数型基金	333	137	0.764 9
海富通	57	海富通上证非周期ETF联接	被动指数型基金	333	149	0.545 2
海富通	57	海富通中证100	被动指数型基金	333	266	3.595 0
海富通	57	海富通上证周期ETF联接	被动指数型基金	333	291	1.335 3
海富通	57	海富通上证周期ETF	被动指数型基金	333	300	1.644 2
海富通	57	海富通上证可质押城投债ETF	被动指数型债券基金	28	7	63.876 2
海富通	57	海富通稳固收益	混合债券型二级基金	236	36	3.231 5
海富通	57	海富通双福B	混合债券型二级基金	236	66	2.042 8
海富通	57	海富通稳进增利	混合债券型二级基金	236	73	0.739 6
海富通	57	海富通双福分级	混合债券型二级基金	236	76	3.970 5
海富通	57	海富通双福A	混合债券型二级基金	236	205	1.925 7
海富通	57	海富通一年定期开放A	混合债券型一级基金	181	2	0.918 4
海富通	57	海富通稳健添利A	混合债券型一级基金	181	104	5.311 3
海富通	57	海富通稳健添利C	混合债券型一级基金	181	108	0.406 7
海富通	57	海富通货币B	货币市场型基金	391	97	119.927 9
海富通	57	海富通货币A	货币市场型基金	391	183	15.607 9
海富通	57	海富通季季增利	货币市场型基金	391	382	0.000 0
海富通	57	海富通收益增长	灵活配置型基金	226	125	17.404 4
海富通	57	海富通强化回报	灵活配置型基金	226	194	9.613 0
海富通	57	海富通新内需	灵活配置型基金	226	202	10.909 7
海富通	57	海富通养老收益	灵活配置型基金	226	203	13.083 2

基金公司	整体投资回报能力排名	基金名称	投资类型（二级分类）	样本基金数量	同类基金中排名	期间内规模（亿元）
海富通	57	海富通精选	偏股混合型基金	449	363	25.515 0
海富通	57	海富通精选2号	偏股混合型基金	449	376	7.677 8
海富通	57	海富通股票	偏股混合型基金	449	392	21.308 7
海富通	57	海富通中小盘	偏股混合型基金	449	430	3.460 6
海富通	57	海富通内需热点	偏股混合型基金	449	431	0.459 1
海富通	57	海富通领先成长	偏股混合型基金	449	440	3.244 9
海富通	57	海富通风格优势	偏股混合型基金	449	448	11.764 5
海富通	57	海富通国策导向	偏股混合型基金	449	449	3.710 4
海富通	57	海富通纯债A	中长期纯债型基金	321	4	1.466 4
海富通	57	海富通纯债C	中长期纯债型基金	321	5	2.396 5
万家	58	万家中证创业成长	被动指数型基金	333	17	0.106 2
万家	58	万家中证红利	被动指数型基金	333	84	0.915 4
万家	58	万家上证380ETF	被动指数型基金	333	99	0.078 0
万家	58	万家中证创业成长A	被动指数型基金	333	198	0.085 2
万家	58	万家上证180	被动指数型基金	333	265	28.754 4
万家	58	万家中证创业成长B	被动指数型基金	333	319	0.106 3
万家	58	万家增强收益	混合债券型二级基金	236	170	9.189 6
万家	58	万家添利	混合债券型一级基金	181	51	5.172 5
万家	58	万家稳健增利A	混合债券型一级基金	181	54	9.730 6
万家	58	万家稳健增利C	混合债券型一级基金	181	61	0.517 2
万家	58	万家日日薪B	货币市场型基金	391	151	0.814 6
万家	58	万家日日薪A	货币市场型基金	391	238	1.503 3
万家	58	万家货币R	货币市场型基金	391	251	0.323 3
万家	58	万家货币B	货币市场型基金	391	255	64.586 3
万家	58	万家货币E	货币市场型基金	391	275	5.812 3
万家	58	万家货币A	货币市场型基金	391	312	11.458 1
万家	58	万家现金宝	货币市场型基金	391	366	1.820 4
万家	58	万家双引擎	灵活配置型基金	226	139	5.259 7
万家	58	万家精选	偏股混合型基金	449	26	1.364 5

基金公司	整体投资回报能力排名	基金名称	投资类型（二级分类）	样本基金数量	同类基金中排名	期间内规模（亿元）
万家	58	万家行业优选	偏股混合型基金	449	47	3.432 9
万家	58	万家和谐增长	偏股混合型基金	449	107	13.040 5
万家	58	万家强化收益	中长期纯债型基金	321	144	2.683 3
万家	58	万家信用恒利 A	中长期纯债型基金	321	196	2.508 9
万家	58	万家信用恒利 C	中长期纯债型基金	321	219	1.873 7
泰信	59	泰信基本面 400B	被动指数型基金	333	87	0.050 2
泰信	59	泰信基本面 400	被动指数型基金	333	88	0.442 2
泰信	59	泰信中证 200	被动指数型基金	333	106	0.810 5
泰信	59	泰信基本面 400A	被动指数型基金	333	196	0.048 9
泰信	59	泰信双息双利	混合债券型二级基金	236	183	0.566 6
泰信	59	泰信周期回报	混合债券型一级基金	181	89	1.171 6
泰信	59	泰信增强收益 A	混合债券型一级基金	181	145	0.423 0
泰信	59	泰信增强收益 C	混合债券型一级基金	181	147	0.059 3
泰信	59	泰信天天收益	货币市场型基金	391	222	36.439 5
泰信	59	泰信优势增长	灵活配置型基金	226	117	4.003 8
泰信	59	泰信优质生活	偏股混合型基金	449	190	11.707 5
泰信	59	泰信中小盘精选	偏股混合型基金	449	258	4.662 9
泰信	59	泰信先行策略	偏股混合型基金	449	265	25.860 1
泰信	59	泰信蓝筹精选	偏股混合型基金	449	275	11.233 3
泰信	59	泰信现代服务业	偏股混合型基金	449	337	0.503 0
泰信	59	泰信发展主题	偏股混合型基金	449	377	1.436 6
泰信	59	泰信鑫益 A	中长期纯债型基金	321	180	0.743 8
泰信	59	泰信鑫益 C	中长期纯债型基金	321	198	0.217 4
华富	60	华富中证 100	被动指数型基金	333	263	0.899 8
华富	60	华富恒财分级 B	混合债券型二级基金	236	108	1.076 7
华富	60	华富恒财分级	混合债券型二级基金	236	172	2.857 8
华富	60	华富恒财分级 A	混合债券型二级基金	236	192	1.780 4
华富	60	华富强化回报	混合债券型一级基金	181	34	2.469 9
华富	60	华富收益增强 A	混合债券型一级基金	181	48	11.757 8

(续表2)

基金公司	整体投资回报能力排名	基金名称	投资类型（二级分类）	样本基金数量	同类基金中排名	期间内规模（亿元）
华富	60	华富收益增强B	混合债券型一级基金	181	56	2.646 4
华富	60	华富恒富B	混合债券型一级基金	181	103	2.328 1
华富	60	华富恒富分级	混合债券型一级基金	181	153	5.462 5
华富	60	华富恒富A	混合债券型一级基金	181	165	3.134 7
华富	60	华富货币	货币市场型基金	391	246	43.226 5
华富	60	华富价值增长	灵活配置型基金	226	50	5.382 6
华富	60	华富智慧城市	灵活配置型基金	226	65	12.128 0
华富	60	华富策略精选	灵活配置型基金	226	90	1.024 1
华富	60	华富灵活配置	灵活配置型基金	226	191	22.741 0
华富	60	华富成长趋势	偏股混合型基金	449	163	15.711 8
华富	60	华富竞争力优选	偏股混合型基金	449	224	11.174 0
华富	60	华富量子生命力	偏股混合型基金	449	353	0.653 7
华富	60	华富保本	偏债混合型基金	69	39	1.718 1
华富	60	华富中小板	增强指数型基金	40	5	0.103 4
华富	60	华富恒稳纯债A	中长期纯债型基金	321	277	2.998 0
华富	60	华富恒稳纯债C	中长期纯债型基金	321	284	0.900 4
国海富兰克林	61	国富强化收益A	混合债券型二级基金	236	81	6.575 4
国海富兰克林	61	国富强化收益C	混合债券型二级基金	236	85	0.682 3
国海富兰克林	61	国富岁岁恒丰A	混合债券型一级基金	181	105	2.811 9
国海富兰克林	61	国富岁岁恒丰C	混合债券型一级基金	181	115	1.053 7
国海富兰克林	61	国富日日收益B	货币市场型基金	391	185	42.304 7
国海富兰克林	61	国富日日收益A	货币市场型基金	391	265	8.190 3
国海富兰克林	61	国富策略回报	灵活配置型基金	226	122	1.224 1
国海富兰克林	61	国富焦点驱动灵活配置	灵活配置型基金	226	204	15.244 8
国海富兰克林	61	国富弹性市值	偏股混合型基金	449	206	22.696 8
国海富兰克林	61	国富潜力组合	偏股混合型基金	449	286	26.143 3
国海富兰克林	61	国富成长动力	偏股混合型基金	449	355	1.453 3
国海富兰克林	61	国富深化价值	偏股混合型基金	449	375	4.266 5
国海富兰克林	61	国富研究精选	偏股混合型基金	449	423	0.743 8

基金公司	整体投资回报能力排名	基金名称	投资类型（二级分类）	样本基金数量	同类基金中排名	期间内规模(亿元)
国海富兰克林	61	国富中国收益	偏债混合型基金	69	9	4.256 7
国海富兰克林	61	国富中小盘	普通股票型基金	62	13	4.296 3
国海富兰克林	61	国富健康优质生活	普通股票型基金	62	58	1.015 4
国海富兰克林	61	国富沪深300	增强指数型基金	40	25	5.042 7
国海富兰克林	61	国富恒利分级 B	中长期纯债型基金	321	37	1.511 3
国海富兰克林	61	国富恒利分级	中长期纯债型基金	321	227	3.113 3
国海富兰克林	61	国富恒利分级 A	中长期纯债型基金	321	310	1.600 6
国海富兰克林	61	国富恒久信用 A	中长期纯债型基金	321	314	0.305 5
国海富兰克林	61	国富恒久信用 C	中长期纯债型基金	321	315	0.071 5
东吴	62	东吴中证新兴产业	被动指数型基金	333	77	4.070 6
东吴	62	东吴中证可转换债券 A	被动指数型债券基金	28	17	0.523 2
东吴	62	东吴中证可转换债券	被动指数型债券基金	28	27	0.898 8
东吴	62	东吴中证可转换债券 B	被动指数型债券基金	28	28	0.163 6
东吴	62	东吴优信稳健 A	混合债券型二级基金	236	212	0.224 3
东吴	62	东吴优信稳健 C	混合债券型二级基金	236	214	0.155 0
东吴	62	东吴增利 A	混合债券型一级基金	181	118	0.139 3
东吴	62	东吴增利 C	混合债券型一级基金	181	127	0.420 7
东吴	62	东吴货币 B	货币市场型基金	391	177	16.005 8
东吴	62	东吴货币 A	货币市场型基金	391	257	1.050 6
东吴	62	东吴阿尔法	灵活配置型基金	226	92	1.157 3
东吴	62	东吴内需增长	灵活配置型基金	226	96	0.571 4
东吴	62	东吴进取策略	灵活配置型基金	226	147	1.722 3
东吴	62	东吴新产业精选	偏股混合型基金	449	117	1.558 0
东吴	62	东吴新创业	偏股混合型基金	449	220	0.341 3
东吴	62	东吴新经济	偏股混合型基金	449	272	1.037 6
东吴	62	东吴价值成长	偏股混合型基金	449	308	10.056 1
东吴	62	东吴行业轮动	偏股混合型基金	449	317	9.986 7
东吴	62	东吴嘉禾优势	偏股混合型基金	449	411	12.672 9
东吴	62	东吴深证100	增强指数型基金	40	16	0.440 3

基金公司	整体投资回报能力排名	基金名称	投资类型（二级分类）	样本基金数量	同类基金中排名	期间内规模（亿元）
东吴	62	东吴鼎利B	中长期纯债型基金	321	13	4.859 6
东吴	62	东吴鼎利分级	中长期纯债型基金	321	53	6.522 6
东吴	62	东吴鼎利A	中长期纯债型基金	321	309	1.660 2
大成	63	大成深证成长40ETF	被动指数型基金	333	22	4.956 9
大成	63	大成深证成长40ETF联接	被动指数型基金	333	26	5.025 4
大成	63	大成中证500深市ETF	被动指数型基金	333	34	0.240 4
大成	63	大成中证500沪市ETF	被动指数型基金	333	73	0.315 7
大成	63	大成中证红利	被动指数型基金	333	95	1.434 4
大成	63	大成沪深300	被动指数型基金	333	162	41.413 6
大成	63	大成中证100ETF	被动指数型基金	333	267	2.597 8
大成	63	大成景丰	混合债券型二级基金	236	35	13.998 6
大成	63	大成强化收益A	混合债券型二级基金	236	206	23.810 5
大成	63	大成强化收益B	混合债券型二级基金	236	207	23.810 5
大成	63	大成可转债	混合债券型二级基金	236	233	1.646 4
大成	63	大成景祥B	混合债券型一级基金	181	12	8.720 5
大成	63	大成景兴信用债A	混合债券型一级基金	181	32	0.796 9
大成	63	大成景兴信用债C	混合债券型一级基金	181	35	0.362 6
大成	63	大成债券AB	混合债券型一级基金	181	45	4.870 6
大成	63	大成债券C	混合债券型一级基金	181	53	2.958 0
大成	63	大成景祥分级	混合债券型一级基金	181	71	18.654 9
大成	63	大成景祥A	混合债券型一级基金	181	159	9.310 3
大成	63	大成月月盈B	货币市场型基金	391	5	1.615 0
大成	63	大成月添利理财B	货币市场型基金	391	8	8.278 4
大成	63	大成月月盈A	货币市场型基金	391	22	1.256 9
大成	63	大成月添利理财A	货币市场型基金	391	22	6.485 8
大成	63	大成丰财宝B	货币市场型基金	391	99	0.444 4
大成	63	大成现金增利B	货币市场型基金	391	113	4.839 8
大成	63	大成丰财宝A	货币市场型基金	391	184	1.680 9
大成	63	大成现金宝B	货币市场型基金	391	194	10.014 2

基金公司	整体投资回报能力排名	基金名称	投资类型（二级分类）	样本基金数量	同类基金中排名	期间内规模（亿元）
大成	63	大成现金增利 A	货币市场型基金	391	202	45.582 4
大成	63	大成添利宝 B	货币市场型基金	391	204	0.470 5
大成	63	大成添利宝 E	货币市场型基金	391	256	2.230 7
大成	63	大成货币 B	货币市场型基金	391	280	323.533 3
大成	63	大成添利宝 A	货币市场型基金	391	281	0.063 1
大成	63	大成货币 A	货币市场型基金	391	327	21.399 2
大成	63	大成现金宝 A	货币市场型基金	391	337	15.927 4
大成	63	大成灵活配置	灵活配置型基金	226	43	3.908 3
大成	63	大成中小盘	偏股混合型基金	449	3	4.907 7
大成	63	大成内需增长	偏股混合型基金	449	56	4.805 7
大成	63	大成积极成长	偏股混合型基金	449	62	15.529 5
大成	63	大成优选	偏股混合型基金	449	139	10.007 5
大成	63	大成景阳领先	偏股混合型基金	449	189	16.514 0
大成	63	大成竞争优势	偏股混合型基金	449	211	1.018 0
大成	63	大成策略回报	偏股混合型基金	449	237	5.436 6
大成	63	大成消费主题	偏股混合型基金	449	255	0.529 6
大成	63	大成核心双动力	偏股混合型基金	449	263	0.723 0
大成	63	大成行业轮动	偏股混合型基金	449	334	1.922 0
大成	63	大成精选增值	偏股混合型基金	449	345	14.422 2
大成	63	大成健康产业	偏股混合型基金	449	364	0.410 7
大成	63	大成新锐产业	偏股混合型基金	449	368	0.839 6
大成	63	大成创新成长	偏股混合型基金	449	381	52.054 1
大成	63	大成蓝筹稳健	偏股混合型基金	449	419	62.297 3
大成	63	大成财富管理 2020	偏债混合型基金	69	7	42.329 8
大成	63	大成景利	偏债混合型基金	69	58	20.376 9
大成	63	大成景恒保本	偏债混合型基金	69	64	6.736 3
大成	63	大成景益平稳收益	偏债混合型基金	69	67	9.374 1
大成	63	大成价值增长	平衡混合型基金	19	5	51.907 5
大成	63	大成产业升级	普通股票型基金	62	41	20.381 4

基金公司	整体投资回报能力排名	基金名称	投资类型（二级分类）	样本基金数量	同类基金中排名	期间内规模（亿元）
大成	63	大成景旭纯债A	中长期纯债型基金	321	140	1.468 4
大成	63	大成景旭纯债C	中长期纯债型基金	321	145	2.204 8
大成	63	大成信用增利一年A	中长期纯债型基金	321	210	2.255 8
大成	63	大成信用增利一年C	中长期纯债型基金	321	229	1.607 9
诺安	64	诺安中小板等权ETF	被动指数型基金	333	30	0.208 9
诺安	64	诺安中证500ETF	被动指数型基金	333	31	1.373 5
诺安	64	诺安中证创业成长	被动指数型基金	333	39	0.158 4
诺安	64	诺安上证新兴产业ETF	被动指数型基金	333	83	2.025 5
诺安	64	诺安上证新兴产业ETF联接	被动指数型基金	333	104	1.666 4
诺安	64	诺安稳健	被动指数型基金	333	207	0.042 6
诺安	64	诺安中证100	被动指数型基金	333	264	3.662 9
诺安	64	诺安进取	被动指数型基金	333	314	0.082 5
诺安	64	诺安增利A	混合债券型二级基金	236	55	4.551 0
诺安	64	诺安增利B	混合债券型二级基金	236	59	1.748 6
诺安	64	诺安双利	混合债券型二级基金	236	63	5.623 3
诺安	64	诺安永鑫收益一年	混合债券型二级基金	236	156	2.016 1
诺安	64	诺安优化收益	混合债券型一级基金	181	94	7.433 6
诺安	64	诺安天天宝B	货币市场型基金	391	135	2.344 7
诺安	64	诺安聚鑫宝B	货币市场型基金	391	145	66.140 4
诺安	64	诺安聚鑫宝A	货币市场型基金	391	167	34.277 8
诺安	64	诺安理财宝B	货币市场型基金	391	198	117.113 8
诺安	64	诺安理财宝A	货币市场型基金	391	247	2.230 7
诺安	64	诺安货币B	货币市场型基金	391	250	81.625 4
诺安	64	诺安天天宝E	货币市场型基金	391	274	0.504 1
诺安	64	诺安天天宝C	货币市场型基金	391	298	0.026 7
诺安	64	诺安货币A	货币市场型基金	391	308	4.901 6
诺安	64	诺安天天宝A	货币市场型基金	391	310	1.443 4
诺安	64	诺安新动力	灵活配置型基金	226	135	0.925 9
诺安	64	诺安灵活配置	灵活配置型基金	226	160	50.361 2

基金公司	整体投资回报能力排名	基金名称	投资类型(二级分类)	样本基金数量	同类基金中排名	期间内规模(亿元)
诺安	64	诺安稳健回报 A	灵活配置型基金	226	169	4.711 1
诺安	64	诺安优势行业 A	灵活配置型基金	226	199	10.714 3
诺安	64	诺安成长	偏股混合型基金	449	185	5.519 6
诺安	64	诺安中小盘精选	偏股混合型基金	449	218	8.339 5
诺安	64	诺安多策略	偏股混合型基金	449	223	1.381 2
诺安	64	诺安先锋	偏股混合型基金	449	269	77.936 6
诺安	64	诺安主题精选	偏股混合型基金	449	357	15.182 2
诺安	64	诺安平衡	偏股混合型基金	449	387	38.245 8
诺安	64	诺安价值增长	偏股混合型基金	449	407	40.221 0
诺安	64	诺安鸿鑫保本	偏债混合型基金	69	22	4.046 3
诺安	64	诺安汇鑫保本	偏债混合型基金	69	24	21.550 1
诺安	64	诺安保本	偏债混合型基金	69	36	13.085 7
诺安	64	诺安纯债 A	中长期纯债型基金	321	65	8.435 5
诺安	64	诺安纯债 C	中长期纯债型基金	321	78	2.330 4
诺安	64	诺安信用债	中长期纯债型基金	321	106	1.157 6
诺安	64	诺安聚利 A	中长期纯债型基金	321	186	5.681 6
诺安	64	诺安聚利 C	中长期纯债型基金	321	213	3.487 2
诺安	64	诺安泰鑫一年 A	中长期纯债型基金	321	240	12.180 4
诺安	64	诺安稳固收益	中长期纯债型基金	321	266	17.223 2
天治	65	天治稳健双盈	混合债券型二级基金	236	11	5.749 6
天治	65	天治天得利货币	货币市场型基金	391	286	3.503 4
天治	65	天治趋势精选	灵活配置型基金	226	206	9.769 3
天治	65	天治研究驱动 A	灵活配置型基金	226	223	0.322 2
天治	65	天治核心成长	偏股混合型基金	449	301	16.174 2
天治	65	天治创新先锋	偏股混合型基金	449	314	0.766 0
天治	65	天治成长精选	偏股混合型基金	449	404	0.400 1
天治	65	天治品质优选	偏股混合型基金	449	433	0.631 5
天治	65	天治财富增长	偏债混合型基金	69	2	1.621 5
天治	65	天治可转债增强 A	中长期纯债型基金	321	156	0.938 1

（续表2）

基金公司	整体投资回报能力排名	基金名称	投资类型（二级分类）	样本基金数量	同类基金中排名	期间内规模(亿元)
天治	65	天治可转债增强 C	中长期纯债型基金	321	160	1.122 5
汇丰晋信	66	汇丰晋信恒生 A 股 A	被动指数型基金	333	179	0.706 2
汇丰晋信	66	汇丰晋信 2016	混合债券型二级基金	236	119	2.661 3
汇丰晋信	66	汇丰晋信平稳增利 A	混合债券型一级基金	181	149	1.221 9
汇丰晋信	66	汇丰晋信平稳增利 C	混合债券型一级基金	181	151	1.070 0
汇丰晋信	66	汇丰晋信货币 B	货币市场型基金	391	357	12.447 3
汇丰晋信	66	汇丰晋信货币 A	货币市场型基金	391	368	0.196 3
汇丰晋信	66	汇丰晋信双核策略 C	灵活配置型基金	226	79	3.747 1
汇丰晋信	66	汇丰晋信双核策略 A	灵活配置型基金	226	84	8.823 7
汇丰晋信	66	汇丰晋信动态策略	灵活配置型基金	226	109	11.828 0
汇丰晋信	66	汇丰晋信 2026	偏股混合型基金	449	222	1.357 1
汇丰晋信	66	汇丰晋信龙腾	偏股混合型基金	449	409	7.291 1
汇丰晋信	66	汇丰晋信科技先锋	普通股票型基金	62	7	7.574 7
汇丰晋信	66	汇丰晋信低碳先锋	普通股票型基金	62	15	9.294 1
汇丰晋信	66	汇丰晋信大盘	普通股票型基金	62	42	16.862 9
汇丰晋信	66	汇丰晋信消费红利	普通股票型基金	62	57	3.954 4
汇丰晋信	66	汇丰晋信中小盘	普通股票型基金	62	59	1.967 5
国投瑞银	67	国投瑞银中证下游	被动指数型基金	333	66	1.075 1
国投瑞银	67	国投瑞银瑞和小康	被动指数型基金	333	145	0.561 4
国投瑞银	67	国投瑞银瑞和 300	被动指数型基金	333	174	1.568 6
国投瑞银	67	国投瑞银瑞和远见	被动指数型基金	333	260	0.627 1
国投瑞银	67	国投瑞银沪深 300 金融地产 ETF	被动指数型基金	333	283	13.889 7
国投瑞银	67	国投瑞银沪深 300 金融地产 ETF 联接	被动指数型基金	333	287	14.458 8
国投瑞银	67	国投瑞银中证上游	被动指数型基金	333	299	1.384 1
国投瑞银	67	国投瑞银优化增强 AB	混合债券型二级基金	236	65	12.918 0
国投瑞银	67	国投瑞银优化增强 C	混合债券型二级基金	236	70	8.450 0
国投瑞银	67	国投瑞银双债增利 A	混合债券型一级基金	181	43	3.025 9
国投瑞银	67	国投瑞银双债增利 C	混合债券型一级基金	181	50	3.511 0

（续表2）

基金公司	整体投资回报能力排名	基金名称	投资类型（二级分类）	样本基金数量	同类基金中排名	期间内规模（亿元）
国投瑞银	67	国投瑞银稳定增利	混合债券型一级基金	181	76	18.870 4
国投瑞银	67	国投瑞银增利宝 A	货币市场型基金	391	188	0.530 4
国投瑞银	67	国投瑞银钱多宝 A	货币市场型基金	391	227	1.411 8
国投瑞银	67	国投瑞银钱多宝 I	货币市场型基金	391	229	0.766 2
国投瑞银	67	国投瑞银货币 B	货币市场型基金	391	270	180.929 7
国投瑞银	67	国投瑞银货币 A	货币市场型基金	391	325	7.099 3
国投瑞银	67	国投瑞银美丽中国	灵活配置型基金	226	9	6.134 6
国投瑞银	67	国投瑞银新兴产业	灵活配置型基金	226	23	0.569 7
国投瑞银	67	国投瑞银信息消费	灵活配置型基金	226	38	11.693 8
国投瑞银	67	国投瑞银策略精选	灵活配置型基金	226	41	4.876 5
国投瑞银	67	国投瑞银稳健增长	灵活配置型基金	226	63	8.805 4
国投瑞银	67	国投瑞银医疗保健行业	灵活配置型基金	226	64	3.086 9
国投瑞银	67	国投瑞银新机遇 A	灵活配置型基金	226	170	9.065 3
国投瑞银	67	国投瑞银新机遇 C	灵活配置型基金	226	173	11.663 9
国投瑞银	67	国投瑞银成长优选	偏股混合型基金	449	297	9.523 1
国投瑞银	67	国投瑞银创新动力	偏股混合型基金	449	304	15.634 2
国投瑞银	67	国投瑞银核心企业	偏股混合型基金	449	402	32.025 4
国投瑞银	67	国投瑞银融华债券	偏债混合型基金	69	26	4.703 4
国投瑞银	67	国投瑞银景气行业	平衡混合型基金	19	12	14.283 8
国投瑞银	67	国投瑞银中高等级 A	中长期纯债型基金	321	162	6.418 5
国投瑞银	67	国投瑞银中高等级 C	中长期纯债型基金	321	172	2.062 3
国投瑞银	67	国投瑞银岁添利 A	中长期纯债型基金	321	206	6.363 4
国投瑞银	67	国投瑞银岁添利 C	中长期纯债型基金	321	221	0.418 3
国投瑞银	67	国投瑞银纯债 B	中长期纯债型基金	321	259	4.127 7
国投瑞银	67	国投瑞银纯债 A	中长期纯债型基金	321	262	0.159 4
国投瑞银	67	国投瑞银岁增利 A	中长期纯债型基金	321	269	6.661 2
国投瑞银	67	国投瑞银岁增利 C	中长期纯债型基金	321	274	0.434 5
鹏华	68	鹏华中证传媒	被动指数型基金	333	13	5.832 5
鹏华	68	鹏华中证信息技术	被动指数型基金	333	36	2.404 6

（续表2）

基金公司	整体投资回报能力排名	基金名称	投资类型（二级分类）	样本基金数量	同类基金中排名	期间内规模(亿元)
鹏华	68	鹏华深证民营 ETF	被动指数型基金	333	49	0.793 9
鹏华	68	鹏华中证 800 地产	被动指数型基金	333	54	2.644 6
鹏华	68	鹏华深证民营 ETF 联接	被动指数型基金	333	59	0.564 3
鹏华	68	鹏华中证 500	被动指数型基金	333	61	5.116 3
鹏华	68	鹏华中证传媒 B	被动指数型基金	333	92	2.347 2
鹏华	68	鹏华上证民企 50ETF	被动指数型基金	333	100	1.405 1
鹏华	68	鹏华中证国防	被动指数型基金	333	108	55.726 0
鹏华	68	鹏华上证民企 50ETF 联接	被动指数型基金	333	110	1.159 0
鹏华	68	鹏华沪深 300	被动指数型基金	333	169	4.729 0
鹏华	68	鹏华沪深 300ETF	被动指数型基金	333	187	0.623 0
鹏华	68	鹏华中证传媒 A	被动指数型基金	333	220	2.609 0
鹏华	68	鹏华信息 A	被动指数型基金	333	221	1.374 6
鹏华	68	鹏华中证 800 地产 A	被动指数型基金	333	222	2.370 8
鹏华	68	鹏华证保 A	被动指数型基金	333	223	7.514 8
鹏华	68	鹏华中证国防 A	被动指数型基金	333	227	9.520 8
鹏华	68	鹏华资源 A	被动指数型基金	333	237	4.568 0
鹏华	68	鹏华中证 A 股资源产业	被动指数型基金	333	282	2.101 6
鹏华	68	鹏华中证 800 地产 B	被动指数型基金	333	289	4.118 6
鹏华	68	鹏华资源 B	被动指数型基金	333	304	6.179 5
鹏华	68	鹏华中证 800 证券保险	被动指数型基金	333	315	22.431 0
鹏华	68	鹏华中证国防 B	被动指数型基金	333	325	8.507 9
鹏华	68	鹏华信息 B	被动指数型基金	333	328	2.003 6
鹏华	68	鹏华证保 B	被动指数型基金	333	331	13.862 2
鹏华	68	鹏华双债加利	混合债券型二级基金	236	64	4.798 5
鹏华	68	鹏华国有企业债	混合债券型二级基金	236	132	1.005 1
鹏华	68	鹏华信用增利 B	混合债券型二级基金	236	142	0.484 0
鹏华	68	鹏华丰收	混合债券型二级基金	236	143	16.107 5
鹏华	68	鹏华信用增利 A	混合债券型二级基金	236	146	3.824 7
鹏华	68	鹏华双债增利	混合债券型二级基金	236	149	5.221 9

基金公司	整体投资回报能力排名	基金名称	投资类型（二级分类）	样本基金数量	同类基金中排名	期间内规模（亿元）
鹏华	68	鹏华丰盛稳固收益	混合债券型二级基金	236	150	18.333 5
鹏华	68	鹏华双债保利	混合债券型二级基金	236	175	3.238 9
鹏华	68	鹏华丰信分级B	混合债券型一级基金	181	15	3.452 4
鹏华	68	鹏华普天债券A	混合债券型一级基金	181	25	5.402 9
鹏华	68	鹏华丰信分级	混合债券型一级基金	181	28	4.679 9
鹏华	68	鹏华普天债券B	混合债券型一级基金	181	29	1.549 6
鹏华	68	鹏华丰和	混合债券型一级基金	181	49	9.684 3
鹏华	68	鹏华丰润	混合债券型一级基金	181	79	0.648 6
鹏华	68	鹏华丰信分级A	混合债券型一级基金	181	163	1.227 6
鹏华	68	鹏华增值宝	货币市场型基金	391	102	25.158 4
鹏华	68	鹏华货币B	货币市场型基金	391	240	300.392 9
鹏华	68	鹏华货币A	货币市场型基金	391	301	18.484 2
鹏华	68	鹏华消费领先	灵活配置型基金	226	59	5.691 0
鹏华	68	鹏华策略优选	灵活配置型基金	226	154	5.935 1
鹏华	68	鹏华品牌传承	灵活配置型基金	226	211	18.315 6
鹏华	68	鹏华新兴产业	偏股混合型基金	449	75	6.580 1
鹏华	68	鹏华精选成长	偏股混合型基金	449	210	3.743 7
鹏华	68	鹏华盛世创新	偏股混合型基金	449	225	1.655 4
鹏华	68	鹏华中国50	偏股混合型基金	449	244	16.803 7
鹏华	68	鹏华普天收益	偏股混合型基金	449	251	10.590 6
鹏华	68	鹏华消费优选	偏股混合型基金	449	266	2.681 1
鹏华	68	鹏华动力增长	偏股混合型基金	449	328	32.442 1
鹏华	68	鹏华价值优势	偏股混合型基金	449	397	62.123 6
鹏华	68	鹏华优质治理	偏股混合型基金	449	413	24.200 6
鹏华	68	鹏华金刚保本	偏债混合型基金	69	44	5.127 6
鹏华	68	鹏华医疗保健	普通股票型基金	62	14	24.868 4
鹏华	68	鹏华价值精选	普通股票型基金	62	19	0.466 2
鹏华	68	鹏华环保产业	普通股票型基金	62	29	3.649 3
鹏华	68	鹏华先进制造	普通股票型基金	62	31	5.091 8

基金公司	整体投资回报能力排名	基金名称	投资类型（二级分类）	样本基金数量	同类基金中排名	期间内规模（亿元）
鹏华	68	鹏华养老产业	普通股票型基金	62	33	4.180 9
鹏华	68	鹏华丰泰 A	中长期纯债型基金	321	42	1.302 7
鹏华	68	鹏华纯债	中长期纯债型基金	321	46	6.368 3
鹏华	68	鹏华丰利 B	中长期纯债型基金	321	55	9.776 9
鹏华	68	鹏华丰利分级	中长期纯债型基金	321	67	10.257 4
鹏华	68	鹏华丰实 A	中长期纯债型基金	321	110	1.464 0
鹏华	68	鹏华实业债纯债	中长期纯债型基金	321	117	0.545 7
鹏华	68	鹏华丰实 B	中长期纯债型基金	321	124	1.325 6
鹏华	68	鹏华产业债	中长期纯债型基金	321	163	3.266 9
鹏华	68	鹏华丰融	中长期纯债型基金	321	205	1.409 7
鹏华	68	鹏华丰泽	中长期纯债型基金	321	253	9.334 3
鹏华	68	鹏华丰利 A	中长期纯债型基金	321	311	0.480 2
博时	69	博时深证基本面 200ETF 联接	被动指数型基金	333	91	0.658 7
博时	69	博时深证基本面 200ETF	被动指数型基金	333	96	0.812 1
博时	69	博时超大盘 ETF	被动指数型基金	333	268	5.213 6
博时	69	博时超大盘 ETF 联接	被动指数型基金	333	269	4.451 0
博时	69	博时自然资源 ETF	被动指数型基金	333	297	1.387 3
博时	69	博时自然资源 ETF 联接	被动指数型基金	333	301	0.492 8
博时	69	博时上证企债 30ETF	被动指数型债券基金	28	13	1.409 0
博时	69	博时信用债券 A	混合债券型二级基金	236	74	7.935 6
博时	69	博时信用债券 B	混合债券型二级基金	236	75	7.935 6
博时	69	博时信用债券 C	混合债券型二级基金	236	83	7.203 0
博时	69	博时天颐 A	混合债券型二级基金	236	198	0.457 9
博时	69	博时转债 A	混合债券型二级基金	236	200	4.343 6
博时	69	博时转债 C	混合债券型二级基金	236	202	8.001 6
博时	69	博时天颐 C	混合债券型二级基金	236	209	0.645 3
博时	69	博时宏观回报 C	混合债券型二级基金	236	211	0.447 3
博时	69	博时宏观回报 AB	混合债券型二级基金	236	213	0.428 8
博时	69	博时稳定价值 A	混合债券型一级基金	181	22	1.741 9

基金公司	整体投资回报能力排名	基金名称	投资类型（二级分类）	样本基金数量	同类基金中排名	期间内规模（亿元）
博时	69	博时稳定价值 B	混合债券型一级基金	181	23	2.801 9
博时	69	博时稳健回报 A	混合债券型一级基金	181	134	0.531 9
博时	69	博时稳健回报 C	混合债券型一级基金	181	141	2.136 9
博时	69	博时现金宝 A	货币市场型基金	391	173	10.569 9
博时	69	博时现金宝 B	货币市场型基金	391	174	8.108 9
博时	69	博时现金收益 B	货币市场型基金	391	178	407.867 8
博时	69	博时现金收益 A	货币市场型基金	391	262	108.673 3
博时	69	博时天天增利 B	货币市场型基金	391	269	22.627 7
博时	69	博时天天增利 A	货币市场型基金	391	324	2.243 1
博时	69	博时保证金	货币市场型基金	391	351	40.554 4
博时	69	博时月月盈 R	货币市场型基金	391	388	0.000 0
博时	69	博时月月盈 A	货币市场型基金	391	390	0.000 0
博时	69	博时裕益灵活配置	灵活配置型基金	226	47	2.086 9
博时	69	博时裕隆	灵活配置型基金	226	83	8.257 2
博时	69	博时策略灵活配置	灵活配置型基金	226	120	9.183 1
博时	69	博时回报灵活配置	灵活配置型基金	226	144	1.020 9
博时	69	博时内需增长灵活配置	灵活配置型基金	226	168	4.657 1
博时	69	博时灵活配置	灵活配置型基金	226	174	12.754 7
博时	69	博时创业成长	偏股混合型基金	449	81	3.325 1
博时	69	博时卓越品牌	偏股混合型基金	449	123	2.650 4
博时	69	博时医疗保健行业	偏股混合型基金	449	242	18.893 7
博时	69	博时精选	偏股混合型基金	449	287	57.488 9
博时	69	博时新兴成长	偏股混合型基金	449	293	71.065 8
博时	69	博时主题行业	偏股混合型基金	449	386	103.586 7
博时	69	博时第三产业成长	偏股混合型基金	449	396	38.502 1
博时	69	博时特许价值	偏股混合型基金	449	415	4.939 5
博时	69	博时行业轮动	偏股混合型基金	449	420	2.564 5
博时	69	博时价值增长	平衡混合型基金	19	17	89.593 0
博时	69	博时价值增长 2 号	平衡混合型基金	19	18	30.274 0

基金公司	整体投资回报能力排名	基金名称	投资类型（二级分类）	样本基金数量	同类基金中排名	期间内规模(亿元)
博时	69	博时平衡配置	平衡混合型基金	19	19	10.945 5
博时	69	博时裕富沪深300	增强指数型基金	40	14	85.132 5
博时	69	博时安丰18个月	中长期纯债型基金	321	19	3.808 1
博时	69	博时双月薪	中长期纯债型基金	321	20	2.388 8
博时	69	博时岁岁增利	中长期纯债型基金	321	36	1.160 6
博时	69	博时月月薪	中长期纯债型基金	321	38	4.230 2
博时	69	博时安心收益A	中长期纯债型基金	321	61	1.786 4
博时	69	博时安心收益C	中长期纯债型基金	321	66	0.635 0
博时	69	博时信用债纯债A	中长期纯债型基金	321	107	5.012 8
博时	69	博时优势收益信用债	中长期纯债型基金	321	118	9.748 5
博时	69	博时双债增强A	中长期纯债型基金	321	247	0.587 5
博时	69	博时双债增强C	中长期纯债型基金	321	261	1.667 7
中信建投	70	中信建投稳信A	混合债券型二级基金	236	181	2.126 8
中信建投	70	中信建投稳信C	混合债券型二级基金	236	187	0.940 4
中信建投	70	中信建投货币	货币市场型基金	391	291	9.286 3
中信建投	70	中信建投稳利保本	偏债混合型基金	69	27	2.674 9
景顺长城	71	景顺长城中证TMT150ETF	被动指数型基金	333	5	4.074 3
景顺长城	71	景顺长城中证500ETF	被动指数型基金	333	41	0.855 6
景顺长城	71	景顺长城中证医药卫生ETF	被动指数型基金	333	57	1.107 8
景顺长城	71	景顺长城中证800食品饮料ETF	被动指数型基金	333	126	1.349 1
景顺长城	71	景顺长城300等权ETF	被动指数型基金	333	128	1.278 3
景顺长城	71	景顺长城180等权ETF联接	被动指数型基金	333	139	1.772 3
景顺长城	71	景顺长城180等权ETF	被动指数型基金	333	142	3.467 9
景顺长城	71	景顺长城景颐双利A	混合债券型二级基金	236	30	22.152 3
景顺长城	71	景顺长城景颐双利C	混合债券型二级基金	236	33	1.007 1
景顺长城	71	景顺长城优信增利A	混合债券型二级基金	236	99	7.763 7
景顺长城	71	景顺长城优信增利C	混合债券型二级基金	236	109	0.257 4
景顺长城	71	景顺长城四季金利A	混合债券型二级基金	236	157	4.801 6
景顺长城	71	景顺长城四季金利C	混合债券型二级基金	236	162	0.273 2

(续表 2)

基金公司	整体投资回报能力排名	基金名称	投资类型（二级分类）	样本基金数量	同类基金中排名	期间内规模（亿元）
景顺长城	71	景顺长城稳定收益 A	混合债券型一级基金	181	65	2.984 7
景顺长城	71	景顺长城稳定收益 C	混合债券型一级基金	181	82	3.497 7
景顺长城	71	景顺长城景丰 B	货币市场型基金	391	129	91.020 6
景顺长城	71	景顺长城景丰 A	货币市场型基金	391	225	0.158 8
景顺长城	71	景顺长城景益货币 B	货币市场型基金	391	248	30.411 0
景顺长城	71	景顺长城货币 B	货币市场型基金	391	292	11.320 4
景顺长城	71	景顺长城景益货币 A	货币市场型基金	391	306	4.422 0
景顺长城	71	景顺长城货币 A	货币市场型基金	391	330	5.837 4
景顺长城	71	景顺长城策略精选	灵活配置型基金	226	97	11.035 6
景顺长城	71	景顺长城动力平衡	灵活配置型基金	226	167	25.034 5
景顺长城	71	景顺长城中国回报	灵活配置型基金	226	182	21.310 1
景顺长城	71	景顺长城能源基建	偏股混合基金	449	69	7.849 4
景顺长城	71	景顺长城优选	偏股混合型基金	449	124	18.953 9
景顺长城	71	景顺长城中小盘	偏股混合型基金	449	125	2.401 9
景顺长城	71	景顺长城品质投资	偏股混合型基金	449	135	3.883 9
景顺长城	71	景顺长城鼎益	偏股混合型基金	449	273	29.835 0
景顺长城	71	景顺长城核心竞争力 A	偏股混合型基金	449	285	30.175 5
景顺长城	71	景顺长城新兴成长	偏股混合型基金	449	299	14.249 3
景顺长城	71	景顺长城支柱产业	偏股混合型基金	449	320	0.966 1
景顺长城	71	景顺长城优势企业	偏股混合型基金	449	358	8.133 7
景顺长城	71	景顺长城资源垄断	偏股混合型基金	449	374	36.255 2
景顺长城	71	景顺长城公司治理	偏股混合型基金	449	400	0.858 3
景顺长城	71	景顺长城精选蓝筹	偏股混合型基金	449	401	70.502 1
景顺长城	71	景顺长城内需增长	偏股混合型基金	449	412	27.489 4
景顺长城	71	景顺长城内需增长贰号	偏股混合型基金	449	416	40.815 3
景顺长城	71	景顺长城中小板创业板	普通股票型基金	62	2	2.631 3
景顺长城	71	景顺长城优质成长	普通股票型基金	62	17	1.950 7
景顺长城	71	景顺长城研究精选	普通股票型基金	62	38	1.578 1
景顺长城	71	景顺长城成长之星	普通股票型基金	62	47	3.057 4

基金公司	整体投资回报能力排名	基金名称	投资类型（二级分类）	样本基金数量	同类基金中排名	期间内规模(亿元)
景顺长城	71	景顺长城沪深300	增强指数型基金	40	15	4.716 6
景顺长城	71	景顺长城景兴信用纯债A	中长期纯债型基金	321	85	4.123 5
景顺长城	71	景顺长城景兴信用纯债C	中长期纯债型基金	321	95	0.867 5
景顺长城	71	景顺长城鑫月薪	中长期纯债型基金	321	167	1.214 7
英大	72	英大现金宝	货币市场型基金	391	271	4.947 3
英大	72	英大领先回报	灵活配置型基金	226	213	1.087 7
英大	72	英大纯债A	中长期纯债型基金	321	143	0.139 8
英大	72	英大纯债C	中长期纯债型基金	321	165	0.320 2
前海开源	73	前海开源中证军工A	被动指数型基金	333	56	9.847 3
前海开源	73	前海开源沪深300	被动指数型基金	333	292	0.221 3
前海开源	73	前海开源可转债	混合债券型二级基金	236	234	0.606 8
前海开源	73	前海开源中国成长	灵活配置型基金	226	180	3.746 2
前海开源	73	前海开源大海洋	灵活配置型基金	226	205	5.264 5
前海开源	73	前海开源新经济	灵活配置型基金	226	216	2.243 5
前海开源	73	前海开源事件驱动A	灵活配置型基金	226	219	4.726 2
鑫元	74	鑫元半年定期开放A	混合债券型二级基金	236	224	8.179 6
鑫元	74	鑫元半年定期开放C	混合债券型二级基金	236	225	2.893 0
鑫元	74	鑫元一年定期开放A	混合债券型二级基金	236	226	7.211 4
鑫元	74	鑫元一年定期开放C	混合债券型二级基金	236	227	4.009 8
鑫元	74	鑫元货币B	货币市场型基金	391	155	31.122 2
鑫元	74	鑫元货币A	货币市场型基金	391	243	4.397 7
鑫元	74	鑫元合丰分级B	中长期纯债型基金	321	11	0.764 8
鑫元	74	鑫元合享分级B	中长期纯债型基金	321	24	1.838 8
鑫元	74	鑫元合享分级	中长期纯债型基金	321	123	5.674 9
鑫元	74	鑫元稳利	中长期纯债型基金	321	170	33.027 6
鑫元	74	鑫元合丰分级	中长期纯债型基金	321	200	2.306 6
鑫元	74	鑫元鸿利	中长期纯债型基金	321	218	19.677 4
鑫元	74	鑫元合享分级A	中长期纯债型基金	321	288	3.834 6
鑫元	74	鑫元合丰分级A	中长期纯债型基金	321	290	1.541 8

（续表2）

基金公司	整体投资回报能力排名	基金名称	投资类型（二级分类）	样本基金数量	同类基金中排名	期间内规模（亿元）
华宝兴业	75	华宝兴业上证180价值ETF	被动指数型基金	333	246	7.697 1
华宝兴业	75	华宝兴业上证180成长ETF	被动指数型基金	333	250	2.288 8
华宝兴业	75	华宝兴业上证180成长ETF联接	被动指数型基金	333	251	1.472 5
华宝兴业	75	华宝兴业上证180价值ETF联接	被动指数型基金	333	256	3.235 0
华宝兴业	75	华宝兴业中证100	被动指数型基金	333	273	5.769 4
华宝兴业	75	华宝兴业收益A	混合债券型二级基金	236	131	0.736 9
华宝兴业	75	华宝兴业收益B	混合债券型二级基金	236	137	1.448 3
华宝兴业	75	华宝兴业宝康债券	混合债券型一级基金	181	117	2.118 6
华宝兴业	75	华宝兴业可转债	混合债券型一级基金	181	180	2.949 0
华宝兴业	75	华宝兴业现金宝E	货币市场型基金	391	253	47.913 5
华宝兴业	75	华宝兴业货币B	货币市场型基金	391	254	8.399 9
华宝兴业	75	华宝兴业货币A	货币市场型基金	391	313	2.813 4
华宝兴业	75	华宝兴业现金添益A	货币市场型基金	391	329	740.094 7
华宝兴业	75	华宝兴业宝康灵活	灵活配置型基金	226	124	5.996 3
华宝兴业	75	华宝兴业服务优选	偏股混合型基金	449	2	23.681 1
华宝兴业	75	华宝兴业先进成长	偏股混合型基金	449	17	21.148 5
华宝兴业	75	华宝兴业生态中国	偏股混合型基金	449	34	6.788 1
华宝兴业	75	华宝兴业宝康消费品	偏股混合型基金	449	127	15.801 9
华宝兴业	75	华宝兴业新兴产业	偏股混合型基金	449	133	25.899 8
华宝兴业	75	华宝兴业动力组合	偏股混合型基金	449	167	23.428 8
华宝兴业	75	华宝兴业医药生物	偏股混合型基金	449	180	8.829 9
华宝兴业	75	华宝兴业收益增长	偏股混合型基金	449	196	20.816 6
华宝兴业	75	华宝兴业创新优选	偏股混合型基金	449	256	1.771 8
华宝兴业	75	华宝兴业行业精选	偏股混合型基金	449	296	61.122 6
华宝兴业	75	华宝兴业大盘精选	偏股混合型基金	449	319	2.006 1
华宝兴业	75	华宝兴业多策略	偏股混合型基金	449	362	27.597 0
华宝兴业	75	华宝兴业资源优选	偏股混合型基金	449	439	0.920 3
华宝兴业	75	华宝兴业高端制造	普通股票型基金	62	36	22.513 2
中海	76	中海惠祥分级B	混合债券型二级基金	236	145	3.167 1

基金公司	整体投资回报能力排名	基金名称	投资类型（二级分类）	样本基金数量	同类基金中排名	期间内规模（亿元）
中海	76	中海增强收益 A	混合债券型二级基金	236	160	1.501 9
中海	76	中海增强收益 C	混合债券型二级基金	236	164	0.133 2
中海	76	中海惠祥分级	混合债券型二级基金	236	182	9.805 3
中海	76	中海惠祥分级 A	混合债券型二级基金	236	201	6.635 6
中海	76	中海可转换债券 C	混合债券型二级基金	236	229	0.495 2
中海	76	中海可转换债券 A	混合债券型二级基金	236	230	3.645 0
中海	76	中海稳健收益	混合债券型一级基金	181	78	6.936 9
中海	76	中海货币 B	货币市场型基金	391	127	39.720 4
中海	76	中海货币 A	货币市场型基金	391	223	2.989 9
中海	76	中海医药健康产业 A	灵活配置型基金	226	157	4.880 7
中海	76	中海医药健康产业 C	灵活配置型基金	226	162	2.010 3
中海	76	中海环保新能源	灵活配置型基金	226	198	1.369 5
中海	76	中海蓝筹配置	灵活配置型基金	226	201	3.655 0
中海	76	中海积极收益	灵活配置型基金	226	221	18.636 7
中海	76	中海消费主题精选	偏股混合型基金	449	204	2.697 8
中海	76	中海量化策略	偏股混合型基金	449	332	1.078 9
中海	76	中海优质成长	偏股混合型基金	449	361	25.743 3
中海	76	中海能源策略	偏股混合型基金	449	389	22.888 8
中海	76	中海分红增利	偏股混合型基金	449	408	12.748 7
中海	76	中海安鑫保本	偏债混合型基金	69	17	5.301 1
中海	76	中海医疗保健	普通股票型基金	62	35	0.470 9
中海	76	中海上证 50	增强指数型基金	40	35	2.251 0
中海	76	中海惠丰纯债 B	中长期纯债型基金	321	70	4.924 3
中海	76	中海惠丰纯债分级	中长期纯债型基金	321	94	5.344 1
中海	76	中海惠利纯债 B	中长期纯债型基金	321	105	15.474 6
中海	76	中海惠利纯债分级	中长期纯债型基金	321	130	16.387 9
中海	76	中海纯债 A	中长期纯债型基金	321	242	5.277 1
中海	76	中海纯债 C	中长期纯债型基金	321	246	0.218 3
中海	76	中海惠利纯债 A	中长期纯债型基金	321	296	0.908 8

（续表2）

基金公司	整体投资回报能力排名	基金名称	投资类型（二级分类）	样本基金数量	同类基金中排名	期间内规模（亿元）
中海	76	中海惠丰纯债 A	中长期纯债型基金	321	312	0.420 0
中金	77	中金现金管家 B	货币市场型基金	391	303	22.189 0
中金	77	中金现金管家 A	货币市场型基金	391	338	0.279 1
中金	77	中金纯债 A	中长期纯债型基金	321	260	3.409 4
中金	77	中金纯债 C	中长期纯债型基金	321	267	1.001 1
银华	78	银华锐进	被动指数型基金	333	29	33.728 8
银华	78	银华深证 100	被动指数型基金	333	114	8.852 4
银华	78	银华中证等权重 90	被动指数型基金	333	161	4.753 6
银华	78	银华资源 A	被动指数型基金	333	200	0.785 4
银华	78	银华中证 90A	被动指数型基金	333	210	2.205 4
银华	78	银华沪深 300A	被动指数型基金	333	212	0.434 7
银华	78	银华稳进	被动指数型基金	333	235	39.246 4
银华	78	银华沪深 300 分级	被动指数型基金	333	255	1.969 2
银华	78	银华上证 50 等权重 ETF	被动指数型基金	333	257	1.091 8
银华	78	银华上证 50 等权 ETF 联接	被动指数型基金	333	277	1.041 0
银华	78	银华沪深 300B	被动指数型基金	333	280	0.668 7
银华	78	银华中证内地资源主题	被动指数型基金	333	293	0.742 0
银华	78	银华资源 B	被动指数型基金	333	309	1.522 0
银华	78	银华中证 90B	被动指数型基金	333	329	3.400 1
银华	78	银华中证中票 50A	被动指数型债券基金	28	4	5.454 5
银华	78	银华中证中票 50C	被动指数型债券基金	28	6	0.099 8
银华	78	银华信用双利 A	混合债券型二级基金	236	67	10.784 1
银华	78	银华信用双利 C	混合债券型二级基金	236	68	1.576 6
银华	78	银华永泰积极 A	混合债券型二级基金	236	103	0.097 4
银华	78	银华永泰积极 C	混合债券型二级基金	236	117	3.388 1
银华	78	银华增强收益	混合债券型二级基金	236	121	7.556 2
银华	78	银华永利 A	混合债券型二级基金	236	154	6.014 9
银华	78	银华永利 C	混合债券型二级基金	236	155	2.219 0
银华	78	银华信用债券	混合债券型一级基金	181	85	2.173 2

基金公司	整体投资回报能力排名	基金名称	投资类型（二级分类）	样本基金数量	同类基金中排名	期间内规模(亿元)
银华	78	银华货币 B	货币市场型基金	391	106	122.184 1
银华	78	银华活钱宝 F	货币市场型基金	391	110	13.126 1
银华	78	银华多利宝 B	货币市场型基金	391	150	29.279 3
银华	78	银华货币 A	货币市场型基金	391	190	20.962 6
银华	78	银华多利宝 A	货币市场型基金	391	236	5.776 8
银华	78	银华双月定期理财	货币市场型基金	391	263	1.852 5
银华	78	银华交易货币	货币市场型基金	391	317	31 646.648 4
银华	78	银华惠增利	货币市场型基金	391	370	1.057 6
银华	78	银华活钱宝 E	货币市场型基金	391	375	0.002 9
银华	78	银华活钱宝 D	货币市场型基金	391	377	1.805 2
银华	78	银华活钱宝 C	货币市场型基金	391	380	0.000 1
银华	78	银华活钱宝 A	货币市场型基金	391	383	0.000 0
银华	78	银华活钱宝 B	货币市场型基金	391	384	0.000 0
银华	78	银华回报	灵活配置型基金	226	105	9.391 9
银华	78	银华成长先锋	灵活配置型基金	226	111	5.961 2
银华	78	银华和谐主题	灵活配置型基金	226	192	5.365 6
银华	78	银华高端制造业	灵活配置型基金	226	196	14.043 1
银华	78	银华中小盘精选	偏股混合型基金	449	14	20.699 4
银华	78	银华内需精选	偏股混合型基金	449	24	9.028 7
银华	78	银华领先策略	偏股混合型基金	449	147	13.979 3
银华	78	银华核心价值优选	偏股混合型基金	449	212	74.526 4
银华	78	银华富裕主题	偏股混合型基金	449	264	37.566 1
银华	78	银华优质增长	偏股混合型基金	449	294	50.353 8
银华	78	银华消费 B	偏股混合型基金	449	388	0.289 1
银华	78	银华消费主题分级	偏股混合型基金	449	403	1.963 1
银华	78	银华消费 A	偏股混合型基金	449	441	0.053 2
银华	78	银华永祥保本	偏债混合型基金	69	10	1.462 2
银华	78	银华中证成长股债	偏债混合型基金	69	48	0.218 9
银华	78	银华保本增值	偏债混合型基金	69	56	12.724 0

基金公司	整体投资回报能力排名	基金名称	投资类型（二级分类）	样本基金数量	同类基金中排名	期间内规模（亿元）
银华	78	银华优势企业	平衡混合型基金	19	10	18.211 8
银华	78	银华中证800等权重	增强指数型基金	40	11	0.443 1
银华	78	银华中证800A	增强指数型基金	40	32	0.023 1
银华	78	银华道琼斯88精选	增强指数型基金	40	36	46.917 6
银华	78	银华中证800B	增强指数型基金	40	40	0.035 2
银华	78	银华永益B	中长期纯债型基金	321	6	1.105 1
银华	78	银华永益分级	中长期纯债型基金	321	30	2.016 5
银华	78	银华永兴纯债B	中长期纯债型基金	321	47	6.890 7
银华	78	银华信用四季红	中长期纯债型基金	321	81	3.077 8
银华	78	银华纯债信用主题	中长期纯债型基金	321	100	15.120 1
银华	78	银华永兴纯债	中长期纯债型基金	321	133	13.100 1
银华	78	银华信用季季红	中长期纯债型基金	321	179	131.039 1
银华	78	银华永益A	中长期纯债型基金	321	300	0.911 2
银华	78	银华永兴纯债A	中长期纯债型基金	321	308	6.207 6
金元顺安	79	金元顺安丰利	混合债券型二级基金	236	140	0.442 0
金元顺安	79	金元顺安金元宝B	货币市场型基金	391	29	3.814 6
金元顺安	79	金元顺安金元宝A	货币市场型基金	391	60	0.812 9
金元顺安	79	金元顺安成长动力	灵活配置型基金	226	183	0.411 4
金元顺安	79	金元顺安价值增长	偏股混合型基金	449	398	0.468 7
金元顺安	79	金元顺安宝石动力	偏股混合型基金	449	421	2.312 1
金元顺安	79	金元顺安核心动力	偏股混合型基金	449	437	0.596 7
金元顺安	79	金元顺安新经济主题	偏股混合型基金	449	444	1.680 2
金元顺安	79	金元顺安消费主题	偏股混合型基金	449	447	0.322 8
金元顺安	79	金元顺安保本A	偏债混合型基金	69	69	0.360 8
华融证券	80	华融现金增利B	货币市场型基金	391	309	1.872 4
华融证券	80	华融现金增利A	货币市场型基金	391	342	0.189 8
华融证券	80	华融现金增利C	货币市场型基金	391	343	0.096 5
泰达宏利	81	泰达500B	被动指数型基金	333	1	0.172 2
泰达宏利	81	泰达宏利中证500	被动指数型基金	333	9	0.441 0

基金公司	整体投资回报能力排名	基金名称	投资类型（二级分类）	样本基金数量	同类基金中排名	期间内规模（亿元）
泰达宏利	81	泰达宏利中证财富大盘	被动指数型基金	333	120	1.454 9
泰达宏利	81	泰达500A	被动指数型基金	333	226	0.086 8
泰达宏利	81	泰达宏利集利A	混合债券型二级基金	236	18	10.259 4
泰达宏利	81	泰达宏利集利C	混合债券型二级基金	236	20	10.641 2
泰达宏利	81	泰达宏利聚利B	混合债券型一级基金	181	14	9.839 1
泰达宏利	81	泰达宏利聚利分级	混合债券型一级基金	181	112	23.011 7
泰达宏利	81	泰达宏利聚利A	混合债券型一级基金	181	169	13.173 4
泰达宏利	81	泰达宏利货币B	货币市场型基金	391	70	13.694 7
泰达宏利	81	泰达宏利货币A	货币市场型基金	391	134	2.374 1
泰达宏利	81	泰达宏利品质生活	灵活配置型基金	226	195	1.485 4
泰达宏利	81	泰达宏利逆向策略	偏股混合型基金	449	161	0.856 6
泰达宏利	81	泰达宏利成长	偏股混合型基金	449	232	13.007 9
泰达宏利	81	泰达宏利周期	偏股混合型基金	449	341	3.384 6
泰达宏利	81	泰达宏利红利先锋	偏股混合型基金	449	352	6.891 9
泰达宏利	81	泰达宏利市值优选	偏股混合型基金	449	417	29.978 4
泰达宏利	81	泰达宏利领先中小盘	偏股混合型基金	449	422	2.749 9
泰达宏利	81	泰达宏利行业精选	偏股混合型基金	449	424	13.621 5
泰达宏利	81	泰达宏利稳定	偏股混合型基金	449	435	1.739 9
泰达宏利	81	泰达宏利效率优选	偏股混合型基金	449	443	21.498 9
泰达宏利	81	泰达宏利风险预算	偏债混合型基金	69	51	8.080 9
泰达宏利	81	泰达宏利养老收益A	偏债混合型基金	69	57	10.079 5
泰达宏利	81	泰达宏利养老收益B	偏债混合型基金	69	59	6.069 2
泰达宏利	81	泰达宏利首选企业	普通股票型基金	62	52	8.374 4
泰达宏利	81	泰达宏利转型机遇	普通股票型基金	62	62	4.961 0
泰达宏利	81	泰达宏利信用合利A	中长期纯债型基金	321	122	5.363 2
泰达宏利	81	泰达宏利信用合利B	中长期纯债型基金	321	138	0.157 3
泰达宏利	81	泰达宏利淘利B	中长期纯债型基金	321	148	0.914 7
泰达宏利	81	泰达宏利瑞利B	中长期纯债型基金	321	151	4.646 5
泰达宏利	81	泰达宏利淘利A	中长期纯债型基金	321	154	2.801 2

（续表2）

基金公司	整体投资回报能力排名	基金名称	投资类型（二级分类）	样本基金数量	同类基金中排名	期间内规模（亿元）
泰达宏利	81	泰达宏利瑞利 A	中长期纯债型基金	321	302	6.278 1
上投摩根	82	上投摩根中证消费	被动指数型基金	333	115	0.384 5
上投摩根	82	上投摩根 180 高贝塔 ETF	被动指数型基金	333	157	0.286 4
上投摩根	82	上投摩根优信增利 A	混合债券型二级基金	236	12	1.762 9
上投摩根	82	上投摩根优信增利 C	混合债券型二级基金	236	13	0.418 3
上投摩根	82	上投摩根双债增利 C	混合债券型二级基金	236	48	0.267 1
上投摩根	82	上投摩根双债增利 A	混合债券型二级基金	236	49	0.163 1
上投摩根	82	上投摩根强化回报 A	混合债券型二级基金	236	165	0.330 3
上投摩根	82	上投摩根强化回报 B	混合债券型二级基金	236	174	0.098 5
上投摩根	82	上投摩根分红添利 A	混合债券型一级基金	181	95	2.035 9
上投摩根	82	上投摩根分红添利 B	混合债券型一级基金	181	100	0.163 6
上投摩根	82	上投摩根轮动添利 A	混合债券型一级基金	181	171	1.079 0
上投摩根	82	上投摩根轮动添利 C	混合债券型一级基金	181	174	0.362 8
上投摩根	82	上投摩根货币 B	货币市场型基金	391	350	681.623 0
上投摩根	82	上投摩根天添盈 B	货币市场型基金	391	352	0.451 0
上投摩根	82	上投摩根天添盈 E	货币市场型基金	391	355	1.407 4
上投摩根	82	上投摩根天添宝 B	货币市场型基金	391	358	2.090 6
上投摩根	82	上投摩根货币 A	货币市场型基金	391	361	1.854 3
上投摩根	82	上投摩根天添盈 A	货币市场型基金	391	364	0.136 7
上投摩根	82	上投摩根天添宝 A	货币市场型基金	391	369	1.735 0
上投摩根	82	上投摩根现金管理	货币市场型基金	391	373	7.987 7
上投摩根	82	上投摩根转型动力	灵活配置型基金	226	12	15.242 6
上投摩根	82	上投摩根成长动力	灵活配置型基金	226	60	3.670 3
上投摩根	82	上投摩根智选 30	偏股混合型基金	449	78	5.497 8
上投摩根	82	上投摩根新兴动力	偏股混合型基金	449	95	18.866 1
上投摩根	82	上投摩根核心优选	偏股混合型基金	449	102	19.025 6
上投摩根	82	上投摩根行业轮动	偏股混合型基金	449	128	22.695 9
上投摩根	82	上投摩根阿尔法	偏股混合型基金	449	184	20.107 2
上投摩根	82	上投摩根双核平衡	偏股混合型基金	449	186	3.307 1

（续表2）

基金公司	整体投资回报能力排名	基金名称	投资类型（二级分类）	样本基金数量	同类基金中排名	期间内规模（亿元）
上投摩根	82	上投摩根健康品质生活	偏股混合型基金	449	226	1.809 6
上投摩根	82	上投摩根内需动力	偏股混合型基金	449	261	40.955 6
上投摩根	82	上投摩根中小盘	偏股混合型基金	449	277	6.410 8
上投摩根	82	上投摩根中国优势	偏股混合型基金	449	291	22.399 2
上投摩根	82	上投摩根成长先锋	偏股混合型基金	449	418	16.807 6
上投摩根	82	上投摩根天颐年丰	偏债混合型基金	69	62	9.571 8
上投摩根	82	上投摩根红利回报	偏债混合型基金	69	63	5.664 7
上投摩根	82	上投摩根双息平衡	平衡混合型基金	19	6	30.256 4
上投摩根	82	上投摩根民生需求	普通股票型基金	62	4	4.926 4
上投摩根	82	上投摩根核心成长	普通股票型基金	62	40	8.096 5
上投摩根	82	上投摩根大盘蓝筹	普通股票型基金	62	48	2.507 6
上投摩根	82	上投摩根纯债A	中长期纯债型基金	321	149	4.657 0
上投摩根	82	上投摩根纯债B	中长期纯债型基金	321	166	0.326 4
上投摩根	82	上投摩根岁岁盈A	中长期纯债型基金	321	275	2.755 8
上投摩根	82	上投摩根纯债丰利A	中长期纯债型基金	321	279	5.237 3
上投摩根	82	上投摩根岁岁盈C	中长期纯债型基金	321	280	0.035 3
上投摩根	82	上投摩根纯债丰利C	中长期纯债型基金	321	283	1.077 7
上投摩根	82	上投摩根纯债添利A	中长期纯债型基金	321	298	2.750 7
上投摩根	82	上投摩根纯债添利C	中长期纯债型基金	321	307	1.249 3
上投摩根	82	上投摩根岁岁盈D	中长期纯债型基金	321	317	0.084 2
上投摩根	82	上投摩根岁岁盈B	中长期纯债型基金	321	318	3.283 2
申万菱信	83	申万菱信中小板	被动指数型基金	333	18	1.113 0
申万菱信	83	申万菱信深成指B	被动指数型基金	333	40	7.819 2
申万菱信	83	申万菱信中证军工	被动指数型基金	333	42	18.886 7
申万菱信	83	申万菱信中证环保产业	被动指数型基金	333	75	6.335 5
申万菱信	83	申万菱信深证成指分级	被动指数型基金	333	146	2.503 6
申万菱信	83	申万菱信沪深300价值	被动指数型基金	333	180	4.067 5
申万菱信	83	申万菱信深成指A	被动指数型基金	333	192	21.447 5
申万菱信	83	申万菱信中小板A	被动指数型基金	333	195	5.700 6

基金公司	整体投资回报能力排名	基金名称	投资类型（二级分类）	样本基金数量	同类基金中排名	期间内规模（亿元）
申万菱信	83	申万菱信中证环保产业 A	被动指数型基金	333	231	10.914 7
申万菱信	83	申万菱信中证申万证券 A	被动指数型基金	333	242	60.035 0
申万菱信	83	申万菱信中证军工 A	被动指数型基金	333	243	3.955 2
申万菱信	83	申万菱信中证军工 B	被动指数型基金	333	275	5.567 8
申万菱信	83	申万菱信中证环保产业 B	被动指数型基金	333	302	14.860 7
申万菱信	83	申万菱信中证申万证券	被动指数型基金	333	318	53.890 6
申万菱信	83	申万菱信中小板 B	被动指数型基金	333	323	6.367 5
申万菱信	83	申万菱信中证申万证券 B	被动指数型基金	333	332	73.786 5
申万菱信	83	申万菱信稳益宝	混合债券型二级基金	236	171	7.607 1
申万菱信	83	申万菱信可转债	混合债券型二级基金	236	220	1.206 1
申万菱信	83	申万菱信添益宝 A	混合债券型一级基金	181	137	10.851 0
申万菱信	83	申万菱信添益宝 B	混合债券型一级基金	181	143	0.345 5
申万菱信	83	申万菱信货币 B	货币市场型基金	391	260	54.589 7
申万菱信	83	申万菱信货币 A	货币市场型基金	391	319	1.188 9
申万菱信	83	申万菱信消费增长	偏股混合型基金	449	213	3.493 3
申万菱信	83	申万菱信新经济	偏股混合型基金	449	305	21.593 8
申万菱信	83	申万菱信盛利精选	偏股混合型基金	449	342	10.439 9
申万菱信	83	申万菱信新动力	偏股混合型基金	449	360	23.021 6
申万菱信	83	申万菱信竞争优势	偏股混合型基金	449	371	0.593 8
申万菱信	83	申万菱信量化小盘	普通股票型基金	62	3	3.958 6
申万菱信	83	申万菱信沪深300	增强指数型基金	40	13	3.489 0
益民	84	益民多利债券	混合债券型二级基金	236	228	0.509 1
益民	84	益民货币	货币市场型基金	391	284	2.265 5
益民	84	益民服务领先	灵活配置型基金	226	7	1.958 0
益民	84	益民核心增长	灵活配置型基金	226	171	0.520 8
益民	84	益民红利成长	偏股混合型基金	449	391	6.759 9
益民	84	益民创新优势	偏股混合型基金	449	427	21.967 7
西部利得	85	西部利得稳健双利 A	混合债券型二级基金	236	217	0.044 7
西部利得	85	西部利得稳健双利 C	混合债券型二级基金	236	218	0.057 7

（续表2）

基金公司	整体投资回报能力排名	基金名称	投资类型（二级分类）	样本基金数量	同类基金中排名	期间内规模（亿元）
西部利得	85	西部利得稳定增利 C	混合债券型一级基金	181	177	0.008 5
西部利得	85	西部利得稳定增利 A	混合债券型一级基金	181	178	0.113 9
西部利得	85	西部利得新动向	灵活配置型基金	226	127	0.531 9
西部利得	85	西部利得策略优选	偏股混合型基金	449	446	1.220 3

3 两年期公募基金管理公司整体投资回报能力评价

3.1 数据来源与样本说明

两年期的数据区间为 2013 年 12 月 31 日至 2015 年 12 月 31 日。所有公募基金数据来源于 Wind 金融资讯终端。从 Wind 上我们获得的数据变量有：基金名称、基金管理公司、投资类型（二级分类）、投资风格、复权单位净值增长率（20131231—20151231）、单位净值（20131231）、单位净值（20151231）、基金份额（20131231）、基金份额（20151231）。全部样本基金数为 1 929。

投资类型包括：被动指数型基金（262 只）、被动指数型债券基金（24 只）、增强指数型基金（37 只）、增强指数型债券基金（7 只）、短期纯债型基金（7 只）、混合债券型二级基金（195 只）、混合债券型一级基金（159 只）、货币市场型基金（243 只）、灵活配置型基金（129 只）、偏股混合型基金（428 只）、偏债混合型基金（54 只）、平衡混合型基金（18 只）、普通股票型基金（27 只）、中长期纯债型基金（235 只）、国际（QDII）股票型基金（55 只）、国际（QDII）混合型基金（19 只）、国际（QDII）另类投资基金（12 只）、国际（QDII）债券型基金（12 只）、股票多空（1 只）、商品型基金（5 只）。

我们删除国际（QDII）类基金、特别类型类（股票多空、商品型基金），同期样本数少于 10 的类别（短期纯债型基金、增强指数型债券基金），保留样本基金数 1 812只。再删除同期旗下样本基金数少于 3 只的基金管理公司，最后的样本基金数为1 798 只，样本基金管理公司总共 71 家。

3.2 两年期整体投资回报能力评价结果

在两年期的整体投资回报能力排名中共有样本基金公司 71 家。排名在前十位的基金公司管理规模中等偏小，如国金基金公司样本基金 5 只、富安达基金公司样本基金 8 只、财通基金公司样本基金 4 只、长安基金公司样本基金 4 只，最多的是银河基金公司，其样本基金数为 24。见表 3。

表3 两年期整体投资回报能力评价

基金公司名称	整体投资回报能力排名	整体投资回报能力得分	样本基金数量
国金	1	1.2	5
中邮	2	0.99	11
宝盈	3	0.83	12
富安达	4	0.75	8
兴业全球	5	0.73	15
财通	6	0.73	4
银河	7	0.72	24
浦银安盛	8	0.71	17
华商	9	0.61	19
长安	10	0.59	4
长信	11	0.57	22
德邦	12	0.53	6
长盛	13	0.52	30
摩根士丹利华鑫	14	0.45	16
南方	15	0.35	51
华富	16	0.32	12
民生加银	17	0.32	29
富国	18	0.32	45
华润元大	19	0.31	3
新华	20	0.3	17
农银汇理	21	0.3	26
华泰柏瑞	22	0.27	21
工银瑞信	23	0.25	56
信诚	24	0.21	45
浙商	25	0.2	7
汇添富	26	0.2	56
平安大华	27	0.19	7

（续表3）

基金公司名称	整体投资回报能力排名	整体投资回报能力得分	样本基金数量
广发	28	0.19	50
易方达	29	0.18	69
中欧	30	0.17	22
安信	31	0.16	9
金鹰	32	0.15	16
华安	33	0.11	53
中银	34	0.11	42
天弘	35	0.09	17
汇丰晋信	36	0.05	14
华夏	37	0.04	50
长城	38	0.01	23
光大保德信	39	0	19
招商	40	−0.02	39
嘉实	41	−0.03	60
东方	42	−0.08	11
建信	43	−0.09	48
万家	44	−0.1	20
诺德	45	−0.1	10
大成	46	−0.1	45
国联安	47	−0.11	23
国投瑞银	48	−0.12	27
融通	49	−0.13	26
博时	50	−0.14	46
诺安	51	−0.16	30
国海富兰克林	52	−0.17	18
申万菱信	53	−0.19	20
交银施罗德	54	−0.19	36

（续表3）

基金公司名称	整体投资回报能力排名	整体投资回报能力得分	样本基金数量
方正富邦	55	−0.22	5
国泰	56	−0.24	44
鹏华	57	−0.29	49
泰信	58	−0.34	18
中海	59	−0.42	23
天治	60	−0.42	11
海富通	61	−0.43	23
银华	62	−0.49	47
华宝兴业	63	−0.5	24
泰达宏利	64	−0.56	26
信达澳银	65	−0.61	10
益民	66	−0.64	6
东吴	67	−0.69	19
景顺长城	68	−0.86	35
上投摩根	69	−0.87	33
金元顺安	70	−1.04	8
西部利得	71	−1.58	6

3.3　两年期整体投资回报能力评价详细说明

表4是两年期所有样本基金公司旗下所有样本基金在同类型中的详细排名情况。从此表中我们可以看到,根据基金公司整体投资回报能力的计算方法,为什么有的基金公司排名靠前,比如国金基金公司在两年期的排名中,样本基金数是5只,其中国金国鑫灵活配置在同期128只灵活配置型基金中排名第7,并且它的规模远远大于其他4只样本基金,这使得国金基金公司的整体投资回报能力计算得分很高,排名第1。其他排名靠前的基金公司情况相似,均有相对规模大的样本基金在同期同类型基金中收益率靠前,使得该基金公司在我们计算方法下,整体投资回报能力排名从而位居前列。

表4　两年期排名中所有样本基金详细情况

基金公司	整体投资回报能力排名	基金名称	投资类型（二级分类）	样本基金数量	同类基金中排名	期间内规模（亿元）
国金	1	国金沪深300B	被动指数型基金	262	51	0.134 9
国金	1	国金沪深300	被动指数型基金	262	179	0.757 9
国金	1	国金沪深300A	被动指数型基金	262	232	0.134 4
国金	1	国金鑫盈货币	货币市场型基金	239	137	1.149 1
国金	1	国金国鑫灵活配置	灵活配置型基金	128	7	5.031 5
中邮	2	中邮中小盘灵活配置	灵活配置型基金	128	11	9.405 9
中邮	2	中邮核心优势	灵活配置型基金	128	32	14.084 8
中邮	2	中邮战略新兴产业	偏股混合型基金	428	1	56.621 8
中邮	2	中邮核心主题	偏股混合型基金	428	16	15.823 0
中邮	2	中邮核心成长	偏股混合型基金	428	101	111.143 6
中邮	2	中邮核心优选	偏股混合型基金	428	304	56.877 6
中邮	2	中邮上证380	增强指数型基金	36	2	0.561 8
中邮	2	中邮稳定收益A	中长期纯债型基金	232	87	33.454 0
中邮	2	中邮稳定收益C	中长期纯债型基金	232	95	13.740 0
中邮	2	中邮定期开放A	中长期纯债型基金	232	100	20.211 8
中邮	2	中邮定期开放C	中长期纯债型基金	232	115	8.489 7
宝盈	3	宝盈增强收益AB	混合债券型二级基金	195	98	8.387 3
宝盈	3	宝盈增强收益C	混合债券型二级基金	195	108	4.282 2
宝盈	3	宝盈货币B	货币市场型基金	239	39	152.383 8
宝盈	3	宝盈货币A	货币市场型基金	239	79	21.992 6
宝盈	3	宝盈核心优势A	灵活配置型基金	128	15	20.093 0
宝盈	3	宝盈核心优势C	灵活配置型基金	128	18	0.713 6
宝盈	3	宝盈鸿利收益	灵活配置型基金	128	29	9.223 3
宝盈	3	宝盈策略增长	偏股混合型基金	428	13	47.560 2
宝盈	3	宝盈资源优选	偏股混合型基金	428	45	41.137 5
宝盈	3	宝盈泛沿海增长	偏股混合型基金	428	217	23.406 2
宝盈	3	基金鸿阳	偏股混合型基金	428	225	22.452 0
宝盈	3	宝盈中证100	增强指数型基金	36	24	0.655 6

基金公司	整体投资回报能力排名	基金名称	投资类型（二级分类）	样本基金数量	同类基金中排名	期间内规模(亿元)
富安达	4	富安达增强收益A	混合债券型二级基金	195	71	0.218 9
富安达	4	富安达增强收益C	混合债券型二级基金	195	77	0.319 0
富安达	4	富安达现金通货币B	货币市场型基金	239	139	4.671 3
富安达	4	富安达现金通货币A	货币市场型基金	239	183	0.268 0
富安达	4	富安达策略精选	灵活配置型基金	128	53	1.296 7
富安达	4	富安达优势成长	偏股混合型基金	428	53	13.384 0
富安达	4	富安达信用主题轮动A	中长期纯债型基金	232	47	0.286 1
富安达	4	富安达信用主题轮动C	中长期纯债型基金	232	56	0.311 1
兴业全球	5	兴全磐稳增利债券	混合债券型一级基金	155	11	29.592 2
兴业全球	5	兴全货币	货币市场型基金	239	81	17.530 5
兴业全球	5	兴全有机增长	灵活配置型基金	128	27	10.873 9
兴业全球	5	兴全趋势投资	灵活配置型基金	128	41	81.300 9
兴业全球	5	兴全轻资产	偏股混合型基金	428	4	16.423 7
兴业全球	5	兴全合润分级B	偏股混合型基金	428	7	0.391 3
兴业全球	5	兴全合润分级	偏股混合型基金	428	10	22.281 4
兴业全球	5	兴全合润分级A	偏股混合型基金	428	17	0.197 7
兴业全球	5	兴全商业模式优选	偏股混合型基金	428	39	2.682 2
兴业全球	5	兴全社会责任	偏股混合型基金	428	150	63.912 6
兴业全球	5	兴全绿色投资	偏股混合型基金	428	186	15.194 9
兴业全球	5	兴全可转债	偏债混合型基金	54	7	25.082 2
兴业全球	5	兴全保本	偏债混合型基金	54	40	10.557 6
兴业全球	5	兴全全球视野	普通股票型基金	27	8	52.202 4
兴业全球	5	兴全沪深300	增强指数型基金	36	13	7.714 0
财通	6	财通稳健增长	混合债券型二级基金	195	167	2.114 7
财通	6	财通价值动量	灵活配置型基金	128	14	5.337 6
财通	6	财通可持续发展主题	偏股混合型基金	428	26	1.166 8
财通	6	财通中证100增强	增强指数型基金	36	16	0.453 6
银河	7	银河沪深300价值	被动指数型基金	262	68	2.484 3
银河	7	银河增利A	混合债券型二级基金	195	51	4.433 7

(续表4)

基金公司	整体投资回报能力排名	基金名称	投资类型（二级分类）	样本基金数量	同类基金中排名	期间内规模（亿元）
银河	7	银河增利C	混合债券型二级基金	195	54	0.960 0
银河	7	银河强化收益	混合债券型二级基金	195	123	3.147 7
银河	7	银河银信添利A	混合债券型一级基金	155	98	5.613 6
银河	7	银河银信添利B	混合债券型一级基金	155	105	1.233 3
银河	7	银河银富货币B	货币市场型基金	239	76	110.656 8
银河	7	银河银富货币A	货币市场型基金	239	132	9.305 7
银河	7	银河主题策略	偏股混合型基金	428	24	14.931 1
银河	7	银河行业优选	偏股混合型基金	428	80	25.534 5
银河	7	银河竞争优势成长	偏股混合型基金	428	142	12.132 8
银河	7	银河创新成长	偏股混合型基金	428	151	11.930 7
银河	7	银河蓝筹精选	偏股混合型基金	428	178	1.258 9
银河	7	银河消费驱动	偏股混合型基金	428	208	0.843 2
银河	7	银河稳健	偏股混合型基金	428	220	11.412 4
银河	7	银河银泰理财分红	偏债混合型基金	54	5	21.936 9
银河	7	银河收益	偏债混合型基金	54	6	16.063 1
银河	7	基金银丰	平衡混合型基金	18	4	40.665 0
银河	7	银河沪深300成长B	增强指数型基金	36	20	0.064 3
银河	7	银河沪深300成长	增强指数型基金	36	32	0.460 1
银河	7	银河沪深300成长A	增强指数型基金	36	34	0.057 0
银河	7	银河岁岁回报A	中长期纯债型基金	232	2	1.002 5
银河	7	银河岁岁回报C	中长期纯债型基金	232	3	1.543 3
银河	7	银河领先债券	中长期纯债型基金	232	68	5.577 2
浦银安盛	8	浦银安盛基本面400	被动指数型基金	262	45	0.812 6
浦银安盛	8	浦银安盛优化收益A	混合债券型二级基金	195	128	1.053 3
浦银安盛	8	浦银安盛优化收益C	混合债券型二级基金	195	137	0.495 6
浦银安盛	8	浦银安盛货币B	货币市场型基金	239	89	20.145 2
浦银安盛	8	浦银安盛货币A	货币市场型基金	239	140	2.591 2
浦银安盛	8	浦银安盛战略新兴产业	灵活配置型基金	128	4	10.060 8
浦银安盛	8	浦银安盛精致生活	灵活配置型基金	128	6	3.505 4

基金公司	整体投资回报能力排名	基金名称	投资类型（二级分类）	样本基金数量	同类基金中排名	期间内规模（亿元）
浦银安盛	8	浦银安盛消费升级	灵活配置型基金	128	50	3.435 1
浦银安盛	8	浦银安盛价值成长 A	偏股混合型基金	428	36	18.825 0
浦银安盛	8	浦银安盛红利精选	偏股混合型基金	428	114	1.204 8
浦银安盛	8	浦银安盛沪深300	增强指数型基金	36	17	1.167 8
浦银安盛	8	浦银安盛幸福回报 A	中长期纯债型基金	232	89	7.072 7
浦银安盛	8	浦银安盛季季添利 A	中长期纯债型基金	232	103	12.692 5
浦银安盛	8	浦银安盛幸福回报 B	中长期纯债型基金	232	104	0.816 9
浦银安盛	8	浦银安盛季季添利 C	中长期纯债型基金	232	113	0.899 0
浦银安盛	8	浦银安盛6个月 A	中长期纯债型基金	232	160	3.096 4
浦银安盛	8	浦银安盛6个月 C	中长期纯债型基金	232	166	0.468 0
华商	9	华商稳健双利 A	混合债券型二级基金	195	68	3.661 2
华商	9	华商稳定增利 A	混合债券型二级基金	195	69	2.527 4
华商	9	华商稳健双利 B	混合债券型二级基金	195	74	4.499 2
华商	9	华商稳定增利 C	混合债券型二级基金	195	76	0.759 7
华商	9	华商收益增强 A	混合债券型一级基金	155	16	5.309 9
华商	9	华商收益增强 B	混合债券型一级基金	155	19	3.804 5
华商	9	华商现金增利 B	货币市场型基金	239	208	5.220 9
华商	9	华商现金增利 A	货币市场型基金	239	220	1.902 5
华商	9	华商红利优选	灵活配置型基金	128	16	7.064 3
华商	9	华商优势行业	灵活配置型基金	128	25	10.485 1
华商	9	华商动态阿尔法	灵活配置型基金	128	30	27.012 8
华商	9	华商大盘量化精选	灵活配置型基金	128	42	11.194 9
华商	9	华商价值共享灵活配置	灵活配置型基金	128	43	18.427 8
华商	9	华商策略精选	灵活配置型基金	128	74	38.666 1
华商	9	华商价值精选	偏股混合型基金	428	5	30.836 9
华商	9	华商盛世成长	偏股混合型基金	428	47	67.628 5
华商	9	华商主题精选	偏股混合型基金	428	127	20.309 5
华商	9	华商产业升级	偏股混合型基金	428	140	2.484 3
华商	9	华商领先企业	偏股混合型基金	428	279	49.328 2

（续表4）

基金公司	整体投资回报能力排名	基金名称	投资类型（二级分类）	样本基金数量	同类基金中排名	期间内规模（亿元）
长安	10	长安300非周期	被动指数型基金	262	187	0.612 5
长安	10	长安货币B	货币市场型基金	239	43	22.069 8
长安	10	长安货币A	货币市场型基金	239	90	0.608 0
长安	10	长安宏观策略	偏股混合型基金	428	265	1.115 0
长信	11	长信可转债A	混合债券型二级基金	195	4	3.088 6
长信	11	长信可转债C	混合债券型二级基金	195	5	1.059 9
长信	11	长信利丰	混合债券型二级基金	195	25	47.252 6
长信	11	长信利众B	混合债券型一级基金	155	9	2.307 3
长信	11	长信利众分级	混合债券型一级基金	155	32	4.962 0
长信	11	长信利鑫分级B	混合债券型一级基金	155	33	2.978 9
长信	11	长信利鑫分级	混合债券型一级基金	155	60	4.065 3
长信	11	长信利众A	混合债券型一级基金	155	150	2.654 5
长信	11	长信利鑫分级A	混合债券型一级基金	155	153	1.086 4
长信	11	长信利息收益B	货币市场型基金	239	148	41.427 2
长信	11	长信利息收益A	货币市场型基金	239	186	5.452 6
长信	11	长信医疗保健行业	灵活配置型基金	128	12	1.045 1
长信	11	长信双利优选	灵活配置型基金	128	69	9.100 9
长信	11	长信量化先锋	偏股混合型基金	428	2	13.564 3
长信	11	长信增利策略	偏股混合型基金	428	52	20.015 3
长信	11	长信内需成长	偏股混合型基金	428	105	6.006 6
长信	11	长信金利趋势	偏股混合型基金	428	110	39.113 3
长信	11	长信恒利优势	偏股混合型基金	428	231	1.359 0
长信	11	长信银利精选	偏股混合型基金	428	270	12.126 5
长信	11	长信纯债一年A	中长期纯债型基金	232	84	5.232 5
长信	11	长信纯债一年C	中长期纯债型基金	232	102	3.373 0
长信	11	长信纯债壹号	中长期纯债型基金	232	152	13.560 1
德邦	12	德邦企债分级B	被动指数型债券基金	24	1	0.043 2
德邦	12	德邦企债分级	被动指数型债券基金	24	10	1.696 6
德邦	12	德邦企债分级A	被动指数型债券基金	24	22	0.095 0

（续表4）

基金公司	整体投资回报能力排名	基金名称	投资类型（二级分类）	样本基金数量	同类基金中排名	期间内规模（亿元）
德邦	12	德邦德利货币B	货币市场型基金	239	53	79.867 1
德邦	12	德邦德利货币A	货币市场型基金	239	109	1.542 8
德邦	12	德邦优化配置	灵活配置型基金	128	80	0.300 5
长盛	13	长盛中证100	被动指数型基金	262	134	5.745 5
长盛	13	长盛沪深300	被动指数型基金	262	154	1.110 2
长盛	13	长盛同辉深证100等权	被动指数型基金	262	181	0.105 2
长盛	13	长盛同瑞中证200	被动指数型基金	262	208	0.319 3
长盛	13	长盛同辉深证100等权A	被动指数型基金	262	220	0.402 0
长盛	13	长盛同瑞A	被动指数型基金	262	227	0.022 9
长盛	13	长盛同辉深证100等权B	被动指数型基金	262	256	0.425 8
长盛	13	长盛同瑞B	被动指数型基金	262	262	0.040 7
长盛	13	长盛同禧信用增利A	混合债券型二级基金	195	65	0.469 8
长盛	13	长盛同禧信用增利C	混合债券型二级基金	195	70	0.194 8
长盛	13	长盛积极配置	混合债券型二级基金	195	101	2.353 5
长盛	13	长盛货币	货币市场型基金	239	44	60.707 3
长盛	13	长盛添利宝B	货币市场型基金	239	73	84.608 9
长盛	13	长盛添利宝A	货币市场型基金	239	126	11.132 3
长盛	13	长盛电子信息主题	灵活配置型基金	128	3	16.439 9
长盛	13	长盛创新先锋	灵活配置型基金	128	40	1.673 0
长盛	13	长盛战略新兴产业A	灵活配置型基金	128	61	10.026 4
长盛	13	长盛电子信息产业	偏股混合型基金	428	15	20.441 7
长盛	13	长盛量化红利策略	偏股混合型基金	428	29	2.656 8
长盛	13	长盛城镇化主题	偏股混合型基金	428	117	11.547 2
长盛	13	长盛成长价值	偏股混合型基金	428	125	5.669 1
长盛	13	长盛同德	偏股混合型基金	428	185	36.208 1
长盛	13	长盛动态精选	偏股混合型基金	428	273	7.840 0
长盛	13	长盛同智	偏股混合型基金	428	293	13.728 0
长盛	13	长盛纯债A	中长期纯债型基金	232	128	3.675 8
长盛	13	长盛年年收益A	中长期纯债型基金	232	134	1.565 3

（续表4）

基金公司	整体投资回报能力排名	基金名称	投资类型（二级分类）	样本基金数量	同类基金中排名	期间内规模(亿元)
长盛	13	长盛纯债C	中长期纯债型基金	232	137	0.558 5
长盛	13	长盛年年收益C	中长期纯债型基金	232	143	1.760 2
长盛	13	长盛双月红1年期A	中长期纯债型基金	232	191	1.469 7
长盛	13	长盛双月红1年期C	中长期纯债型基金	232	195	1.123 7
摩根士丹利华鑫	14	大摩多元收益A	混合债券型二级基金	195	46	0.392 6
摩根士丹利华鑫	14	大摩多元收益C	混合债券型二级基金	195	52	1.034 9
摩根士丹利华鑫	14	大摩强收益债券	混合债券型一级基金	155	81	1.271 2
摩根士丹利华鑫	14	大摩消费领航	灵活配置型基金	128	93	10.881 9
摩根士丹利华鑫	14	大摩多因子策略	偏股混合型基金	428	14	18.813 4
摩根士丹利华鑫	14	大摩主题优选	偏股混合型基金	428	34	3.562 8
摩根士丹利华鑫	14	大摩卓越成长	偏股混合型基金	428	82	9.085 6
摩根士丹利华鑫	14	大摩量化配置	偏股混合型基金	428	94	15.412 2
摩根士丹利华鑫	14	大摩基础行业混合	偏股混合型基金	428	119	1.000 6
摩根士丹利华鑫	14	大摩领先优势	偏股混合型基金	428	213	8.315 0
摩根士丹利华鑫	14	大摩资源优选混合	偏股混合型基金	428	353	18.449 5
摩根士丹利华鑫	14	大摩品质生活精选	普通股票型基金	27	10	15.857 8
摩根士丹利华鑫	14	大摩深证300	增强指数型基金	36	10	0.797 4
摩根士丹利华鑫	14	大摩纯债稳定增利	中长期纯债型基金	232	52	18.655 6
摩根士丹利华鑫	14	大摩双利增强C	中长期纯债型基金	232	67	3.222 2
摩根士丹利华鑫	14	大摩双利增强A	中长期纯债型基金	232	69	5.938 5
南方	15	南方中证500ETF	被动指数型基金	262	13	124.725 0
南方	15	南方上证380ETF	被动指数型基金	262	17	2.325 2
南方	15	南方中证500ETF联接	被动指数型基金	262	22	50.467 2
南方	15	南方上证380ETF联接	被动指数型基金	262	31	1.970 9
南方	15	南方小康产业ETF	被动指数型基金	262	62	5.181 6
南方	15	南方小康产业ETF联接	被动指数型基金	262	81	5.004 3
南方	15	南方开元沪深300ETF	被动指数型基金	262	109	16.036 0
南方	15	南方深成ETF	被动指数型基金	262	145	13.135 4
南方	15	南方开元沪深300ETF联接	被动指数型基金	262	155	11.473 0

（续表4）

基金公司	整体投资回报能力排名	基金名称	投资类型（二级分类）	样本基金数量	同类基金中排名	期间内规模(亿元)
南方	15	南方深成ETF联接	被动指数型基金	262	160	8.299 0
南方	15	南方中债中期票据A	被动指数型债券基金	24	11	2.440 8
南方	15	南方中债中期票据C	被动指数型债券基金	24	12	0.257 7
南方	15	南方中证50债A	被动指数型债券基金	24	15	1.156 5
南方	15	南方中证50债C	被动指数型债券基金	24	17	0.424 5
南方	15	南方广利回报C	混合债券型二级基金	195	48	6.900 3
南方	15	南方广利回报AB	混合债券型二级基金	195	49	9.189 0
南方	15	南方永利1年A	混合债券型一级基金	155	27	34.110 6
南方	15	南方多利增强A	混合债券型一级基金	155	78	16.371 0
南方	15	南方多利增强C	混合债券型一级基金	155	84	10.153 2
南方	15	南方丰元信用增强A	混合债券型一级基金	155	88	11.584 3
南方	15	南方丰元信用增强C	混合债券型一级基金	155	90	4.267 9
南方	15	南方理财60天B	货币市场型基金	239	14	0.298 4
南方	15	南方理财14天B	货币市场型基金	239	18	2.135 2
南方	15	南方理财60天A	货币市场型基金	239	32	3.959 1
南方	15	南方理财14天A	货币市场型基金	239	46	14.216 6
南方	15	南方现金增利B	货币市场型基金	239	51	353.176 4
南方	15	南方现金增利A	货币市场型基金	239	101	383.401 9
南方	15	南方优选成长	灵活配置型基金	128	46	8.023 0
南方	15	南方高端装备	灵活配置型基金	128	52	3.174 5
南方	15	南方策略优化	偏股混合型基金	428	21	4.687 8
南方	15	南方优选价值A	偏股混合型基金	428	41	14.569 6
南方	15	南方盛元红利	偏股混合型基金	428	63	16.664 6
南方	15	南方成分精选	偏股混合型基金	428	118	62.022 4
南方	15	南方积极配置	偏股混合型基金	428	193	13.160 0
南方	15	南方绩优成长	偏股混合型基金	428	210	67.750 6
南方	15	南方高增长	偏股混合型基金	428	232	27.742 1
南方	15	南方稳健成长	偏股混合型基金	428	248	30.593 5
南方	15	南方隆元产业主题	偏股混合型基金	428	347	32.948 0

基金公司	整体投资回报能力排名	基金名称	投资类型（二级分类）	样本基金数量	同类基金中排名	期间内规模(亿元)
南方	15	南方宝元债券	偏债混合型基金	54	10	16.647 4
南方	15	南方保本	偏债混合型基金	54	33	17.926 5
南方	15	南方避险增值	偏债混合型基金	54	34	71.329 6
南方	15	南方稳健成长2号	平衡混合型基金	18	8	30.432 5
南方	15	南方新兴消费进取	普通股票型基金	27	4	0.268 5
南方	15	南方新兴消费增长	普通股票型基金	27	18	1.419 1
南方	15	南方新兴消费收益	普通股票型基金	27	26	0.212 8
南方	15	南方金利A	中长期纯债型基金	232	63	6.070 2
南方	15	南方金利C	中长期纯债型基金	232	71	3.883 2
南方	15	南方聚利1年A	中长期纯债型基金	232	110	3.186 2
南方	15	南方稳利1年A	中长期纯债型基金	232	149	12.615 0
南方	15	南方润元纯债AB	中长期纯债型基金	232	169	8.887 1
南方	15	南方润元纯债C	中长期纯债型基金	232	186	13.430 5
华富	16	华富中证100	被动指数型基金	262	142	0.793 9
华富	16	华富收益增强A	混合债券型一级基金	155	13	9.841 0
华富	16	华富收益增强B	混合债券型一级基金	155	14	2.350 9
华富	16	华富强化回报	混合债券型一级基金	155	15	6.795 3
华富	16	华富货币	货币市场型基金	239	134	41.828 0
华富	16	华富价值增长	灵活配置型基金	128	31	5.936 7
华富	16	华富策略精选	灵活配置型基金	128	36	0.396 5
华富	16	华富成长趋势	偏股混合型基金	428	132	13.388 3
华富	16	华富竞争力优选	偏股混合型基金	428	207	9.883 5
华富	16	华富量子生命力	偏股混合型基金	428	348	0.598 9
华富	16	华富保本	偏债混合型基金	54	24	2.487 1
华富	16	华富中小板	增强指数型基金	36	21	0.331 7
民生加银	17	民生加银中证内地资源	被动指数型基金	262	212	1.012 3
民生加银	17	民生加银增强收益A	混合债券型二级基金	195	19	18.709 6
民生加银	17	民生加银增强收益C	混合债券型二级基金	195	20	5.553 1
民生加银	17	民生加银信用双利A	混合债券型二级基金	195	32	22.225 7

（续表4）

基金公司	整体投资回报能力排名	基金名称	投资类型（二级分类）	样本基金数量	同类基金中排名	期间内规模(亿元)
民生加银	17	民生加银信用双利C	混合债券型二级基金	195	35	7.914 4
民生加银	17	民生加银转债优选A	混合债券型二级基金	195	146	10.209 4
民生加银	17	民生加银转债优选C	混合债券型二级基金	195	149	3.577 8
民生加银	17	民生加银家盈月度B	货币市场型基金	239	21	3.566 5
民生加银	17	民生加银家盈月度A	货币市场型基金	239	41	2.801 8
民生加银	17	民生加银现金宝	货币市场型基金	239	84	130.243 0
民生加银	17	民生加银现金增利B	货币市场型基金	239	112	104.193 7
民生加银	17	民生加银家盈7天A	货币市场型基金	239	157	0.391 8
民生加银	17	民生加银现金增利A	货币市场型基金	239	162	12.481 1
民生加银	17	民生加银家盈7天B	货币市场型基金	239	224	0.449 7
民生加银	17	民生加银策略精选	灵活配置型基金	128	5	3.729 5
民生加银	17	民生加银城镇化	灵活配置型基金	128	17	2.149 6
民生加银	17	民生加银红利回报	灵活配置型基金	128	21	2.923 5
民生加银	17	民生加银品牌蓝筹	灵活配置型基金	128	34	2.436 2
民生加银	17	民生加银积极成长	灵活配置型基金	128	89	2.671 4
民生加银	17	民生加银稳健成长	偏股混合型基金	428	123	1.007 7
民生加银	17	民生加银内需增长	偏股混合型基金	428	139	3.013 8
民生加银	17	民生加银精选	偏股混合型基金	428	167	3.900 9
民生加银	17	民生加银景气行业	偏股混合型基金	428	272	1.462 0
民生加银	17	民生加银平稳添利A	中长期纯债型基金	232	39	17.336 7
民生加银	17	民生加银平稳添利C	中长期纯债型基金	232	43	1.039 0
民生加银	17	民生加银平稳增利A	中长期纯债型基金	232	85	10.438 4
民生加银	17	民生加银平稳增利C	中长期纯债型基金	232	98	2.629 8
民生加银	17	民生加银岁岁增利A	中长期纯债型基金	232	119	3.866 1
民生加银	17	民生加银岁岁增利C	中长期纯债型基金	232	132	12.597 6
富国	18	富国创业板指数分级	被动指数型基金	262	41	13.979 0
富国	18	富国上证综指ETF	被动指数型基金	262	74	2.264 1
富国	18	富国上证综指ETF联接	被动指数型基金	262	103	2.102 3
富国	18	富国创业板A	被动指数型基金	262	237	11.622 6

(续表 4)

基金公司	整体投资回报能力排名	基金名称	投资类型（二级分类）	样本基金数量	同类基金中排名	期间内规模(亿元)
富国	18	富国创业板 B	被动指数型基金	262	254	16.749 7
富国	18	富国可转债	混合债券型二级基金	195	13	8.708 6
富国	18	富国优化增强 A	混合债券型二级基金	195	81	5.963 1
富国	18	富国优化增强 B	混合债券型二级基金	195	82	5.963 1
富国	18	富国优化增强 C	混合债券型二级基金	195	84	2.305 4
富国	18	富国信用增强 AB	混合债券型二级基金	195	126	3.864 4
富国	18	富国信用增强 C	混合债券型二级基金	195	135	2.304 6
富国	18	富国汇利回报分级 B	混合债券型一级基金	155	6	1.644 1
富国	18	富国天丰强化收益	混合债券型一级基金	155	52	23.554 1
富国	18	富国天利增长债券	混合债券型一级基金	155	85	13.673 4
富国	18	富国汇利回报分级	混合债券型一级基金	155	101	14.537 6
富国	18	富国新天锋	混合债券型一级基金	155	104	6.917 2
富国	18	富国汇利回报分级 A	混合债券型一级基金	155	149	3.915 2
富国	18	富国天时货币 B	货币市场型基金	239	104	75.717 6
富国	18	富国天时货币 A	货币市场型基金	239	154	8.890 1
富国	18	富国天成红利	灵活配置型基金	128	71	35.048 0
富国	18	富国宏观策略	灵活配置型基金	128	88	4.481 2
富国	18	富国低碳环保	偏股混合型基金	428	8	47.879 9
富国	18	富国医疗保健行业	偏股混合型基金	428	44	15.813 8
富国	18	富国天博创新主题	偏股混合型基金	428	66	39.971 1
富国	18	富国天合稳健优选	偏股混合型基金	428	79	41.142 0
富国	18	富国天惠精选成长	偏股混合型基金	428	81	36.706 5
富国	18	富国通胀通缩主题	偏股混合型基金	428	93	2.359 8
富国	18	富国高新技术产业	偏股混合型基金	428	173	3.277 1
富国	18	富国天益价值	偏股混合型基金	428	244	52.233 2
富国	18	富国天瑞强势精选	偏股混合型基金	428	291	32.948 5
富国	18	富国天源沪港深	平衡混合型基金	18	2	11.121 7
富国	18	富国中证 500	增强指数型基金	36	1	2.516 4
富国	18	富国中证红利	增强指数型基金	36	3	5.191 3

（续表4）

基金公司	整体投资回报能力排名	基金名称	投资类型（二级分类）	样本基金数量	同类基金中排名	期间内规模（亿元）
富国	18	富国沪深300	增强指数型基金	36	5	22.929 0
富国	18	富国强回报A	中长期纯债型基金	232	53	3.104 6
富国	18	富国强回报C	中长期纯债型基金	232	65	3.889 9
富国	18	富国产业债	中长期纯债型基金	232	94	35.227 0
富国	18	富国两年期纯债	中长期纯债型基金	232	150	6.701 6
富国	18	富国信用债A	中长期纯债型基金	232	153	2.759 2
富国	18	富国信用债C	中长期纯债型基金	232	163	1.366 2
富国	18	富国国有企业债AB	中长期纯债型基金	232	179	2.381 8
富国	18	富国国有企业债C	中长期纯债型基金	232	192	0.641 5
富国	18	富国纯债AB	中长期纯债型基金	232	197	2.537 4
富国	18	富国一年期纯债	中长期纯债型基金	232	198	24.839 7
富国	18	富国纯债C	中长期纯债型基金	232	206	2.017 2
华润元大	19	华润元大现金收益B	货币市场型基金	239	65	12.702 3
华润元大	19	华润元大现金收益A	货币市场型基金	239	116	0.862 7
华润元大	19	华润元大安鑫	灵活配置型基金	128	59	5.567 1
新华	20	新华信用增益A	混合债券型二级基金	195	165	2.894 4
新华	20	新华信用增益C	混合债券型二级基金	195	171	4.655 8
新华	20	新华壹诺宝	货币市场型基金	239	198	58.903 0
新华	20	新华行业轮换配置A	灵活配置型基金	128	2	19.468 7
新华	20	新华泛资源优势	灵活配置型基金	128	54	4.147 3
新华	20	新华中小市值优选	偏股混合型基金	428	20	3.638 4
新华	20	新华趋势领航	偏股混合型基金	428	25	13.234 3
新华	20	新华优选消费	偏股混合型基金	428	103	6.375 2
新华	20	新华钻石品质企业	偏股混合型基金	428	115	7.638 5
新华	20	新华行业周期轮换	偏股混合型基金	428	129	4.073 2
新华	20	新华灵活主题	偏股混合型基金	428	190	0.450 3
新华	20	新华优选分红	偏股混合型基金	428	255	17.364 8
新华	20	新华优选成长	偏股混合型基金	428	313	18.741 9
新华	20	新华安享惠金A	中长期纯债型基金	232	13	4.946 5

（续表4）

基金公司	整体投资回报能力排名	基金名称	投资类型（二级分类）	样本基金数量	同类基金中排名	期间内规模（亿元）
新华	20	新华安享惠金 C	中长期纯债型基金	232	17	1.357 5
新华	20	新华纯债添利 A	中长期纯债型基金	232	109	3.602 7
新华	20	新华纯债添利 C	中长期纯债型基金	232	121	1.462 7
农银汇理	21	农银汇理中证 500	被动指数型基金	262	39	1.164 3
农银汇理	21	农银汇理沪深 300	被动指数型基金	262	118	12.086 8
农银汇理	21	农银汇理增强收益 A	混合债券型二级基金	195	111	0.627 3
农银汇理	21	农银汇理增强收益 C	混合债券型二级基金	195	116	0.296 0
农银汇理	21	农银汇理恒久增利 A	混合债券型一级基金	155	42	2.037 9
农银汇理	21	农银汇理恒久增利 C	混合债券型一级基金	155	46	0.354 9
农银汇理	21	农银汇理信用添利	混合债券型一级基金	155	73	0.970 3
农银汇理	21	农银汇理 7 天理财 B	货币市场型基金	239	45	12.988 6
农银汇理	21	农银汇理 14 天理财 B	货币市场型基金	239	49	8.651 7
农银汇理	21	农银汇理货币 B	货币市场型基金	239	56	207.094 6
农银汇理	21	农银汇理 7 天理财 A	货币市场型基金	239	95	20.650 4
农银汇理	21	农银汇理 14 天理财 A	货币市场型基金	239	96	20.069 3
农银汇理	21	农银汇理货币 A	货币市场型基金	239	110	110.451 9
农银汇理	21	农银汇理区间收益	灵活配置型基金	128	39	2.485 7
农银汇理	21	农银汇理研究精选	灵活配置型基金	128	65	6.172 1
农银汇理	21	农银汇理行业轮动	偏股混合型基金	428	27	3.359 5
农银汇理	21	农银汇理行业领先	偏股混合型基金	428	73	7.539 6
农银汇理	21	农银汇理低估值高增长	偏股混合型基金	428	87	5.929 0
农银汇理	21	农银汇理中小盘	偏股混合型基金	428	116	19.941 2
农银汇理	21	农银汇理消费主题	偏股混合型基金	428	135	14.892 9
农银汇理	21	农银汇理平衡双利	偏股混合型基金	428	256	5.554 4
农银汇理	21	农银汇理行业成长	偏股混合型基金	428	268	34.242 9
农银汇理	21	农银汇理策略价值	偏股混合型基金	428	334	6.308 6
农银汇理	21	农银汇理大盘蓝筹	偏股混合型基金	428	422	8.749 6
农银汇理	21	农银汇理策略精选	偏股混合型基金	428	428	1.712 6
农银汇理	21	农银汇理深证 100	增强指数型基金	36	31	0.413 5

(续表4)

基金公司	整体投资回报能力排名	基金名称	投资类型（二级分类）	样本基金数量	同类基金中排名	期间内规模(亿元)
华泰柏瑞	22	华泰柏瑞上证中小盘 ETF	被动指数型基金	262	46	0.562 6
华泰柏瑞	22	华泰柏瑞上证中小盘 ETF 联接	被动指数型基金	262	57	0.270 7
华泰柏瑞	22	华泰柏瑞红利 ETF	被动指数型基金	262	59	9.142 7
华泰柏瑞	22	华泰柏瑞沪深 300ETF	被动指数型基金	262	101	181.210 1
华泰柏瑞	22	华泰柏瑞沪深 300ETF 联接	被动指数型基金	262	131	9.003 8
华泰柏瑞	22	华泰柏瑞增利 A	混合债券型二级基金	195	176	0.188 6
华泰柏瑞	22	华泰柏瑞增利 B	混合债券型二级基金	195	178	0.637 1
华泰柏瑞	22	华泰柏瑞季季红	混合债券型一级基金	155	120	5.141 0
华泰柏瑞	22	华泰柏瑞信用增利	混合债券型一级基金	155	133	3.287 4
华泰柏瑞	22	华泰柏瑞货币 B	货币市场型基金	239	72	344.740 2
华泰柏瑞	22	华泰柏瑞货币 A	货币市场型基金	239	123	10.540 0
华泰柏瑞	22	华泰柏瑞价值增长	偏股混合型基金	428	11	6.745 3
华泰柏瑞	22	华泰柏瑞量化	偏股混合型基金	428	78	16.276 7
华泰柏瑞	22	华泰柏瑞积极成长 A	偏股混合型基金	428	121	25.813 6
华泰柏瑞	22	华泰柏瑞量化先行	偏股混合型基金	428	205	2.215 3
华泰柏瑞	22	华泰柏瑞行业领先	偏股混合型基金	428	240	6.206 4
华泰柏瑞	22	华泰柏瑞盛世中国	偏股混合型基金	428	323	37.539 5
华泰柏瑞	22	华泰柏瑞稳健收益 A	中长期纯债型基金	232	83	38.550 3
华泰柏瑞	22	华泰柏瑞稳健收益 C	中长期纯债型基金	232	96	21.771 2
华泰柏瑞	22	华泰柏瑞丰盛纯债 A	中长期纯债型基金	232	182	5.360 3
华泰柏瑞	22	华泰柏瑞丰盛纯债 C	中长期纯债型基金	232	188	0.519 3
工银瑞信	23	工银瑞信深证 100B	被动指数型基金	262	11	0.148 8
工银瑞信	23	工银瑞信中证 500B	被动指数型基金	262	15	0.040 5
工银瑞信	23	工银瑞信深证红利 ETF	被动指数型基金	262	49	5.376 8
工银瑞信	23	工银瑞信深证红利 ETF 联接	被动指数型基金	262	60	4.991 5
工银瑞信	23	工银上证央企 50ETF	被动指数型基金	262	77	4.044 7
工银瑞信	23	工银瑞信中证 500	被动指数型基金	262	91	0.586 0
工银瑞信	23	工银瑞信沪深 300	被动指数型基金	262	124	25.508 7
工银瑞信	23	工银瑞信深证 100	被动指数型基金	262	153	0.120 5

基金公司	整体投资回报能力排名	基金名称	投资类型（二级分类）	样本基金数量	同类基金中排名	期间内规模（亿元）
工银瑞信	23	工银瑞信中证 500A	被动指数型基金	262	233	0.017 0
工银瑞信	23	工银瑞信深证 100A	被动指数型基金	262	235	0.109 6
工银瑞信	23	工银瑞信添颐 A	混合债券型二级基金	195	26	5.057 0
工银瑞信	23	工银瑞信添福 A	混合债券型二级基金	195	27	30.339 8
工银瑞信	23	工银瑞信添颐 B	混合债券型二级基金	195	28	10.744 1
工银瑞信	23	工银瑞信添福 B	混合债券型二级基金	195	30	5.485 4
工银瑞信	23	工银瑞信增利 B	混合债券型二级基金	195	44	6.170 3
工银瑞信	23	工银瑞信月月薪	混合债券型二级基金	195	75	20.409 5
工银瑞信	23	工银瑞信产业债 A	混合债券型二级基金	195	87	4.672 7
工银瑞信	23	工银瑞信产业债 B	混合债券型二级基金	195	90	8.065 1
工银瑞信	23	工银瑞信双债增强	混合债券型二级基金	195	91	4.281 9
工银瑞信	23	工银瑞信双利 A	混合债券型二级基金	195	93	58.385 4
工银瑞信	23	工银瑞信双利 B	混合债券型二级基金	195	97	5.656 5
工银瑞信	23	工银瑞信四季收益	混合债券型二级基金	195	113	16.308 0
工银瑞信	23	工银瑞信增利分级	混合债券型二级基金	195	115	8.829 6
工银瑞信	23	工银瑞信增利 A	混合债券型二级基金	195	192	2.658 5
工银瑞信	23	工银瑞信信用添利 A	混合债券型一级基金	155	18	26.074 3
工银瑞信	23	工银瑞信信用添利 B	混合债券型一级基金	155	22	20.790 3
工银瑞信	23	工银瑞信增强收益 A	混合债券型一级基金	155	51	22.088 8
工银瑞信	23	工银瑞信增强收益 B	混合债券型一级基金	155	55	11.228 8
工银瑞信	23	工银瑞信 60 天理财 B	货币市场型基金	239	7	1.301 2
工银瑞信	23	工银瑞信 60 天理财 A	货币市场型基金	239	11	8.460 4
工银瑞信	23	工银瑞信 14 天理财 B	货币市场型基金	239	12	60.757 2
工银瑞信	23	工银瑞信 14 天理财 A	货币市场型基金	239	24	18.377 5
工银瑞信	23	工银瑞信 7 天理财 B	货币市场型基金	239	25	118.015 4
工银瑞信	23	工银瑞信 7 天理财 A	货币市场型基金	239	68	175.008 4
工银瑞信	23	工银瑞信货币	货币市场型基金	239	99	1 104.545 5
工银瑞信	23	工银瑞信信息产业	偏股混合型基金	428	9	15.420 7
工银瑞信	23	工银瑞信金融地产	偏股混合型基金	428	19	12.453 4

基金公司	整体投资回报能力排名	基金名称	投资类型（二级分类）	样本基金数量	同类基金中排名	期间内规模(亿元)
工银瑞信	23	工银瑞信量化策略	偏股混合型基金	428	61	2.287 7
工银瑞信	23	工银瑞信中小盘成长	偏股混合型基金	428	70	4.971 4
工银瑞信	23	工银瑞信主题策略	偏股混合型基金	428	83	13.839 0
工银瑞信	23	工银瑞信精选平衡	偏股混合型基金	428	187	32.495 9
工银瑞信	23	工银瑞信大盘蓝筹	偏股混合型基金	428	317	3.190 0
工银瑞信	23	工银瑞信消费服务	偏股混合型基金	428	322	7.092 2
工银瑞信	23	工银瑞信核心价值 A	偏股混合型基金	428	338	64.243 4
工银瑞信	23	工银瑞信稳健成长 A	偏股混合型基金	428	372	35.521 9
工银瑞信	23	工银瑞信红利	偏股混合型基金	428	411	11.848 0
工银瑞信	23	工银瑞信保本2号	偏债混合型基金	54	23	52.303 1
工银瑞信	23	工银瑞信保本3号 A	偏债混合型基金	54	35	1.849 4
工银瑞信	23	工银瑞信保本3号 B	偏债混合型基金	54	38	2.049 9
工银瑞信	23	工银信用纯债一年 A	中长期纯债型基金	232	114	18.366 6
工银瑞信	23	工银信用纯债一年 C	中长期纯债型基金	232	127	14.042 3
工银瑞信	23	工银瑞信纯债	中长期纯债型基金	232	181	27.673 7
工银瑞信	23	工银瑞信信用纯债 A	中长期纯债型基金	232	194	9.076 6
工银瑞信	23	工银瑞信信用纯债 B	中长期纯债型基金	232	203	5.267 2
工银瑞信	23	工银信用纯债两年 A	中长期纯债型基金	232	207	5.089 3
工银瑞信	23	工银信用纯债两年 C	中长期纯债型基金	232	213	1.766 7
信诚	24	信诚中证800金融 B	被动指数型基金	262	10	7.371 1
信诚	24	信诚中证500分级	被动指数型基金	262	14	3.074 6
信诚	24	信诚中证800金融	被动指数型基金	262	119	2.009 0
信诚	24	信诚沪深300B	被动指数型基金	262	132	3.449 3
信诚	24	信诚中证800医药 B	被动指数型基金	262	136	0.664 7
信诚	24	信诚中证500B	被动指数型基金	262	190	3.747 0
信诚	24	信诚沪深300分级	被动指数型基金	262	191	0.657 3
信诚	24	信诚中证800医药	被动指数型基金	262	197	1.008 8
信诚	24	信诚中证800有色	被动指数型基金	262	213	1.355 9
信诚	24	信诚中证500A	被动指数型基金	262	241	4.003 8

（续表 4）

基金公司	整体投资回报能力排名	基金名称	投资类型（二级分类）	样本基金数量	同类基金中排名	期间内规模（亿元）
信诚	24	信诚中证 800 金融 A	被动指数型基金	262	242	7.519 8
信诚	24	信诚中证 800 有色 A	被动指数型基金	262	243	0.534 4
信诚	24	信诚中证 800 医药 A	被动指数型基金	262	244	0.766 2
信诚	24	信诚沪深 300A	被动指数型基金	262	251	5.770 3
信诚	24	信诚中证 800 有色 B	被动指数型基金	262	258	0.581 9
信诚	24	信诚季季定期支付	混合债券型二级基金	195	58	1.506 2
信诚	24	信诚增强收益	混合债券型二级基金	195	61	3.061 3
信诚	24	信诚三得益债券 A	混合债券型二级基金	195	102	4.036 8
信诚	24	信诚三得益债券 B	混合债券型二级基金	195	112	1.248 6
信诚	24	信诚岁岁添金	混合债券型一级基金	155	2	2.459 0
信诚	24	信诚添金分级	混合债券型一级基金	155	75	8.158 5
信诚	24	信诚年年有余 A	混合债券型一级基金	155	100	1.586 6
信诚	24	信诚年年有余 B	混合债券型一级基金	155	108	0.679 2
信诚	24	信诚经典优债 A	混合债券型一级基金	155	122	2.928 4
信诚	24	信诚经典优债 B	混合债券型一级基金	155	125	0.582 6
信诚	24	信诚季季添金	混合债券型一级基金	155	147	5.698 5
信诚	24	信诚理财 7 日盈 A	货币市场型基金	239	87	0.986 7
信诚	24	信诚货币 B	货币市场型基金	239	105	68.412 2
信诚	24	信诚货币 A	货币市场型基金	239	155	3.679 8
信诚	24	信诚理财 7 日盈 B	货币市场型基金	239	202	1.222 5
信诚	24	信诚新兴产业	偏股混合型基金	428	38	0.847 8
信诚	24	信诚周期轮动	偏股混合型基金	428	60	4.586 8
信诚	24	信诚中小盘	偏股混合型基金	428	68	1.018 1
信诚	24	信诚优胜精选	偏股混合型基金	428	99	4.958 8
信诚	24	信诚深度价值	偏股混合型基金	428	159	1.025 4
信诚	24	信诚精萃成长	偏股混合型基金	428	172	20.768 3
信诚	24	信诚新机遇	偏股混合型基金	428	196	0.745 5
信诚	24	信诚四季红	偏股混合型基金	428	222	16.195 2
信诚	24	信诚盛世蓝筹	偏股混合型基金	428	227	4.732 8

基金公司	整体投资回报能力排名	基金名称	投资类型（二级分类）	样本基金数量	同类基金中排名	期间内规模(亿元)
信诚	24	信诚新双盈 B	中长期纯债型基金	232	1	5.357 8
信诚	24	信诚月月定期支付	中长期纯债型基金	232	27	1.203 8
信诚	24	信诚优质纯债 A	中长期纯债型基金	232	29	3.106 2
信诚	24	信诚新双盈	中长期纯债型基金	232	32	8.494 1
信诚	24	信诚优质纯债 B	中长期纯债型基金	232	36	12.369 5
信诚	24	信诚新双盈 A	中长期纯债型基金	232	224	3.136 4
浙商	25	浙商进取	被动指数型基金	262	7	0.062 2
浙商	25	浙商沪深 300	被动指数型基金	262	164	0.667 7
浙商	25	浙商稳健	被动指数型基金	262	250	0.077 2
浙商	25	浙商聚潮新思维	灵活配置型基金	128	23	1.358 4
浙商	25	浙商聚潮产业成长	偏股混合型基金	428	174	3.319 0
浙商	25	浙商聚盈信用债 A	中长期纯债型基金	232	205	0.316 2
浙商	25	浙商聚盈信用债 C	中长期纯债型基金	232	211	0.093 7
汇添富	26	汇添富中证金融地产 ETF	被动指数型基金	262	40	1.888 8
汇添富	26	汇添富深证 300ETF	被动指数型基金	262	66	1.075 0
汇添富	26	汇添富上证综指	被动指数型基金	262	89	26.521 8
汇添富	26	汇添富深证 300ETF 联接	被动指数型基金	262	113	0.697 9
汇添富	26	汇添富中证医药卫生 ETF	被动指数型基金	262	163	2.557 9
汇添富	26	汇添富沪深 300 安中动态策略	被动指数型基金	262	184	2.064 8
汇添富	26	汇添富中证主要消费 ETF	被动指数型基金	262	193	7.054 6
汇添富	26	汇添富中证能源 ETF	被动指数型基金	262	253	0.717 4
汇添富	26	汇添富可转债 A	混合债券型二级基金	195	39	1.765 7
汇添富	26	汇添富可转债 C	混合债券型二级基金	195	41	0.953 7
汇添富	26	汇添富多元收益 A	混合债券型二级基金	195	62	8.154 7
汇添富	26	汇添富多元收益 C	混合债券型二级基金	195	66	3.006 3
汇添富	26	汇添富双利增强 C	混合债券型二级基金	195	160	0.287 8
汇添富	26	汇添富双利增强 A	混合债券型二级基金	195	163	3.743 2
汇添富	26	汇添富季季红	混合债券型一级基金	155	87	5.307 8
汇添富	26	汇添富增强收益 A	混合债券型一级基金	155	95	17.432 2

基金公司	整体投资回报能力排名	基金名称	投资类型（二级分类）	样本基金数量	同类基金中排名	期间内规模（亿元）
汇添富	26	汇添富增强收益C	混合债券型一级基金	155	97	2.116 3
汇添富	26	汇添富信用债A	混合债券型一级基金	155	129	6.603 0
汇添富	26	汇添富信用债C	混合债券型一级基金	155	132	0.066 2
汇添富	26	汇添富理财60天B	货币市场型基金	239	16	0.944 3
汇添富	26	汇添富理财7天B	货币市场型基金	239	23	1.586 5
汇添富	26	汇添富理财30天B	货币市场型基金	239	28	5.765 6
汇添富	26	汇添富理财60天A	货币市场型基金	239	37	5.224 3
汇添富	26	汇添富全额宝	货币市场型基金	239	57	76.660 9
汇添富	26	汇添富理财30天A	货币市场型基金	239	74	9.237 4
汇添富	26	汇添富现金宝	货币市场型基金	239	92	280.698 2
汇添富	26	汇添富理财7天A	货币市场型基金	239	100	8.787 1
汇添富	26	汇添富货币B	货币市场型基金	239	171	51.334 4
汇添富	26	汇添富收益快线货币B	货币市场型基金	239	181	118.773 0
汇添富	26	汇添富理财14天B	货币市场型基金	239	199	0.225 8
汇添富	26	汇添富货币A	货币市场型基金	239	204	4.116 5
汇添富	26	汇添富理财14天A	货币市场型基金	239	212	0.790 7
汇添富	26	汇添富收益快线货币A	货币市场型基金	239	225	121.321 3
汇添富	26	汇添富蓝筹稳健	灵活配置型基金	128	44	5.220 1
汇添富	26	汇添富民营活力A	偏股混合型基金	428	6	55.913 7
汇添富	26	汇添富价值精选A	偏股混合型基金	428	42	57.823 2
汇添富	26	汇添富消费行业	偏股混合型基金	428	49	18.956 0
汇添富	26	汇添富逆向投资	偏股混合型基金	428	56	6.178 2
汇添富	26	汇添富成长焦点	偏股混合型基金	428	57	58.381 0
汇添富	26	汇添富美丽30	偏股混合型基金	428	71	21.778 2
汇添富	26	汇添富社会责任	偏股混合型基金	428	89	31.225 2
汇添富	26	汇添富策略回报	偏股混合型基金	428	122	13.836 4
汇添富	26	汇添富优势精选	偏股混合型基金	428	147	25.675 2
汇添富	26	汇添富均衡增长	偏股混合型基金	428	198	103.759 9
汇添富	26	汇添富医药保健A	偏股混合型基金	428	308	44.587 5

（续表4）

基金公司	整体投资回报能力排名	基金名称	投资类型（二级分类）	样本基金数量	同类基金中排名	期间内规模（亿元）
汇添富	26	汇添富互利分级B	中长期纯债型基金	232	7	2.587 6
汇添富	26	汇添富高息债A	中长期纯债型基金	232	20	1.146 5
汇添富	26	汇添富高息债C	中长期纯债型基金	232	23	0.614 2
汇添富	26	汇添富实业债A	中长期纯债型基金	232	34	4.884 8
汇添富	26	汇添富实业债C	中长期纯债型基金	232	37	1.333 7
汇添富	26	汇添富互利分级	中长期纯债型基金	232	41	5.078 4
汇添富	26	汇添富年年利A	中长期纯债型基金	232	193	6.444 8
汇添富	26	汇添富年年利C	中长期纯债型基金	232	200	1.952 1
汇添富	26	汇添富安心中国A	中长期纯债型基金	232	217	1.759 2
汇添富	26	汇添富安心中国C	中长期纯债型基金	232	218	0.550 6
汇添富	26	汇添富互利分级A	中长期纯债型基金	232	222	2.491 5
平安大华	27	平安大华日增利	货币市场型基金	239	98	150.573 6
平安大华	27	平安大华策略先锋	灵活配置型基金	128	13	1.505 9
平安大华	27	平安大华行业先锋	偏股混合型基金	428	258	6.632 0
平安大华	27	平安大华保本	偏债混合型基金	54	51	5.774 2
平安大华	27	平安大华深证300	增强指数型基金	36	12	0.583 8
平安大华	27	平安大华添利A	中长期纯债型基金	232	15	0.957 8
平安大华	27	平安大华添利C	中长期纯债型基金	232	21	0.503 3
广发	28	广发深证100B	被动指数型基金	262	8	0.173 4
广发	28	广发中证500ETF	被动指数型基金	262	26	24.190 3
广发	28	广发中证500ETF联接	被动指数型基金	262	44	24.338 5
广发	28	广发中小板300ETF	被动指数型基金	262	47	4.333 6
广发	28	广发中小板300ETF联接	被动指数型基金	262	105	3.829 5
广发	28	广发沪深300	被动指数型基金	262	151	16.041 0
广发	28	广发深证100分级	被动指数型基金	262	178	0.416 4
广发	28	广发深证100A	被动指数型基金	262	234	0.249 9
广发	28	广发中债金融债A	被动指数型债券基金	24	20	1.045 3
广发	28	广发中债金融债C	被动指数型债券基金	24	21	1.945 8
广发	28	广发聚鑫C	混合债券型二级基金	195	16	2.507 1

（续表4）

基金公司	整体投资回报能力排名	基金名称	投资类型（二级分类）	样本基金数量	同类基金中排名	期间内规模(亿元)
广发	28	广发聚鑫 A	混合债券型二级基金	195	17	6.758 0
广发	28	广发聚利	混合债券型一级基金	155	25	3.901 7
广发	28	广发聚财信用 A	混合债券型一级基金	155	26	3.006 2
广发	28	广发聚财信用 B	混合债券型一级基金	155	28	4.057 5
广发	28	广发增强债券	混合债券型一级基金	155	63	8.922 4
广发	28	广发理财 30 天 B	货币市场型基金	239	13	0.157 3
广发	28	广发理财 30 天 A	货币市场型基金	239	26	1.388 7
广发	28	广发理财 7 天 B	货币市场型基金	239	29	0.244 4
广发	28	广发理财 7 天 A	货币市场型基金	239	38	1.814 7
广发	28	广发现金宝 B	货币市场型基金	239	50	22.049 3
广发	28	广发天天红	货币市场型基金	239	54	108.059 7
广发	28	广发货币 B	货币市场型基金	239	63	930.588 3
广发	28	广发货币 A	货币市场型基金	239	114	120.578 2
广发	28	广发现金宝 A	货币市场型基金	239	172	14.679 3
广发	28	广发聚优 A	灵活配置型基金	128	72	14.515 8
广发	28	广发内需增长	灵活配置型基金	128	107	9.166 5
广发	28	广发趋势优选	灵活配置型基金	128	113	1.139 6
广发	28	广发成长优选	灵活配置型基金	128	116	3.931 7
广发	28	广发行业领先	偏股混合型基金	428	28	39.800 9
广发	28	广发制造业精选	偏股混合型基金	428	98	6.404 6
广发	28	广发轮动配置	偏股混合型基金	428	239	20.213 5
广发	28	广发聚丰	偏股混合型基金	428	290	138.845 5
广发	28	广发策略优选	偏股混合型基金	428	314	62.703 4
广发	28	广发核心精选	偏股混合型基金	428	329	28.848 5
广发	28	广发消费品精选	偏股混合型基金	428	341	0.736 5
广发	28	广发大盘成长	偏股混合型基金	428	355	54.361 5
广发	28	广发聚瑞	偏股混合型基金	428	356	22.668 2
广发	28	广发稳健增长	偏股混合型基金	428	357	48.023 1
广发	28	广发新经济	偏股混合型基金	428	373	7.231 2

(续表4)

基金公司	整体投资回报能力排名	基金名称	投资类型（二级分类）	样本基金数量	同类基金中排名	期间内规模（亿元）
广发	28	广发小盘成长	偏股混合型基金	428	383	45.420 6
广发	28	广发聚富	平衡混合型基金	18	13	34.343 6
广发	28	广发纯债 A	中长期纯债型基金	232	18	12.304 5
广发	28	广发纯债 C	中长期纯债型基金	232	19	22.828 1
广发	28	广发集利一年 A	中长期纯债型基金	232	22	13.385 3
广发	28	广发集利一年 C	中长期纯债型基金	232	24	3.524 4
广发	28	广发双债添利 C	中长期纯债型基金	232	139	1.211 4
广发	28	广发双债添利 A	中长期纯债型基金	232	142	27.036 2
广发	28	广发聚源 A	中长期纯债型基金	232	190	4.275 1
广发	28	广发聚源 C	中长期纯债型基金	232	199	2.691 1
易方达	29	易方达创业板 ETF	被动指数型基金	262	21	27.217 3
易方达	29	易方达上证中盘 ETF	被动指数型基金	262	70	5.252 6
易方达	29	易方达上证中盘 ETF 联接	被动指数型基金	262	85	4.021 5
易方达	29	易方达创业板 ETF 联接	被动指数型基金	262	92	8.540 9
易方达	29	易方达深证 100ETF	被动指数型基金	262	98	89.050 2
易方达	29	易方达沪深 300ETF	被动指数型基金	262	100	49.957 0
易方达	29	易方达深证 100ETF 联接	被动指数型基金	262	122	44.091 7
易方达	29	易方达沪深 300ETF 联接	被动指数型基金	262	129	47.476 8
易方达	29	易方达中小板指数	被动指数型基金	262	198	0.981 2
易方达	29	易方达沪深 300 医药卫生 ETF	被动指数型基金	262	202	1.566 8
易方达	29	易方达中小板指数 A	被动指数型基金	262	221	1.090 0
易方达	29	易方达中小板指数 B	被动指数型基金	262	260	1.616 8
易方达	29	易方达中债新综合 A	被动指数型债券基金	24	2	1.124 6
易方达	29	易方达中债新综合 C	被动指数型债券基金	24	6	0.708 7
易方达	29	易方达安心回报 A	混合债券型二级基金	195	6	20.703 1
易方达	29	易方达安心回报 B	混合债券型二级基金	195	7	22.816 6
易方达	29	易方达稳健收益 B	混合债券型二级基金	195	36	49.872 7
易方达	29	易方达稳健收益 A	混合债券型二级基金	195	38	24.485 1
易方达	29	易方达裕丰回报	混合债券型二级基金	195	59	20.750 9

（续表 4）

基金公司	整体投资回报能力排名	基金名称	投资类型（二级分类）	样本基金数量	同类基金中排名	期间内规模（亿元）
易方达	29	易方达岁丰添利	混合债券型一级基金	155	4	4.914 9
易方达	29	易方达增强回报 A	混合债券型一级基金	155	17	32.960 6
易方达	29	易方达增强回报 B	混合债券型一级基金	155	21	31.550 0
易方达	29	易方达双债增强 A	混合债券型一级基金	155	94	26.614 5
易方达	29	易方达双债增强 C	混合债券型一级基金	155	99	0.589 2
易方达	29	易方达双月利 B	货币市场型基金	239	4	1.154 3
易方达	29	易方达月月利 B	货币市场型基金	239	5	2.492 1
易方达	29	易方达双月利 A	货币市场型基金	239	8	3.656 9
易方达	29	易方达月月利 A	货币市场型基金	239	10	5.349 5
易方达	29	易方达天天 R	货币市场型基金	239	33	12.317 9
易方达	29	易方达天天 B	货币市场型基金	239	35	143.545 9
易方达	29	易方达易理财	货币市场型基金	239	58	90.188 8
易方达	29	易方达天天 A	货币市场型基金	239	67	171.896 9
易方达	29	易方达货币 B	货币市场型基金	239	124	795.853 5
易方达	29	易方达保证金 B	货币市场型基金	239	165	6.906 2
易方达	29	易方达货币 A	货币市场型基金	239	169	88.084 4
易方达	29	易方达保证金 A	货币市场型基金	239	213	6.097 0
易方达	29	易方达新兴成长	灵活配置型基金	128	1	16.548 7
易方达	29	易方达价值成长	灵活配置型基金	128	81	120.464 5
易方达	29	易方达科汇	灵活配置型基金	128	97	6.981 5
易方达	29	易方达科翔	偏股混合型基金	428	46	16.313 9
易方达	29	易方达科讯	偏股混合型基金	428	109	87.456 0
易方达	29	易方达价值精选	偏股混合型基金	428	158	41.458 6
易方达	29	易方达行业领先	偏股混合型基金	428	269	10.287 8
易方达	29	易方达中小盘	偏股混合型基金	428	286	14.696 6
易方达	29	易方达策略成长	偏股混合型基金	428	386	38.985 4
易方达	29	易方达策略 2 号	偏股混合型基金	428	387	34.514 2
易方达	29	易方达医疗保健	偏股混合型基金	428	402	23.189 6
易方达	29	易方达资源行业	偏股混合型基金	428	407	3.424 8

（续表4）

基金公司	整体投资回报能力排名	基金名称	投资类型（二级分类）	样本基金数量	同类基金中排名	期间内规模（亿元）
易方达	29	易方达积极成长	偏股混合型基金	428	415	40.341 1
易方达	29	易方达裕惠回报	偏债混合型基金	54	8	20.681 1
易方达	29	易方达平稳增长	平衡混合型基金	18	6	21.367 4
易方达	29	基金科瑞	普通股票型基金	27	14	42.517 5
易方达	29	易方达消费行业	普通股票型基金	27	24	16.822 7
易方达	29	易方达沪深300量化	增强指数型基金	36	11	2.801 5
易方达	29	易方上证50	增强指数型基金	36	15	112.361 3
易方达	29	易方达聚盈B	中长期纯债基金	232	12	11.093 0
易方达	29	易方达永旭添利	中长期纯债型基金	232	61	11.959 3
易方达	29	易方达投资级信用债A	中长期纯债型基金	232	79	7.218 0
易方达	29	易方达投资级信用债C	中长期纯债型基金	232	86	5.097 5
易方达	29	易方达聚盈分级	中长期纯债型基金	232	117	17.107 9
易方达	29	易方达信用债A	中长期纯债型基金	232	125	10.774 1
易方达	29	易方达信用债C	中长期纯债型基金	232	140	6.374 8
易方达	29	易方达高等级信用债A	中长期纯债型基金	232	158	5.768 9
易方达	29	易方达纯债1年A	中长期纯债型基金	232	168	9.059 5
易方达	29	易方达纯债A	中长期纯债型基金	232	172	20.053 6
易方达	29	易方达高等级信用债C	中长期纯债型基金	232	173	7.398 5
易方达	29	易方达纯债1年C	中长期纯债型基金	232	183	2.198 5
易方达	29	易方达纯债C	中长期纯债型基金	232	185	24.494 9
易方达	29	易方达聚盈A	中长期纯债型基金	232	220	6.067 5
中欧	30	中欧鼎利分级B	混合债券型二级基金	195	18	0.100 3
中欧	30	中欧鼎利分级	混合债券型二级基金	195	144	3.789 1
中欧	30	中欧鼎利分级A	混合债券型二级基金	195	193	0.185 3
中欧	30	中欧增强回报A	混合债券型一级基金	155	66	11.829 1
中欧	30	中欧稳健收益A	混合债券型一级基金	155	143	0.463 6
中欧	30	中欧稳健收益C	混合债券型一级基金	155	144	2.458 3
中欧	30	中欧货币B	货币市场型基金	239	91	70.250 5
中欧	30	中欧货币A	货币市场型基金	239	144	1.766 6

基金公司	整体投资回报能力排名	基金名称	投资类型（二级分类）	样本基金数量	同类基金中排名	期间内规模（亿元）
中欧	30	中欧价值智选回报 A	灵活配置型基金	128	26	5.983 5
中欧	30	中欧新蓝筹 A	灵活配置型基金	128	48	23.825 9
中欧	30	中欧成长优选回报 A	灵活配置型基金	128	121	4.216 3
中欧	30	中欧新动力 A	偏股混合型基金	428	59	17.303 1
中欧	30	中欧新趋势 A	偏股混合型基金	428	108	28.854 5
中欧	30	中欧价值发现 A	偏股混合型基金	428	156	18.016 0
中欧	30	中欧行业成长 A	偏股混合型基金	428	278	14.380 5
中欧	30	中欧沪深 300A	增强指数型基金	36	19	1.153 7
中欧	30	中欧纯债 B	中长期纯债型基金	232	35	3.547 2
中欧	30	中欧纯债分级	中长期纯债型基金	232	78	5.627 2
中欧	30	中欧纯债添利 B	中长期纯债型基金	232	101	4.621 6
中欧	30	中欧纯债添利分级	中长期纯债型基金	232	202	9.712 1
中欧	30	中欧纯债添利 A	中长期纯债型基金	232	223	5.088 2
中欧	30	中欧纯债 A	中长期纯债型基金	232	232	2.080 3
安信	31	安信现金管理货币 B	货币市场型基金	239	52	19.252 6
安信	31	安信现金管理货币 A	货币市场型基金	239	102	3.706 6
安信	31	安信灵活配置	灵活配置型基金	128	67	1.000 1
安信	31	安信平稳增长 A	灵活配置型基金	128	104	1.786 9
安信	31	安信鑫发优选	灵活配置型基金	128	111	3.995 4
安信	31	安信永利信用 A	中长期纯债型基金	232	60	2.045 7
安信	31	安信永利信用 C	中长期纯债型基金	232	66	0.756 0
安信	31	安信目标收益 A	中长期纯债型基金	232	112	4.413 0
安信	31	安信目标收益 C	中长期纯债型基金	232	126	3.650 1
金鹰	32	金鹰中证 500	被动指数型基金	262	63	0.173 7
金鹰	32	金鹰中证 500B	被动指数型基金	262	203	0.024 7
金鹰	32	金鹰中证 500A	被动指数型基金	262	226	0.017 5
金鹰	32	金鹰货币 B	货币市场型基金	239	61	18.866 3
金鹰	32	金鹰货币 A	货币市场型基金	239	113	3.644 7
金鹰	32	金鹰红利价值	灵活配置型基金	128	33	0.955 9

基金公司	整体投资回报能力排名	基金名称	投资类型（二级分类）	样本基金数量	同类基金中排名	期间内规模(亿元)
金鹰	32	金鹰成分股优选	灵活配置型基金	128	105	8.824 4
金鹰	32	金鹰稳健成长	偏股混合型基金	428	23	2.380 2
金鹰	32	金鹰行业优势	偏股混合型基金	428	84	4.747 0
金鹰	32	金鹰主题优势	偏股混合型基金	428	85	5.334 7
金鹰	32	金鹰策略配置	偏股混合型基金	428	133	2.318 6
金鹰	32	金鹰中小盘精选	偏股混合型基金	428	152	12.421 3
金鹰	32	金鹰核心资源	偏股混合型基金	428	221	1.045 6
金鹰	32	金鹰元安保本	偏债混合型基金	54	43	1.990 3
金鹰	32	金鹰元丰保本	偏债混合型基金	54	46	4.978 0
金鹰	32	金鹰保本	偏债混合型基金	54	53	2.180 8
华安	33	华安沪深300B	被动指数型基金	262	16	0.132 8
华安	33	华安中证细分地产ETF	被动指数型基金	262	23	1.463 4
华安	33	华安上证龙头ETF	被动指数型基金	262	64	3.243 2
华安	33	华安上证龙头ETF联接	被动指数型基金	262	83	2.891 0
华安	33	华安上证180ETF	被动指数型基金	262	95	158.307 9
华安	33	华安深证300	被动指数型基金	262	96	1.142 5
华安	33	华安上证180ETF联接	被动指数型基金	262	97	6.184 1
华安	33	华安沪深300	被动指数型基金	262	171	0.098 9
华安	33	华安中证细分医药ETF	被动指数型基金	262	189	1.740 8
华安	33	华安沪深300A	被动指数型基金	262	230	0.127 2
华安	33	华安可转债A	混合债券型二级基金	195	21	2.069 0
华安	33	华安可转债B	混合债券型二级基金	195	24	3.869 6
华安	33	华安强化收益A	混合债券型二级基金	195	37	2.318 0
华安	33	华安强化收益B	混合债券型二级基金	195	40	1.203 3
华安	33	华安安心收益B	混合债券型二级基金	195	55	1.334 8
华安	33	华安安心收益A	混合债券型二级基金	195	64	2.044 3
华安	33	华安信用增强	混合债券型二级基金	195	83	7.546 0
华安	33	华安稳定收益A	混合债券型一级基金	155	34	12.923 6
华安	33	华安稳定收益B	混合债券型一级基金	155	36	2.176 7

（续表4）

基金公司	整体投资回报能力排名	基金名称	投资类型（二级分类）	样本基金数量	同类基金中排名	期间内规模（亿元）
华安	33	华安稳固收益	混合债券型一级基金	155	54	17.742 8
华安	33	华安日日鑫B	货币市场型基金	239	88	6.875 8
华安	33	华安现金富利B	货币市场型基金	239	131	211.028 4
华安	33	华安日日鑫A	货币市场型基金	239	138	3.459 5
华安	33	华安现金富利A	货币市场型基金	239	176	22.637 3
华安	33	华安月月鑫B	货币市场型基金	239	194	13.634 4
华安	33	华安月月鑫A	货币市场型基金	239	214	23.778 4
华安	33	华安季季鑫B	货币市场型基金	239	218	0.050 0
华安	33	华安季季鑫A	货币市场型基金	239	226	0.567 0
华安	33	华安月安鑫A	货币市场型基金	239	229	9.809 7
华安	33	华安月安鑫B	货币市场型基金	239	230	7.865 0
华安	33	华安动态灵活配置	灵活配置型基金	128	22	3.677 7
华安	33	华安逆向策略	偏股混合型基金	428	3	11.905 8
华安	33	华安行业轮动	偏股混合型基金	428	35	3.609 5
华安	33	华安科技动力	偏股混合型基金	428	74	3.856 2
华安	33	华安中小盘成长	偏股混合型基金	428	126	39.823 3
华安	33	华安生态优先	偏股混合型基金	428	149	5.694 0
华安	33	华安策略优选	偏股混合型基金	428	191	60.576 8
华安	33	华安宏利	偏股混合型基金	428	199	47.051 1
华安	33	华安核心优选	偏股混合型基金	428	229	1.548 9
华安	33	华安安信消费服务	偏股混合型基金	428	262	7.817 2
华安	33	华安升级主题	偏股混合型基金	428	285	5.193 9
华安	33	华安保本	偏债混合型基金	54	4	6.374 2
华安	33	华安宝利配置	平衡混合型基金	18	5	27.979 5
华安	33	华安创新	平衡混合型基金	18	12	40.132 9
华安	33	华安MSCI中国A股	增强指数型基金	36	18	39.225 5
华安	33	华安沪深300量化A	增强指数型基金	36	26	0.256 4
华安	33	华安沪深300量化C	增强指数型基金	36	27	1.188 0
华安	33	华安双债添利A	中长期纯债型基金	232	10	12.687 3

(续表4)

基金公司	整体投资回报能力排名	基金名称	投资类型（二级分类）	样本基金数量	同类基金中排名	期间内规模(亿元)
华安	33	华安双债添利C	中长期纯债型基金	232	11	4.351 7
华安	33	华安年年红	中长期纯债型基金	232	92	9.792 0
华安	33	华安信用四季红	中长期纯债型基金	232	154	23.331 4
华安	33	华安纯债A	中长期纯债型基金	232	212	1.883 9
华安	33	华安纯债C	中长期纯债型基金	232	214	5.338 6
中银	34	中银沪深300等权重	被动指数型基金	262	90	0.794 4
中银	34	中银上证国企ETF	被动指数型基金	262	117	0.431 8
中银	34	中银转债增强A	混合债券型二级基金	195	11	2.030 0
中银	34	中银转债增强B	混合债券型二级基金	195	12	2.212 1
中银	34	中银稳健添利	混合债券型二级基金	195	114	14.339 4
中银	34	中银稳健双利A	混合债券型二级基金	195	132	34.084 3
中银	34	中银稳健双利B	混合债券型二级基金	195	140	9.630 7
中银	34	中银信用增利	混合债券型一级基金	155	70	20.964 1
中银	34	中银稳健增利	混合债券型一级基金	155	82	14.888 3
中银	34	中银理财7天B	货币市场型基金	239	19	48.312 7
中银	34	中银理财21天B	货币市场型基金	239	30	62.992 9
中银	34	中银理财14天B	货币市场型基金	239	31	59.500 4
中银	34	中银理财60天B	货币市场型基金	239	47	39.234 8
中银	34	中银理财7天A	货币市场型基金	239	48	3.350 1
中银	34	中银理财30天B	货币市场型基金	239	60	80.151 2
中银	34	中银理财21天A	货币市场型基金	239	69	10.180 2
中银	34	中银理财14天A	货币市场型基金	239	75	4.462 3
中银	34	中银理财60天A	货币市场型基金	239	106	1.103 1
中银	34	中银理财30天A	货币市场型基金	239	118	0.802 1
中银	34	中银货币B	货币市场型基金	239	128	905.838 3
中银	34	中银货币A	货币市场型基金	239	173	15.337 9
中银	34	中银行业优选	灵活配置型基金	128	45	3.492 4
中银	34	中银价值精选	灵活配置型基金	128	64	6.926 6
中银	34	中银蓝筹精选	灵活配置型基金	128	102	7.930 2

(续表4)

基金公司	整体投资回报能力排名	基金名称	投资类型(二级分类)	样本基金数量	同类基金中排名	期间内规模(亿元)
中银	34	中银主题策略	偏股混合型基金	428	37	1.980 9
中银	34	中银动态策略	偏股混合型基金	428	92	10.217 4
中银	34	中银持续增长 A	偏股混合型基金	428	215	50.133 9
中银	34	中银中小盘成长	偏股混合型基金	428	250	0.942 1
中银	34	中银消费主题	偏股混合型基金	428	264	1.060 5
中银	34	中银收益 A	偏股混合型基金	428	287	36.183 1
中银	34	中银美丽中国	偏股混合型基金	428	343	2.671 5
中银	34	中银中国精选	偏股混合型基金	428	379	22.743 4
中银	34	中银保本	偏债混合型基金	54	14	46.935 5
中银	34	中银中证 100	增强指数型基金	36	29	6.012 5
中银	34	中银互利 B	中长期纯债型基金	232	9	11.232 0
中银	34	中银互利分级	中长期纯债型基金	232	33	22.931 2
中银	34	中银盛利纯债一年	中长期纯债型基金	232	64	30.236 9
中银	34	中银惠利纯债	中长期纯债型基金	232	122	28.477 7
中银	34	中银中高等级	中长期纯债型基金	232	138	32.288 2
中银	34	中银纯债 A	中长期纯债型基金	232	159	26.649 9
中银	34	中银纯债 C	中长期纯债型基金	232	175	18.691 9
中银	34	中银互利 A	中长期纯债型基金	232	226	11.703 4
天弘	35	天弘永利债券 B	混合债券型二级基金	195	148	12.889 0
天弘	35	天弘永利债券 A	混合债券型二级基金	195	152	6.189 3
天弘	35	天弘弘利	混合债券型二级基金	195	156	6.702 6
天弘	35	天弘债券型发起式 A	混合债券型二级基金	195	175	2.845 7
天弘	35	天弘债券型发起式 B	混合债券型二级基金	195	179	2.846 1
天弘	35	天弘余额宝	货币市场型基金	239	117	4 030.162 6
天弘	35	天弘现金 B	货币市场型基金	239	182	34.693 9
天弘	35	天弘现金 A	货币市场型基金	239	211	1.761 3
天弘	35	天弘精选	灵活配置型基金	128	78	19.887 8
天弘	35	天弘周期策略	偏股混合型基金	428	95	1.471 1
天弘	35	天弘永定成长	偏股混合型基金	428	182	1.175 5

基金公司	整体投资回报能力排名	基金名称	投资类型（二级分类）	样本基金数量	同类基金中排名	期间内规模（亿元）
天弘	35	天弘安康养老	偏债混合型基金	54	31	15.193 2
天弘	35	天弘同利分级 B	中长期纯债型基金	232	8	3.049 5
天弘	35	天弘同利分级	中长期纯债型基金	232	59	5.452 7
天弘	35	天弘稳利 A	中长期纯债型基金	232	106	4.804 6
天弘	35	天弘稳利 B	中长期纯债型基金	232	120	3.662 8
天弘	35	天弘同利分级 A	中长期纯债型基金	232	227	2.402 7
汇丰晋信	36	汇丰晋信恒生 A 股 A	被动指数型基金	262	161	0.525 4
汇丰晋信	36	汇丰晋信 2016	混合债券型二级基金	195	121	2.846 1
汇丰晋信	36	汇丰晋信平稳增利 A	混合债券型一级基金	155	131	1.304 2
汇丰晋信	36	汇丰晋信平稳增利 C	混合债券型一级基金	155	136	0.959 5
汇丰晋信	36	汇丰晋信货币 B	货币市场型基金	239	228	10.049 7
汇丰晋信	36	汇丰晋信货币 A	货币市场型基金	239	231	0.523 8
汇丰晋信	36	汇丰晋信动态策略	灵活配置型基金	128	19	10.797 1
汇丰晋信	36	汇丰晋信龙腾	偏股混合型基金	428	204	13.815 8
汇丰晋信	36	汇丰晋信 2026	偏股混合型基金	428	358	1.513 6
汇丰晋信	36	汇丰晋信大盘	普通股票型基金	27	2	12.483 6
汇丰晋信	36	汇丰晋信科技先锋	普通股票型基金	27	6	11.604 3
汇丰晋信	36	汇丰晋信低碳先锋	普通股票型基金	27	13	12.832 2
汇丰晋信	36	汇丰晋信中小盘	普通股票型基金	27	21	2.357 8
汇丰晋信	36	汇丰晋信消费红利	普通股票型基金	27	27	7.027 0
华夏	37	华夏上证金融地产 ETF	被动指数型基金	262	73	2.307 5
华夏	37	华夏中小板 ETF	被动指数型基金	262	82	27.523 5
华夏	37	华夏沪深 300ETF	被动指数型基金	262	84	184.148 1
华夏	37	华夏沪深 300ETF 联接	被动指数型基金	262	108	147.806 8
华夏	37	华夏上证 50ETF	被动指数型基金	262	148	256.820 8
华夏	37	华夏上证医药卫生 ETF	被动指数型基金	262	149	3.754 7
华夏	37	华夏上证主要消费 ETF	被动指数型基金	262	192	3.188 5
华夏	37	华夏上证原材料 ETF	被动指数型基金	262	200	0.835 4
华夏	37	华夏上证能源 ETF	被动指数型基金	262	246	0.907 5

(续表4)

基金公司	整体投资回报能力排名	基金名称	投资类型（二级分类）	样本基金数量	同类基金中排名	期间内规模(亿元)
华夏	37	华夏亚债中国 A	被动指数型债券基金	24	5	24.541 4
华夏	37	华夏亚债中国 C	被动指数型债券基金	24	9	0.372 2
华夏	37	华夏安康信用优选 A	混合债券型二级基金	195	99	10.563 8
华夏	37	华夏安康信用优选 C	混合债券型二级基金	195	107	5.327 8
华夏	37	华夏希望债券 A	混合债券型二级基金	195	139	17.714 1
华夏	37	华夏希望债券 C	混合债券型二级基金	195	143	10.336 4
华夏	37	华夏双债增强 A	混合债券型一级基金	155	47	5.731 4
华夏	37	华夏双债增强 C	混合债券型一级基金	155	50	1.397 5
华夏	37	中信稳定双利债券	混合债券型一级基金	155	80	11.118 0
华夏	37	华夏债券 AB	混合债券型一级基金	155	124	13.514 3
华夏	37	华夏债券 C	混合债券型一级基金	155	127	21.465 3
华夏	37	华夏聚利	混合债券型一级基金	155	135	48.256 3
华夏	37	华夏财富宝	货币市场型基金	239	55	278.035 8
华夏	37	华夏理财 30 天 A	货币市场型基金	239	77	8.933 3
华夏	37	华夏货币 B	货币市场型基金	239	78	135.914 5
华夏	37	华夏现金增利 A	货币市场型基金	239	85	660.420 5
华夏	37	华夏现金增利 E	货币市场型基金	239	86	660.420 5
华夏	37	华夏理财 30 天 B	货币市场型基金	239	120	0.561 8
华夏	37	华夏货币 A	货币市场型基金	239	129	20.994 2
华夏	37	华夏保证金 B	货币市场型基金	239	177	5.079 9
华夏	37	华夏理财 21 天 A	货币市场型基金	239	188	1.383 6
华夏	37	华夏保证金 A	货币市场型基金	239	222	3.589 6
华夏	37	华夏理财 21 天 B	货币市场型基金	239	237	0.296 4
华夏	37	华夏兴华	灵活配置型基金	128	84	17.791 2
华夏	37	华夏平稳增长	灵活配置型基金	128	92	33.616 4
华夏	37	华夏策略精选	灵活配置型基金	128	94	10.531 1
华夏	37	华夏行业精选	偏股混合型基金	428	177	52.779 0
华夏	37	华夏红利	偏股混合型基金	428	180	152.150 0
华夏	37	华夏收入	偏股混合型基金	428	181	32.723 3

基金公司	整体投资回报能力排名	基金名称	投资类型（二级分类）	样本基金数量	同类基金中排名	期间内规模(亿元)
华夏	37	华夏蓝筹核心	偏股混合型基金	428	275	66.877 2
华夏	37	华夏盛世精选	偏股混合型基金	428	302	41.247 7
华夏	37	华夏优势增长	偏股混合型基金	428	316	110.620 7
华夏	37	华夏复兴	偏股混合型基金	428	335	34.766 2
华夏	37	华夏成长	偏股混合型基金	428	374	74.989 4
华夏	37	华夏大盘精选	偏股混合型基金	428	396	25.396 1
华夏	37	华夏经典配置	偏股混合型基金	428	408	16.742 7
华夏	37	华夏永福养老理财 A	偏债混合型基金	54	20	14.014 9
华夏	37	华夏回报 2 号	平衡混合型基金	18	14	61.181 4
华夏	37	华夏回报	平衡混合型基金	18	16	100.898 5
华夏	37	华夏纯债 A	中长期纯债型基金	232	162	44.109 5
华夏	37	华夏纯债 C	中长期纯债型基金	232	177	10.136 8
长城	38	长城久兆中小板 300	被动指数型基金	262	88	0.315 9
长城	38	长城中小 300B	被动指数型基金	262	204	0.152 3
长城	38	长城中小 300A	被动指数型基金	262	252	0.097 6
长城	38	长城稳健增利	混合债券二级基金	195	158	6.101 5
长城	38	长城积极增利 A	混合债券型一级基金	155	49	15.120 8
长城	38	长城积极增利 C	混合债券型一级基金	155	53	6.277 2
长城	38	长城货币 B	货币市场型基金	239	40	105.724 5
长城	38	长城货币 A	货币市场型基金	239	80	37.176 8
长城	38	长城景气行业龙头	灵活配置型基金	128	91	1.432 6
长城	38	长城安心回报	灵活配置型基金	128	98	52.645 1
长城	38	长城久恒	灵活配置型基金	128	123	5.575 2
长城	38	长城双动力	偏股混合型基金	428	48	8.211 5
长城	38	长城优化升级	偏股混合型基金	428	226	1.573 4
长城	38	长城品牌优选	偏股混合型基金	428	271	71.008 9
长城	38	长城久富	偏股混合型基金	428	340	18.462 7
长城	38	长城消费增值	偏股混合型基金	428	397	23.517 4
长城	38	长城中小盘成长	偏股混合型基金	428	400	1.984 9

（续表4）

基金公司	整体投资回报能力排名	基金名称	投资类型（二级分类）	样本基金数量	同类基金中排名	期间内规模(亿元)
长城	38	长城久利保本	偏债混合型基金	54	1	10.237 0
长城	38	长城保本	偏债混合型基金	54	13	14.077 6
长城	38	基金久嘉	普通股票型基金	27	15	23.270 0
长城	38	长城久泰沪深300	增强指数型基金	36	25	13.331 6
长城	38	长城增强收益A	中长期纯债型基金	232	77	6.714 6
长城	38	长城增强收益C	中长期纯债型基金	232	88	2.322 0
光大保德信	39	光大添益A	混合债券型二级基金	195	142	2.754 9
光大保德信	39	光大添益C	混合债券型二级基金	195	145	0.765 9
光大保德信	39	光大收益A	混合债券型一级基金	155	111	3.311 4
光大保德信	39	光大收益C	混合债券型一级基金	155	116	0.283 4
光大保德信	39	光大添天盈B	货币市场型基金	239	135	2.704 0
光大保德信	39	光大现金宝B	货币市场型基金	239	141	109.583 3
光大保德信	39	光大货币	货币市场型基金	239	167	131.191 7
光大保德信	39	光大添天盈A	货币市场型基金	239	179	0.340 6
光大保德信	39	光大现金宝A	货币市场型基金	239	184	0.909 6
光大保德信	39	光大添盛理财B	货币市场型基金	239	235	0.166 2
光大保德信	39	光大添盛理财A	货币市场型基金	239	236	0.508 3
光大保德信	39	光大动态优选	灵活配置基金	128	57	9.342 5
光大保德信	39	光大红利	偏股混合型基金	428	130	26.705 2
光大保德信	39	光大优势	偏股混合型基金	428	146	69.732 0
光大保德信	39	光大行业轮动	偏股混合型基金	428	163	0.560 5
光大保德信	39	光大中小盘	偏股混合型基金	428	169	5.359 7
光大保德信	39	光大精选	偏股混合型基金	428	254	1.483 5
光大保德信	39	光大新增长	偏股混合型基金	428	276	6.007 2
光大保德信	39	光大核心	普通股票型基金	27	11	64.742 6
招商	40	招商中证大宗商品B	被动指数型基金	262	5	1.072 3
招商	40	招商沪深300高贝塔B	被动指数型基金	262	36	0.131 9
招商	40	招商深证TMT50ETF	被动指数型基金	262	76	1.127 0
招商	40	招商深证TMT50ETF联接	被动指数型基金	262	116	1.075 7

基金公司	整体投资回报能力排名	基金名称	投资类型（二级分类）	样本基金数量	同类基金中排名	期间内规模(亿元)
招商	40	招商深证100	被动指数型基金	262	162	0.790 4
招商	40	招商上证消费80ETF	被动指数型基金	262	166	6.097 4
招商	40	招商沪深300高贝塔	被动指数型基金	262	172	0.341 4
招商	40	招商中证大宗商品	被动指数型基金	262	173	0.309 6
招商	40	招商上证消费80ETF联接	被动指数型基金	262	174	6.080 9
招商	40	招商央视财经50	被动指数型基金	262	194	1.309 2
招商	40	招商中证大宗商品A	被动指数型基金	262	231	1.449 9
招商	40	招商沪深300高贝塔A	被动指数型基金	262	239	0.157 9
招商	40	招商安瑞进取	混合债券型二级基金	195	23	4.902 4
招商	40	招商安本增利	混合债券型二级基金	195	45	8.255 8
招商	40	招商信用增强	混合债券型二级基金	195	131	10.741 1
招商	40	招商信用添利	混合债券型一级基金	155	41	17.310 1
招商	40	招商产业A	混合债券型一级基金	155	45	17.763 6
招商	40	招商安心收益	混合债券型一级基金	155	57	4.748 8
招商	40	招商理财7天B	货币市场型基金	239	94	1.715 2
招商	40	招商现金增值B	货币市场型基金	239	107	390.368 8
招商	40	招商理财7天A	货币市场型基金	239	153	3.155 7
招商	40	招商现金增值A	货币市场型基金	239	158	135.600 4
招商	40	招商保证金快线B	货币市场型基金	239	174	18.833 1
招商	40	招商保证金快线A	货币市场型基金	239	217	16.633 7
招商	40	招商优势企业	灵活配置型基金	128	47	0.705 8
招商	40	招商瑞丰A	灵活配置型基金	128	112	5.635 5
招商	40	招商安泰	偏股混合型基金	428	64	6.003 7
招商	40	招商大盘蓝筹	偏股混合型基金	428	104	6.358 2
招商	40	招商行业领先	偏股混合型基金	428	143	6.946 9
招商	40	招商中小盘精选	偏股混合型基金	428	203	3.179 1
招商	40	招商优质成长	偏股混合型基金	428	305	22.962 5
招商	40	招商先锋	偏股混合型基金	428	319	30.753 3
招商	40	招商核心价值	偏股混合型基金	428	339	24.876 4

基金公司	整体投资回报能力排名	基金名称	投资类型（二级分类）	样本基金数量	同类基金中排名	期间内规模（亿元）
招商	40	招商安泰平衡	偏债混合型基金	54	12	0.959 7
招商	40	招商安润保本	偏债混合型基金	54	15	25.133 4
招商	40	招商安盈保本	偏债混合型基金	54	30	34.458 5
招商	40	招商安达保本	偏债混合型基金	54	32	10.068 7
招商	40	招商安泰债券 A	中长期纯债型基金	232	93	16.939 2
招商	40	招商安泰债券 B	中长期纯债型基金	232	111	13.292 4
嘉实	41	嘉实中创 400ETF	被动指数型基金	262	18	1.317 1
嘉实	41	嘉实中证 500ETF	被动指数型基金	262	25	5.571 1
嘉实	41	嘉实基本面 50	被动指数型基金	262	30	10.505 0
嘉实	41	嘉实深证基本面 120ETF	被动指数型基金	262	33	1.622 0
嘉实	41	嘉实中创 400ETF 联接	被动指数型基金	262	35	1.308 0
嘉实	41	嘉实中证 500ETF 联接	被动指数型基金	262	48	2.407 3
嘉实	41	嘉实深证基本面 120ETF 联接	被动指数型基金	262	53	1.464 1
嘉实	41	嘉实沪深 300ETF	被动指数型基金	262	94	242.777 8
嘉实	41	嘉实沪深 300ETF 联接	被动指数型基金	262	123	212.120 1
嘉实	41	嘉实中证中期企业债 C	被动指数型债券基金	24	3	0.832 2
嘉实	41	嘉实中证中期企业债 A	被动指数型债券基金	24	8	5.485 0
嘉实	41	嘉实中证中期国债 ETF	被动指数型债券基金	24	16	4.913 6
嘉实	41	嘉实中期国债 ETF 联接 A	被动指数型债券基金	24	18	2.091 8
嘉实	41	嘉实中期国债 ETF 联接 C	被动指数型债券基金	24	19	0.274 5
嘉实	41	嘉实多利进取	混合债券型二级基金	195	1	0.106 0
嘉实	41	嘉实多元收益 A	混合债券型二级基金	195	127	2.456 9
嘉实	41	嘉实稳固收益	混合债券型二级基金	195	134	13.945 7
嘉实	41	嘉实多元收益 B	混合债券型二级基金	195	136	2.454 5
嘉实	41	嘉实多利分级	混合债券型二级基金	195	138	1.458 1
嘉实	41	嘉实多利优先	混合债券型二级基金	195	190	0.724 6
嘉实	41	嘉实信用 A	混合债券型一级基金	155	77	8.288 6
嘉实	41	嘉实信用 C	混合债券型一级基金	155	83	4.225 2
嘉实	41	嘉实债券	混合债券型一级基金	155	118	6.265 0

（续表4）

基金公司	整体投资回报能力排名	基金名称	投资类型（二级分类）	样本基金数量	同类基金中排名	期间内规模（亿元）
嘉实	41	嘉实理财宝7天B	货币市场型基金	239	1	0.676 1
嘉实	41	嘉实理财宝7天A	货币市场型基金	239	2	1.542 4
嘉实	41	嘉实货币B	货币市场型基金	239	27	222.443 1
嘉实	41	嘉实活期宝	货币市场型基金	239	36	78.905 7
嘉实	41	嘉实货币A	货币市场型基金	239	64	297.660 5
嘉实	41	嘉实保证金理财B	货币市场型基金	239	70	17.439 3
嘉实	41	嘉实保证金理财A	货币市场型基金	239	187	19.002 0
嘉实	41	嘉实安心货币B	货币市场型基金	239	216	33.204 2
嘉实	41	嘉实安心货币A	货币市场型基金	239	223	0.745 6
嘉实	41	嘉实1个月理财E	货币市场型基金	239	238	30.008 2
嘉实	41	嘉实1个月理财A	货币市场型基金	239	239	30.008 2
嘉实	41	嘉实回报灵活配置	灵活配置型基金	128	100	9.412 6
嘉实	41	嘉实优化红利	偏股混合型基金	428	55	2.500 7
嘉实	41	嘉实领先成长	偏股混合型基金	428	72	15.418 7
嘉实	41	嘉实成长收益	偏股混合型基金	428	128	52.490 1
嘉实	41	嘉实量化阿尔法	偏股混合型基金	428	144	4.545 1
嘉实	41	嘉实增长	偏股混合型基金	428	153	32.336 4
嘉实	41	嘉实研究精选	偏股混合型基金	428	157	80.031 2
嘉实	41	嘉实周期优选	偏股混合型基金	428	165	20.846 0
嘉实	41	嘉实策略增长	偏股混合型基金	428	194	69.593 6
嘉实	41	嘉实优质企业	偏股混合型基金	428	200	44.356 0
嘉实	41	嘉实主题新动力	偏股混合型基金	428	219	19.292 5
嘉实	41	嘉实主题精选	偏股混合型基金	428	237	62.341 8
嘉实	41	嘉实服务增值行业	偏股混合型基金	428	292	49.022 3
嘉实	41	嘉实价值优势	偏股混合型基金	428	359	16.741 5
嘉实	41	嘉实稳健	偏股混合型基金	428	368	67.383 8
嘉实	41	嘉实研究阿尔法	普通股票型基金	27	7	2.645 4
嘉实	41	基金丰和	普通股票型基金	27	23	37.212 0
嘉实	41	嘉实如意宝AB	中长期纯债型基金	232	124	6.347 0

基金公司	整体投资回报能力排名	基金名称	投资类型（二级分类）	样本基金数量	同类基金中排名	期间内规模（亿元）
嘉实	41	嘉实增强收益定期A	中长期纯债型基金	232	131	4.387 3
嘉实	41	嘉实如意宝C	中长期纯债型基金	232	136	2.868 4
嘉实	41	嘉实丰益信用A	中长期纯债型基金	232	146	3.683 6
嘉实	41	嘉实丰益策略	中长期纯债型基金	232	161	3.775 2
嘉实	41	嘉实丰益纯债	中长期纯债型基金	232	164	15.692 8
嘉实	41	嘉实增强信用	中长期纯债型基金	232	174	15.143 6
嘉实	41	嘉实纯债C	中长期纯债型基金	232	209	0.655 1
嘉实	41	嘉实纯债A	中长期纯债型基金	232	210	44.140 8
东方	42	东方强化收益	混合债券型二级基金	195	129	1.675 7
东方	42	东方稳健回报	混合债券型一级基金	155	113	7.406 7
东方	42	东方金账簿货币A	货币市场型基金	239	125	9.030 4
东方	42	东方龙混合	灵活配置型基金	128	20	13.053 6
东方	42	东方增长中小盘	灵活配置型基金	128	66	0.626 6
东方	42	东方利群	灵活配置型基金	128	122	10.845 4
东方	42	东方策略成长	偏股混合型基金	428	50	3.704 4
东方	42	东方核心动力	偏股混合型基金	428	141	0.979 5
东方	42	东方精选	偏股混合型基金	428	168	44.135 1
东方	42	东方安心收益保本	偏债混合型基金	54	41	7.810 7
东方	42	东方保本	偏债混合型基金	54	47	7.953 6
建信	43	建信央视财经50B	被动指数型基金	262	37	2.602 1
建信	43	建信深证基本面60ETF	被动指数型基金	262	43	1.642 1
建信	43	建信深证基本面60ETF联接	被动指数型基金	262	54	1.655 1
建信	43	建信上证社会责任ETF	被动指数型基金	262	79	2.291 5
建信	43	建信上证社会责任ETF联接	被动指数型基金	262	99	2.370 3
建信	43	建信沪深300	被动指数型基金	262	139	12.792 0
建信	43	建信央视财经50	被动指数型基金	262	185	1.574 5
建信	43	建信央视财经50A	被动指数型基金	262	219	2.084 4
建信	43	建信转债增强A	混合债券型二级基金	195	2	0.973 4
建信	43	建信转债增强C	混合债券型二级基金	195	3	1.651 2

(续表 4)

基金公司	整体投资回报能力排名	基金名称	投资类型（二级分类）	样本基金数量	同类基金中排名	期间内规模(亿元)
建信	43	建信双息红利 A	混合债券型二级基金	195	34	28.679 7
建信	43	建信收益增强 A	混合债券型二级基金	195	47	8.520 1
建信	43	建信收益增强 C	混合债券型二级基金	195	53	3.835 0
建信	43	建信稳定添利 A	混合债券型二级基金	195	73	4.453 8
建信	43	建信稳定增利 C	混合债券型一级基金	155	35	30.053 5
建信	43	建信信用增强 A	混合债券型一级基金	155	58	7.904 0
建信	43	建信双债增强 A	混合债券型一级基金	155	103	6.461 0
建信	43	建信双债增强 C	混合债券型一级基金	155	110	3.855 5
建信	43	建信安心回报两年 A	混合债券型一级基金	155	130	1.648 5
建信	43	建信安心回报两年 C	混合债券型一级基金	155	134	1.662 3
建信	43	建信月盈安心理财 B	货币市场型基金	239	15	10.943 5
建信	43	建信双月安心 B	货币市场型基金	239	17	2.738 9
建信	43	建信双周安心理财 B	货币市场型基金	239	22	20.812 3
建信	43	建信月盈安心理财 A	货币市场型基金	239	34	7.693 1
建信	43	建信双月安心 A	货币市场型基金	239	42	4.471 7
建信	43	建信双周安心理财 A	货币市场型基金	239	62	11.204 4
建信	43	建信周盈安心理财 B	货币市场型基金	239	83	41.934 0
建信	43	建信周盈安心理财 A	货币市场型基金	239	143	15.535 1
建信	43	建信货币	货币市场型基金	239	168	507.723 7
建信	43	建信恒稳价值	灵活配置型基金	128	70	0.529 2
建信	43	建信消费升级	灵活配置型基金	128	75	3.446 9
建信	43	建信优化配置	灵活配置型基金	128	77	47.279 6
建信	43	建信创新中国	偏股混合型基金	428	54	4.662 0
建信	43	建信优选成长	偏股混合型基金	428	100	22.293 7
建信	43	建信核心精选	偏股混合型基金	428	154	13.888 5
建信	43	建信社会责任	偏股混合型基金	428	206	0.443 3
建信	43	建信恒久价值	偏股混合型基金	428	233	17.883 7
建信	43	建信内生动力	偏股混合型基金	428	284	14.301 6
建信	43	建信优势动力	偏股混合型基金	428	309	13.541 0

（续表4）

基金公司	整体投资回报能力排名	基金名称	投资类型（二级分类）	样本基金数量	同类基金中排名	期间内规模（亿元）
建信	43	建信安心保本	偏债混合型基金	54	11	7.731 3
建信	43	建信进取	普通股票型基金	27	9	0.049 3
建信	43	建信双利策略主题	普通股票型基金	27	19	4.510 3
建信	43	建信稳健	普通股票型基金	27	25	0.028 0
建信	43	建信深证100	增强指数型基金	36	9	2.142 1
建信	43	建信纯债A	中长期纯债型基金	232	145	6.534 1
建信	43	建信纯债C	中长期纯债型基金	232	151	7.190 9
建信	43	建信安心回报A	中长期纯债型基金	232	201	13.040 6
建信	43	建信安心回报C	中长期纯债型基金	232	208	12.530 5
万家	44	万家中证红利	被动指数型基金	262	24	3.057 9
万家	44	万家上证380ETF	被动指数型基金	262	56	0.745 5
万家	44	万家上证180	被动指数型基金	262	146	24.908 1
万家	44	万家中证创业成长	被动指数型基金	262	196	0.193 5
万家	44	万家中证创业成长A	被动指数型基金	262	228	0.047 8
万家	44	万家中证创业成长B	被动指数型基金	262	261	0.070 6
万家	44	万家增强收益	混合债券型二级基金	195	122	11.282 0
万家	44	万家稳健增利A	混合债券型一级基金	155	72	10.804 7
万家	44	万家稳健增利C	混合债券型一级基金	155	76	0.581 6
万家	44	万家货币R	货币市场型基金	239	127	0.386 1
万家	44	万家货币B	货币市场型基金	239	130	73.022 8
万家	44	万家货币A	货币市场型基金	239	175	21.871 5
万家	44	万家日日薪A	货币市场型基金	239	221	0.822 6
万家	44	万家双引擎	灵活配置型基金	128	90	5.310 7
万家	44	万家行业优选	偏股混合型基金	428	197	6.286 8
万家	44	万家精选	偏股混合型基金	428	209	4.162 5
万家	44	万家和谐增长	偏股混合型基金	428	247	16.825 9
万家	44	万家强化收益	中长期纯债型基金	232	72	2.570 6
万家	44	万家信用恒利A	中长期纯债型基金	232	144	2.729 2
万家	44	万家信用恒利C	中长期纯债型基金	232	155	1.334 8

基金公司	整体投资回报能力排名	基金名称	投资类型（二级分类）	样本基金数量	同类基金中排名	期间内规模(亿元)
诺德	45	诺德深证300分级	被动指数型基金	262	111	0.345 9
诺德	45	诺德深证300B	被动指数型基金	262	209	0.032 0
诺德	45	诺德深证300A	被动指数型基金	262	248	0.022 6
诺德	45	诺德增强收益	混合债券型二级基金	195	189	1.195 3
诺德	45	诺德主题灵活配置	灵活配置型基金	128	38	0.470 8
诺德	45	诺德成长优势	偏股混合型基金	428	62	0.587 6
诺德	45	诺德周期策略	偏股混合型基金	428	69	0.921 4
诺德	45	诺德中小盘	偏股混合型基金	428	91	1.173 9
诺德	45	诺德优选30	偏股混合型基金	428	218	2.444 2
诺德	45	诺德价值优势	偏股混合型基金	428	236	15.735 8
大成	46	大成中证红利	被动指数型基金	262	28	1.417 7
大成	46	大成中证500深市ETF	被动指数型基金	262	29	0.472 2
大成	46	大成中证500沪市ETF	被动指数型基金	262	38	0.569 1
大成	46	大成沪深300	被动指数型基金	262	126	33.192 2
大成	46	大成中证100ETF	被动指数型基金	262	144	0.761 1
大成	46	大成深证成长40ETF	被动指数型基金	262	175	6.578 7
大成	46	大成深证成长40ETF联接	被动指数型基金	262	183	6.765 5
大成	46	大成景丰	混合债券型二级基金	195	29	14.888 5
大成	46	大成可转债	混合债券型二级基金	195	50	0.580 6
大成	46	大成强化收益A	混合债券型二级基金	195	104	12.839 7
大成	46	大成强化收益B	混合债券型二级基金	195	105	12.839 7
大成	46	大成景祥B	混合债券型一级基金	155	1	7.252 1
大成	46	大成债券AB	混合债券型一级基金	155	20	3.038 4
大成	46	大成债券C	混合债券型一级基金	155	24	1.674 9
大成	46	大成景兴信用债A	混合债券型一级基金	155	29	1.067 3
大成	46	大成景兴信用债C	混合债券型一级基金	155	31	0.097 4
大成	46	大成景祥分级	混合债券型一级基金	155	38	16.684 8
大成	46	大成景祥A	混合债券型一级基金	155	145	9.352 1
大成	46	大成月月盈B	货币市场型基金	239	3	0.663 9

（续表4）

基金公司	整体投资回报能力排名	基金名称	投资类型（二级分类）	样本基金数量	同类基金中排名	期间内规模（亿元）
大成	46	大成月月盈 A	货币市场型基金	239	6	0.470 8
大成	46	大成月添利理财 B	货币市场型基金	239	9	9.049 7
大成	46	大成月添利理财 A	货币市场型基金	239	20	15.112 3
大成	46	大成现金增利 B	货币市场型基金	239	82	23.493 0
大成	46	大成现金宝 B	货币市场型基金	239	115	14.308 0
大成	46	大成现金增利 A	货币市场型基金	239	133	34.489 5
大成	46	大成货币 B	货币市场型基金	239	156	364.624 9
大成	46	大成货币 A	货币市场型基金	239	196	27.067 7
大成	46	大成现金宝 A	货币市场型基金	239	210	11.610 0
大成	46	大成内需增长	偏股混合型基金	428	30	5.398 3
大成	46	大成积极成长	偏股混合型基金	428	86	15.977 9
大成	46	大成优选	偏股混合型基金	428	97	12.710 2
大成	46	大成策略回报	偏股混合型基金	428	192	6.771 9
大成	46	大成核心双动力	偏股混合型基金	428	211	1.014 8
大成	46	大成行业轮动	偏股混合型基金	428	224	2.221 7
大成	46	大成消费主题	偏股混合型基金	428	277	0.653 7
大成	46	大成景阳领先	偏股混合型基金	428	301	16.723 4
大成	46	大成创新成长	偏股混合型基金	428	307	49.478 2
大成	46	大成新锐产业	偏股混合型基金	428	312	1.291 6
大成	46	大成精选增值	偏股混合型基金	428	369	16.213 5
大成	46	大成蓝筹稳健	偏股混合型基金	428	395	62.692 6
大成	46	大成景恒保本	偏债混合型基金	54	28	7.787 3
大成	46	大成财富管理2020	偏债混合型基金	54	39	48.726 5
大成	46	大成价值增长	平衡混合型基金	18	3	50.235 3
大成	46	大成景旭纯债 A	中长期纯债型基金	232	105	2.204 3
大成	46	大成景旭纯债 C	中长期纯债型基金	232	116	2.211 4
国联安	47	国联安双禧 B 中证100	被动指数型基金	262	27	6.698 9
国联安	47	国联安中证医药100	被动指数型基金	262	72	2.683 6
国联安	47	国联安双禧中证100	被动指数型基金	262	170	0.855 9

基金公司	整体投资回报能力排名	基金名称	投资类型（二级分类）	样本基金数量	同类基金中排名	期间内规模(亿元)
国联安	47	国联安上证商品 ETF	被动指数型基金	262	206	2.553 2
国联安	47	国联安上证商品 ETF 联接	被动指数型基金	262	207	1.900 4
国联安	47	国联安双禧 A 中证 100	被动指数型基金	262	245	5.297 0
国联安	47	国联安信心增长 A	混合债券型二级基金	195	182	8.412 8
国联安	47	国联安信心增长 B	混合债券型二级基金	195	185	2.463 7
国联安	47	国联安增利债券 A	混合债券型一级基金	155	89	15.185 8
国联安	47	国联安增利债券 B	混合债券型一级基金	155	93	1.381 6
国联安	47	国联安信心增益	混合债券型一级基金	155	96	4.876 9
国联安	47	国联安货币 B	货币市场型基金	239	195	70.065 3
国联安	47	国联安货币 A	货币市场型基金	239	215	1.921 0
国联安	47	国联安中证股债动态	灵活配置型基金	128	128	0.668 8
国联安	47	国联安红利	偏股混合型基金	428	75	1.277 1
国联安	47	国联安小盘精选	偏股混合型基金	428	76	18.889 9
国联安	47	国联安优选行业	偏股混合型基金	428	113	22.080 3
国联安	47	国联安精选	偏股混合型基金	428	160	26.866 1
国联安	47	国联安主题驱动	偏股混合型基金	428	189	3.638 0
国联安	47	国联安优势	偏股混合型基金	428	246	6.400 2
国联安	47	国联安稳健	偏债混合型基金	54	3	1.578 4
国联安	47	国联安安心成长	偏债混合型基金	54	25	17.780 5
国联安	47	国联安保本	偏债混合型基金	54	42	1.548 0
国投瑞银	48	国投瑞银沪深 300 金融地产 ETF	被动指数型基金	262	50	10.177 1
国投瑞银	48	国投瑞银沪深 300 金融地产 ETF 联接	被动指数型基金	262	65	8.627 1
国投瑞银	48	国投瑞银瑞和远见	被动指数型基金	262	112	0.556 2
国投瑞银	48	国投瑞银中证下游	被动指数型基金	262	130	1.621 6
国投瑞银	48	国投瑞银瑞和 300	被动指数型基金	262	133	1.081 0
国投瑞银	48	国投瑞银瑞和小康	被动指数型基金	262	158	0.570 7
国投瑞银	48	国投瑞银中证上游	被动指数型基金	262	218	1.479 2
国投瑞银	48	国投瑞银优化增强 AB	混合债券型二级基金	195	42	12.248 4

(续表4)

基金公司	整体投资回报能力排名	基金名称	投资类型(二级分类)	样本基金数量	同类基金中排名	期间内规模(亿元)
国投瑞银	48	国投瑞银优化增强 C	混合债券型二级基金	195	43	8.327 0
国投瑞银	48	国投瑞银双债增利 A	混合债券型一级基金	155	30	7.715 1
国投瑞银	48	国投瑞银稳定增利	混合债券型一级基金	155	37	17.249 1
国投瑞银	48	国投瑞银货币 B	货币市场型基金	239	150	140.591 1
国投瑞银	48	国投瑞银货币 A	货币市场型基金	239	192	5.693 3
国投瑞银	48	国投瑞银策略精选	灵活配置型基金	128	24	4.717 8
国投瑞银	48	国投瑞银新兴产业	灵活配置型基金	128	35	0.802 4
国投瑞银	48	国投瑞银稳健增长	灵活配置型基金	128	68	12.133 6
国投瑞银	48	国投瑞银成长优选	偏股混合型基金	428	243	9.477 9
国投瑞银	48	国投瑞银创新动力	偏股混合型基金	428	336	19.070 3
国投瑞银	48	国投瑞银核心企业	偏股混合型基金	428	344	31.409 7
国投瑞银	48	国投瑞银融华债券	偏债混合型基金	54	19	5.032 9
国投瑞银	48	国投瑞银景气行业	平衡混合型基金	18	11	17.379 0
国投瑞银	48	国投瑞银中高等级 A	中长期纯债型基金	232	62	6.495 7
国投瑞银	48	国投瑞银中高等级 C	中长期纯债型基金	232	70	1.379 2
国投瑞银	48	国投瑞银岁添利 A	中长期纯债型基金	232	123	6.190 9
国投瑞银	48	国投瑞银岁添利 C	中长期纯债型基金	232	130	1.000 3
国投瑞银	48	国投瑞银纯债 B	中长期纯债型基金	232	176	3.290 4
国投瑞银	48	国投瑞银纯债 A	中长期纯债型基金	232	184	0.352 2
融通	49	融通深证100	被动指数型基金	262	137	95.492 9
融通	49	融通深证成指	被动指数型基金	262	180	4.119 8
融通	49	融通通福 B	混合债券型一级基金	155	12	2.008 0
融通	49	融通通福分级	混合债券型一级基金	155	56	3.935 7
融通	49	融通四季添利	混合债券型一级基金	155	107	6.658 3
融通	49	融通通福 A	混合债券型一级基金	155	146	1.928 9
融通	49	融通易支付货币 B	货币市场型基金	239	108	226.150 2
融通	49	融通易支付货币 A	货币市场型基金	239	160	7.171 1
融通	49	融通七天理财 A	货币市场型基金	239	233	0.232 0
融通	49	融通七天理财 B	货币市场型基金	239	234	1.099 1

（续表4）

基金公司	整体投资回报能力排名	基金名称	投资类型（二级分类）	样本基金数量	同类基金中排名	期间内规模(亿元)
融通	49	融通通泽	灵活配置型基金	128	126	16.130 2
融通	49	融通动力先锋	偏股混合型基金	428	252	17.254 2
融通	49	融通领先成长	偏股混合型基金	428	263	49.504 5
融通	49	融通内需驱动	偏股混合型基金	428	281	5.330 0
融通	49	融通新蓝筹	偏股混合型基金	428	299	67.244 5
融通	49	融通行业景气	偏股混合型基金	428	333	19.938 6
融通	49	融通医疗保健行业	偏股混合型基金	428	364	20.858 3
融通	49	融通通泰保本 A	偏债混合型基金	54	50	3.068 7
融通	49	融通蓝筹成长	平衡混合型基金	18	7	13.011 4
融通	49	基金通乾	普通股票型基金	27	12	28.107 0
融通	49	融通创业板	增强指数型基金	36	8	2.103 8
融通	49	融通巨潮 100	增强指数型基金	36	30	13.028 5
融通	49	融通岁岁添利 A	中长期纯债型基金	232	45	2.136 7
融通	49	融通岁岁添利 B	中长期纯债型基金	232	54	1.195 6
融通	49	融通债券 AB	中长期纯债型基金	232	118	5.570 5
融通	49	融通债券 C	中长期纯债型基金	232	133	9.425 7
博时	50	博时深证基本面 200ETF	被动指数型基金	262	32	0.846 0
博时	50	博时深证基本面 200ETF 联接	被动指数型基金	262	42	0.664 7
博时	50	博时超大盘 ETF	被动指数型基金	262	177	4.894 7
博时	50	博时超大盘 ETF 联接	被动指数型基金	262	186	4.088 2
博时	50	博时自然资源 ETF	被动指数型基金	262	214	1.326 1
博时	50	博时自然资源 ETF 联接	被动指数型基金	262	217	0.435 6
博时	50	博时上证企债 30ETF	被动指数型债券基金	24	13	8.971 3
博时	50	博时信用债券 B	混合债券型二级基金	195	8	7.634 2
博时	50	博时信用债券 A	混合债券型二级基金	195	9	7.634 2
博时	50	博时信用债券 C	混合债券型二级基金	195	10	4.314 4
博时	50	博时转债 C	混合债券型二级基金	195	14	3.221 9
博时	50	博时转债 A	混合债券型二级基金	195	15	3.524 1
博时	50	博时天颐 A	混合债券型二级基金	195	63	0.576 4

(续表4)

基金公司	整体投资回报能力排名	基金名称	投资类型（二级分类）	样本基金数量	同类基金中排名	期间内规模(亿元)
博时	50	博时天颐 C	混合债券型二级基金	195	72	0.751 8
博时	50	博时宏观回报 C	混合债券型二级基金	195	86	0.369 2
博时	50	博时宏观回报 AB	混合债券型二级基金	195	88	0.406 6
博时	50	博时稳定价值 A	混合债券型一级基金	155	7	1.914 5
博时	50	博时稳定价值 B	混合债券型一级基金	155	8	3.397 0
博时	50	博时现金收益 A	货币市场型基金	239	146	162.814 0
博时	50	博时裕益灵活配置	灵活配置型基金	128	28	5.081 9
博时	50	博时策略灵活配置	灵活配置型基金	128	83	10.279 0
博时	50	博时回报灵活配置	灵活配置型基金	128	85	2.590 4
博时	50	博时灵活配置	灵活配置型基金	128	110	13.794 9
博时	50	博时内需增长灵活配置	灵活配置型基金	128	118	6.862 5
博时	50	博时卓越品牌	偏股混合型基金	428	120	2.516 6
博时	50	博时主题行业	偏股混合型基金	428	131	85.594 9
博时	50	博时创业成长	偏股混合型基金	428	136	3.913 1
博时	50	博时特许价值	偏股混合型基金	428	188	4.793 8
博时	50	博时精选	偏股混合型基金	428	202	56.608 7
博时	50	博时医疗保健行业	偏股混合型基金	428	320	12.232 0
博时	50	博时新兴成长	偏股混合型基金	428	325	74.373 4
博时	50	博时第三产业成长	偏股混合型基金	428	362	40.870 5
博时	50	博时行业轮动	偏股混合型基金	428	403	2.990 3
博时	50	博时价值增长	平衡混合型基金	18	15	89.797 8
博时	50	博时价值增长 2 号	平衡混合型基金	18	17	30.966 5
博时	50	博时平衡配置	平衡混合型基金	18	18	12.195 9
博时	50	博时裕富沪深 300	增强指数型基金	36	6	66.354 1
博时	50	博时安丰 18 个月	中长期纯债型基金	232	26	3.702 8
博时	50	博时双月薪	中长期纯债型基金	232	28	2.405 7
博时	50	博时月月薪	中长期纯债型基金	232	40	4.281 1
博时	50	博时岁岁增利	中长期纯债型基金	232	74	6.240 0
博时	50	博时安心收益 A	中长期纯债型基金	232	80	1.939 3

（续表4）

基金公司	整体投资回报能力排名	基金名称	投资类型（二级分类）	样本基金数量	同类基金中排名	期间内规模（亿元）
博时	50	博时安心收益C	中长期纯债型基金	232	90	0.944 4
博时	50	博时信用债纯债A	中长期纯债型基金	232	91	8.516 8
博时	50	博时双债增强A	中长期纯债型基金	232	171	0.709 6
博时	50	博时双债增强C	中长期纯债型基金	232	180	1.525 6
诺安	51	诺安上证新兴产业ETF	被动指数型基金	262	86	3.053 7
诺安	51	诺安中小板等权ETF	被动指数型基金	262	87	0.333 1
诺安	51	诺安中证100	被动指数型基金	262	140	3.604 7
诺安	51	诺安上证新兴产业ETF联接	被动指数型基金	262	147	2.550 3
诺安	51	诺安中证创业成长	被动指数型基金	262	199	0.247 5
诺安	51	诺安稳健	被动指数型基金	262	236	0.040 2
诺安	51	诺安进取	被动指数型基金	262	255	0.080 3
诺安	51	诺安增利A	混合债券型二级基金	195	60	3.628 4
诺安	51	诺安增利B	混合债券型二级基金	195	67	1.721 2
诺安	51	诺安双利	混合债券型二级基金	195	94	5.736 7
诺安	51	诺安优化收益	混合债券型一级基金	155	44	3.744 4
诺安	51	诺安货币B	货币市场型基金	239	151	88.038 3
诺安	51	诺安货币A	货币市场型基金	239	193	12.804 1
诺安	51	诺安灵活配置	灵活配置型基金	128	37	34.362 2
诺安	51	诺安新动力	灵活配置型基金	128	55	1.009 5
诺安	51	诺安中小盘精选	偏股混合型基金	428	40	9.381 8
诺安	51	诺安多策略	偏股混合型基金	428	145	2.038 4
诺安	51	诺安主题精选	偏股混合型基金	428	148	7.190 1
诺安	51	诺安先锋	偏股混合型基金	428	259	82.012 7
诺安	51	诺安平衡	偏股混合型基金	428	283	34.170 9
诺安	51	诺安成长	偏股混合型基金	428	288	6.326 0
诺安	51	诺安价值增长	偏股混合型基金	428	306	39.068 4
诺安	51	诺安鸿鑫保本	偏债混合型基金	54	16	5.420 9
诺安	51	诺安汇鑫保本	偏债混合型基金	54	17	23.871 8
诺安	51	诺安保本	偏债混合型基金	54	37	11.571 8

基金公司	整体投资回报能力排名	基金名称	投资类型（二级分类）	样本基金数量	同类基金中排名	期间内规模（亿元）
诺安	51	诺安纯债A	中长期纯债型基金	232	42	7.883 6
诺安	51	诺安纯债C	中长期纯债型基金	232	49	2.185 4
诺安	51	诺安信用债	中长期纯债型基金	232	76	11.106 3
诺安	51	诺安泰鑫一年A	中长期纯债型基金	232	189	9.023 1
诺安	51	诺安稳固收益	中长期纯债型基金	232	215	19.221 0
国海富兰克林	52	国富强化收益A	混合债券型二级基金	195	106	5.692 9
国海富兰克林	52	国富强化收益C	混合债券型二级基金	195	110	0.669 7
国海富兰克林	52	国富岁岁恒丰A	混合债券型一级基金	155	112	3.666 0
国海富兰克林	52	国富岁岁恒丰C	混合债券型一级基金	155	119	1.403 4
国海富兰克林	52	国富日日收益B	货币市场型基金	239	97	47.075 6
国海富兰克林	52	国富日日收益A	货币市场型基金	239	147	7.863 9
国海富兰克林	52	国富策略回报	灵活配置型基金	128	79	1.951 2
国海富兰克林	52	国富焦点驱动灵活配置	灵活配置型基金	128	99	15.820 5
国海富兰克林	52	国富成长动力	偏股混合型基金	428	155	1.415 9
国海富兰克林	52	国富潜力组合	偏股混合型基金	428	257	27.568 7
国海富兰克林	52	国富弹性市值	偏股混合型基金	428	311	26.450 5
国海富兰克林	52	国富研究精选	偏股混合型基金	428	360	0.602 2
国海富兰克林	52	国富深化价值	偏股混合型基金	428	406	7.516 9
国海富兰克林	52	国富中国收益	偏债混合型基金	54	9	4.547 3
国海富兰克林	52	国富中小盘	普通股票基金	27	3	8.152 2
国海富兰克林	52	国富沪深300	增强指数型基金	36	23	4.026 8
国海富兰克林	52	国富恒久信用A	中长期纯债型基金	232	97	0.406 6
国海富兰克林	52	国富恒久信用C	中长期纯债型基金	232	107	0.102 4
申万菱信	53	申万菱信深成指B	被动指数型基金	262	1	4.640 8
申万菱信	53	申万菱信沪深300价值	被动指数型基金	262	75	3.172 6
申万菱信	53	申万菱信中小板	被动指数型基金	262	115	1.116 6
申万菱信	53	申万菱信深证成指分级	被动指数型基金	262	176	2.576 0
申万菱信	53	申万菱信深成指A	被动指数型基金	262	216	23.573 4
申万菱信	53	申万菱信中小板A	被动指数型基金	262	224	2.162 3

基金公司	整体投资回报能力排名	基金名称	投资类型（二级分类）	样本基金数量	同类基金中排名	期间内规模(亿元)
申万菱信	53	申万菱信中小板B	被动指数型基金	262	257	2.602 0
申万菱信	53	申万菱信可转债	混合债券型二级基金	195	22	1.026 4
申万菱信	53	申万菱信稳益宝	混合债券型二级基金	195	125	8.661 6
申万菱信	53	申万菱信添益宝A	混合债券型一级基金	155	91	11.127 6
申万菱信	53	申万菱信添益宝B	混合债券型一级基金	155	92	0.408 5
申万菱信	53	申万菱信货币B	货币市场型基金	239	164	56.834 7
申万菱信	53	申万菱信货币A	货币市场型基金	239	201	1.618 2
申万菱信	53	申万菱信新动力	偏股混合型基金	428	238	20.714 0
申万菱信	53	申万菱信消费增长	偏股混合型基金	428	267	2.974 0
申万菱信	53	申万菱信盛利精选	偏股混合型基金	428	282	9.845 9
申万菱信	53	申万菱信竞争优势	偏股混合型基金	428	295	0.574 2
申万菱信	53	申万菱信新经济	偏股混合型基金	428	363	24.071 3
申万菱信	53	申万菱信量化小盘	普通股票型基金	27	1	4.180 5
申万菱信	53	申万菱信沪深300	增强指数型基金	36	4	2.981 5
交银施罗德	54	交银深证300价值ETF	被动指数型基金	262	80	0.537 7
交银施罗德	54	交银180治理ETF	被动指数型基金	262	106	13.860 2
交银施罗德	54	交银深证300价值ETF联接	被动指数型基金	262	127	0.513 5
交银施罗德	54	交银180治理ETF联接	被动指数型基金	262	128	14.214 9
交银施罗德	54	交银双利AB	混合债券型二级基金	195	80	8.141 4
交银施罗德	54	交银双利C	混合债券型二级基金	195	85	2.098 5
交银施罗德	54	交银定期支付月月丰A	混合债券型二级基金	195	119	1.054 3
交银施罗德	54	交银定期支付月月丰C	混合债券型二级基金	195	124	0.191 5
交银施罗德	54	交银信用添利	混合债券型一级基金	155	61	10.398 4
交银施罗德	54	交银增利债券B	混合债券型一级基金	155	67	11.546 4
交银施罗德	54	交银增利债券A	混合债券型一级基金	155	68	11.546 4
交银施罗德	54	交银增利债券C	混合债券型一级基金	155	74	3.098 3
交银施罗德	54	交银理财21天A	货币市场型基金	239	142	0.522 5
交银施罗德	54	交银货币B	货币市场型基金	239	159	148.261 6
交银施罗德	54	交银货币A	货币市场型基金	239	197	15.607 1

（续表 4）

基金公司	整体投资回报能力排名	基金名称	投资类型（二级分类）	样本基金数量	同类基金中排名	期间内规模（亿元）
交银施罗德	54	交银理财 21 天 B	货币市场型基金	239	205	0.499 0
交银施罗德	54	交银理财 60 天 A	货币市场型基金	239	209	0.244 0
交银施罗德	54	交银理财 60 天 B	货币市场型基金	239	232	0.401 8
交银施罗德	54	交银优势行业	灵活配置型基金	128	9	2.682 6
交银施罗德	54	交银主题优选	灵活配置型基金	128	10	7.531 9
交银施罗德	54	交银稳健配置混合	灵活配置型基金	128	63	38.736 0
交银施罗德	54	交银先进制造	偏股混合型基金	428	43	9.573 1
交银施罗德	54	交银阿尔法	偏股混合型基金	428	51	0.850 9
交银施罗德	54	交银趋势优先	偏股混合型基金	428	102	6.258 6
交银施罗德	54	交银先锋	偏股混合型基金	428	183	20.529 7
交银施罗德	54	交银成长 A	偏股混合型基金	428	280	73.105 1
交银施罗德	54	交银精选	偏股混合型基金	428	296	39.926 3
交银施罗德	54	交银施罗德成长 30	偏股混合型基金	428	300	7.334 3
交银施罗德	54	交银蓝筹	偏股混合型基金	428	310	54.127 1
交银施罗德	54	交银荣泰保本	偏债混合型基金	54	21	2.204 0
交银施罗德	54	交银荣祥保本	偏债混合型基金	54	22	3.737 9
交银施罗德	54	交银定期支付双息平衡	平衡混合型基金	18	1	3.114 3
交银施罗德	54	交银纯债 AB	中长期纯债型基金	232	147	7.029 7
交银施罗德	54	交银纯债 C	中长期纯债型基金	232	157	4.981 7
交银施罗德	54	交银双轮动 AB	中长期纯债型基金	232	170	18.188 6
交银施罗德	54	交银双轮动 C	中长期纯债型基金	232	187	0.891 9
方正富邦	55	方正富邦货币 B	货币市场型基金	239	71	1.152 6
方正富邦	55	方正富邦货币 A	货币市场型基金	239	122	1.201 7
方正富邦	55	方正富邦创新动力	偏股混合型基金	428	67	0.506 3
方正富邦	55	方正富邦红利精选	偏股混合型基金	428	266	0.154 0
方正富邦	55	方正富邦互利定期开放	中长期纯债型基金	232	219	1.470 0
国泰	56	国泰国证房地产 B	被动指数型基金	262	2	5.645 7
国泰	56	国泰国证房地产	被动指数型基金	262	6	4.870 1
国泰	56	国泰上证 180 金融 ETF	被动指数型基金	262	61	23.329 7

基金公司	整体投资回报能力排名	基金名称	投资类型（二级分类）	样本基金数量	同类基金中排名	期间内规模(亿元)
国泰	56	国泰国证医药卫生 B	被动指数型基金	262	69	17.653 5
国泰	56	国泰上证 180 金融 ETF 联接	被动指数型基金	262	102	5.485 9
国泰	56	国泰沪深 300	被动指数型基金	262	157	27.320 6
国泰	56	国泰国证医药卫生	被动指数型基金	262	182	9.290 6
国泰	56	国泰国证医药卫生 A	被动指数型基金	262	222	21.852 6
国泰	56	国泰国证房地产 A	被动指数型基金	262	223	6.792 7
国泰	56	国泰上证 5 年期国债 ETF	被动指数型债券基金	24	14	10.025 5
国泰	56	国泰上证 5 年期国债 ETF 联接 A	被动指数型债券基金	24	23	0.656 3
国泰	56	国泰上证 5 年期国债 ETF 联接 C	被动指数型债券基金	24	24	4.729 0
国泰	56	国泰民安增利 A	混合债券型二级基金	195	95	0.273 3
国泰	56	国泰民安增利 C	混合债券型二级基金	195	96	0.224 6
国泰	56	国泰双利债券 A	混合债券型二级基金	195	162	2.996 2
国泰	56	国泰双利债券 C	混合债券型二级基金	195	166	0.946 9
国泰	56	国泰信用 A	混合债券型二级基金	195	183	0.407 3
国泰	56	国泰信用 C	混合债券型二级基金	195	188	0.702 8
国泰	56	国泰互利 B	混合债券型一级基金	155	10	0.055 5
国泰	56	国泰金龙债券 A	混合债券型一级基金	155	102	7.349 9
国泰	56	国泰信用互利分级	混合债券型一级基金	155	106	3.950 7
国泰	56	国泰金龙债券 C	混合债券型一级基金	155	109	1.168 4
国泰	56	国泰互利 A	混合债券型一级基金	155	152	0.120 3
国泰	56	国泰现金管理 B	货币市场型基金	239	119	20.671 9
国泰	56	国泰货币	货币市场型基金	239	161	115.963 5
国泰	56	国泰现金管理 A	货币市场型基金	239	166	3.377 7
国泰	56	国泰聚信价值优势 A	灵活配置型基金	128	49	0.772 7
国泰	56	国泰聚信价值优势 C	灵活配置型基金	128	51	0.383 3
国泰	56	国泰民益 A	灵活配置型基金	128	120	24.764 8
国泰	56	国泰中小盘成长	偏股混合型基金	428	22	5.982 0
国泰	56	国泰估值优势	偏股混合型基金	428	31	1.333 5
国泰	56	国泰价值经典	偏股混合型基金	428	96	8.548 0

（续表4）

基金公司	整体投资回报能力排名	基金名称	投资类型（二级分类）	样本基金数量	同类基金中排名	期间内规模（亿元）
国泰	56	国泰成长优选	偏股混合型基金	428	111	0.822 7
国泰	56	国泰金龙行业精选	偏股混合型基金	428	137	4.232 9
国泰	56	国泰金鹰增长	偏股混合型基金	428	171	21.835 7
国泰	56	国泰区位优势	偏股混合型基金	428	175	4.992 6
国泰	56	国泰金鼎价值精选	偏股混合型基金	428	214	24.620 4
国泰	56	国泰金鹏蓝筹价值	偏股混合型基金	428	261	9.782 7
国泰	56	国泰金牛创新成长	偏股混合型基金	428	289	44.526 2
国泰	56	国泰事件驱动	偏股混合型基金	428	365	2.197 7
国泰	56	国泰金马稳健回报	偏股混合型基金	428	419	24.943 6
国泰	56	国泰保本	偏债混合型基金	54	29	12.786 7
国泰	56	国泰金泰平衡 A	偏债混合型基金	54	52	3.086 0
国泰	56	国泰淘金互联网	中长期纯债型基金	232	216	2.320 9
鹏华	57	鹏华中证 500	被动指数型基金	262	34	4.825 1
鹏华	57	鹏华沪深 300	被动指数型基金	262	114	5.034 8
鹏华	57	鹏华上证民企 50ETF	被动指数型基金	262	121	1.796 2
鹏华	57	鹏华沪深 300ETF	被动指数型基金	262	125	1.005 3
鹏华	57	鹏华深证民营 ETF	被动指数型基金	262	138	1.280 3
鹏华	57	鹏华上证民企 50ETF 联接	被动指数型基金	262	150	1.515 8
鹏华	57	鹏华深证民营 ETF 联接	被动指数型基金	262	168	0.815 7
鹏华	57	鹏华资源 B	被动指数型基金	262	205	3.278 2
鹏华	57	鹏华中证 A 股资源产业	被动指数型基金	262	211	7.808 1
鹏华	57	鹏华资源 A	被动指数型基金	262	247	3.066 5
鹏华	57	鹏华双债加利	混合债券型二级基金	195	120	5.734 2
鹏华	57	鹏华国有企业债	混合债券型二级基金	195	147	2.897 2
鹏华	57	鹏华丰收	混合债券型二级基金	195	155	18.679 5
鹏华	57	鹏华双债增利	混合债券型二级基金	195	159	6.442 7
鹏华	57	鹏华信用增利 B	混合债券型二级基金	195	169	0.723 8
鹏华	57	鹏华信用增利 A	混合债券型二级基金	195	170	7.202 5
鹏华	57	鹏华丰盛稳固收益	混合债券型二级基金	195	174	24.086 8

（续表4）

基金公司	整体投资回报能力排名	基金名称	投资类型（二级分类）	样本基金数量	同类基金中排名	期间内规模（亿元）
鹏华	57	鹏华双债保利	混合债券型二级基金	195	186	3.260 7
鹏华	57	鹏华丰信分级B	混合债券型一级基金	155	23	4.570 3
鹏华	57	鹏华丰信分级	混合债券型一级基金	155	39	5.562 9
鹏华	57	鹏华丰和	混合债券型一级基金	155	40	8.662 9
鹏华	57	鹏华普天债券A	混合债券型一级基金	155	64	6.697 6
鹏华	57	鹏华普天债券B	混合债券型一级基金	155	69	2.731 2
鹏华	57	鹏华丰润	混合债券型一级基金	155	71	2.328 4
鹏华	57	鹏华丰信分级A	混合债券型一级基金	155	148	0.990 6
鹏华	57	鹏华货币B	货币市场型基金	239	149	275.016 4
鹏华	57	鹏华货币A	货币市场型基金	239	190	18.647 0
鹏华	57	鹏华消费领先	灵活配置型基金	128	56	11.544 0
鹏华	57	鹏华新兴产业	偏股混合型基金	428	138	6.882 2
鹏华	57	鹏华盛世创新	偏股混合型基金	428	161	2.262 8
鹏华	57	鹏华消费优选	偏股混合型基金	428	166	3.448 6
鹏华	57	鹏华普天收益	偏股混合型基金	428	201	11.203 9
鹏华	57	鹏华价值优势	偏股混合型基金	428	234	56.607 0
鹏华	57	鹏华精选成长	偏股混合型基金	428	251	6.441 0
鹏华	57	鹏华中国50	偏股混合型基金	428	370	26.400 6
鹏华	57	鹏华动力增长	偏股混合型基金	428	380	40.456 0
鹏华	57	鹏华优质治理	偏股混合型基金	428	413	28.367 9
鹏华	57	鹏华金刚保本	偏债混合型基金	54	27	6.485 6
鹏华	57	鹏华价值精选	普通股票型基金	27	16	0.594 4
鹏华	57	鹏华实业债纯债	中长期纯债型基金	232	6	2.898 2
鹏华	57	鹏华纯债	中长期纯债型基金	232	31	6.876 4
鹏华	57	鹏华丰利B	中长期纯债型基金	232	44	9.084 0
鹏华	57	鹏华丰实A	中长期纯债型基金	232	46	1.645 1
鹏华	57	鹏华丰泰A	中长期纯债型基金	232	48	1.663 3
鹏华	57	鹏华产业债	中长期纯债型基金	232	50	6.085 7
鹏华	57	鹏华丰实B	中长期纯债型基金	232	55	1.547 3

（续表4）

基金公司	整体投资回报能力排名	基金名称	投资类型（二级分类）	样本基金数量	同类基金中排名	期间内规模(亿元)
鹏华	57	鹏华丰利分级	中长期纯债型基金	232	57	11.451 0
鹏华	57	鹏华丰融	中长期纯债型基金	232	156	1.726 8
鹏华	57	鹏华丰利A	中长期纯债型基金	232	230	2.371 9
泰信	58	泰信基本面400B	被动指数型基金	262	9	0.060 6
泰信	58	泰信基本面400	被动指数型基金	262	58	0.406 3
泰信	58	泰信中证200	被动指数型基金	262	93	0.802 8
泰信	58	泰信基本面400A	被动指数型基金	262	225	0.065 4
泰信	58	泰信双息双利	混合债券型二级基金	195	187	0.676 0
泰信	58	泰信周期回报	混合债券型一级基金	155	114	1.545 0
泰信	58	泰信增强收益A	混合债券型一级基金	155	126	0.447 3
泰信	58	泰信增强收益C	混合债券型一级基金	155	128	0.113 7
泰信	58	泰信天天收益	货币市场型基金	239	170	29.002 7
泰信	58	泰信优势增长	灵活配置型基金	128	82	1.153 5
泰信	58	泰信中小盘精选	偏股混合型基金	428	88	2.467 5
泰信	58	泰信蓝筹精选	偏股混合型基金	428	134	9.516 8
泰信	58	泰信发展主题	偏股混合型基金	428	164	1.599 4
泰信	58	泰信优质生活	偏股混合型基金	428	179	12.433 5
泰信	58	泰信现代服务业	偏股混合型基金	428	242	0.542 6
泰信	58	泰信先行策略	偏股混合型基金	428	351	29.731 7
泰信	58	泰信鑫益A	中长期纯债型基金	232	165	1.068 9
泰信	58	泰信鑫益C	中长期纯债型基金	232	178	0.704 1
中海	59	中海可转换债券C	混合债券型二级基金	195	109	0.460 6
中海	59	中海可转换债券A	混合债券型二级基金	195	117	1.019 9
中海	59	中海增强收益A	混合债券型二级基金	195	151	1.858 4
中海	59	中海增强收益C	混合债券型二级基金	195	157	0.217 0
中海	59	中海稳健收益	混合债券型一级基金	155	79	7.011 7
中海	59	中海货币B	货币市场型基金	239	66	35.509 9
中海	59	中海货币A	货币市场型基金	239	121	2.718 4
中海	59	中海蓝筹配置	灵活配置型基金	128	76	1.705 1

基金公司	整体投资回报能力排名	基金名称	投资类型（二级分类）	样本基金数量	同类基金中排名	期间内规模(亿元)
中海	59	中海环保新能源	灵活配置型基金	128	108	1.788 7
中海	59	中海消费主题精选	偏股混合型基金	428	58	2.625 0
中海	59	中海量化策略	偏股混合型基金	428	326	1.256 8
中海	59	中海优质成长	偏股混合型基金	428	345	27.702 1
中海	59	中海能源策略	偏股混合型基金	428	398	24.440 3
中海	59	中海分红增利	偏股混合型基金	428	409	13.525 2
中海	59	中海安鑫保本	偏债混合型基金	54	26	5.745 7
中海	59	中海医疗保健	普通股票型基金	27	5	0.469 5
中海	59	中海上证50	增强指数型基金	36	22	1.674 2
中海	59	中海惠丰纯债B	中长期纯债型基金	232	14	4.528 2
中海	59	中海惠丰纯债分级	中长期纯债型基金	232	38	8.843 3
中海	59	中海惠利纯债B	中长期纯债型基金	232	81	15.207 3
中海	59	中海惠利纯债分级	中长期纯债型基金	232	148	23.388 7
中海	59	中海惠利纯债A	中长期纯债型基金	232	221	8.176 9
中海	59	中海惠丰纯债A	中长期纯债型基金	232	231	4.313 7
天治	60	天治稳健双盈	混合债券型二级基金	195	57	7.143 1
天治	60	天治天得利货币	货币市场型基金	239	185	10.198 0
天治	60	天治研究驱动A	灵活配置型基金	128	124	0.460 9
天治	60	天治趋势精选	灵活配置型基金	128	127	8.938 8
天治	60	天治核心成长	偏股混合型基金	428	324	16.743 6
天治	60	天治成长精选	偏股混合型基金	428	350	0.474 2
天治	60	天治创新先锋	偏股混合型基金	428	352	1.379 0
天治	60	天治品质优选	偏股混合型基金	428	414	0.669 7
天治	60	天治财富增长	偏债混合型基金	54	2	1.589 3
天治	60	天治可转债增强A	中长期纯债型基金	232	4	2.028 6
天治	60	天治可转债增强C	中长期纯债型基金	232	5	1.339 6
海富通	61	海富通上证非周期ETF	被动指数型基金	262	110	1.070 2
海富通	61	海富通上证周期ETF	被动指数型基金	262	120	1.267 3
海富通	61	海富通中证100	被动指数型基金	262	135	3.404 8

（续表4）

基金公司	整体投资回报能力排名	基金名称	投资类型（二级分类）	样本基金数量	同类基金中排名	期间内规模（亿元）
海富通	61	海富通上证周期ETF联接	被动指数型基金	262	152	0.840 6
海富通	61	海富通上证非周期ETF联接	被动指数型基金	262	169	0.702 6
海富通	61	海富通中证低碳	被动指数型基金	262	195	0.689 0
海富通	61	海富通稳固收益	混合债券型二级基金	195	56	3.498 8
海富通	61	海富通一年定期开放A	混合债券型一级基金	155	5	2.971 9
海富通	61	海富通稳健添利A	混合债券型一级基金	155	141	3.175 3
海富通	61	海富通稳健添利C	混合债券型一级基金	155	142	0.686 6
海富通	61	海富通货币B	货币市场型基金	239	59	116.022 6
海富通	61	海富通货币A	货币市场型基金	239	111	10.182 6
海富通	61	海富通收益增长	灵活配置型基金	128	106	19.870 3
海富通	61	海富通养老收益	灵活配置型基金	128	114	14.319 8
海富通	61	海富通强化回报	灵活配置型基金	128	117	11.099 4
海富通	61	海富通股票	偏股混合型基金	428	371	21.422 8
海富通	61	海富通领先成长	偏股混合型基金	428	382	2.888 9
海富通	61	海富通国策导向	偏股混合型基金	428	389	5.309 2
海富通	61	海富通内需热点	偏股混合型基金	428	393	2.228 2
海富通	61	海富通精选	偏股混合型基金	428	401	32.284 5
海富通	61	海富通精选2号	偏股混合型基金	428	404	8.916 2
海富通	61	海富通中小盘	偏股混合型基金	428	423	4.951 7
海富通	61	海富通风格优势	偏股混合型基金	428	427	14.583 0
银华	62	银华锐进	被动指数型基金	262	3	36.300 0
银华	62	银华深证100	被动指数型基金	262	141	6.322 1
银华	62	银华中证等权重90	被动指数型基金	262	156	4.776 5
银华	62	银华上证50等权重ETF	被动指数型基金	262	167	0.854 4
银华	62	银华上证50等权ETF联接	被动指数型基金	262	201	0.660 9
银华	62	银华资源B	被动指数型基金	262	210	3.107 4
银华	62	银华中证内地资源主题	被动指数型基金	262	215	2.062 3
银华	62	银华资源A	被动指数型基金	262	229	2.063 7
银华	62	银华中证90A	被动指数型基金	262	238	3.453 5

（续表4）

基金公司	整体投资回报能力排名	基金名称	投资类型（二级分类）	样本基金数量	同类基金中排名	期间内规模（亿元）
银华	62	银华稳进	被动指数型基金	262	249	71.038 7
银华	62	银华中证90B	被动指数型基金	262	259	2.940 0
银华	62	银华中证中票50A	被动指数型债券基金	24	4	3.983 2
银华	62	银华中证中票50C	被动指数型债券基金	24	7	0.146 1
银华	62	银华信用双利A	混合债券型二级基金	195	100	8.641 3
银华	62	银华信用双利C	混合债券型二级基金	195	103	1.629 0
银华	62	银华增强收益	混合债券型二级基金	195	133	8.772 9
银华	62	银华永泰积极A	混合债券型二级基金	195	153	0.108 0
银华	62	银华永泰积极C	混合债券型二级基金	195	168	1.931 5
银华	62	银华信用债券	混合债券型一级基金	155	86	3.957 6
银华	62	银华货币B	货币市场型基金	239	93	116.820 0
银华	62	银华货币A	货币市场型基金	239	145	12.554 5
银华	62	银华交易货币	货币市场型基金	239	191	25 239.002 0
银华	62	银华成长先锋	灵活配置型基金	128	60	8.166 9
银华	62	银华和谐主题	灵活配置型基金	128	96	5.362 9
银华	62	银华中小盘精选	偏股混合型基金	428	12	17.031 8
银华	62	银华内需精选	偏股混合型基金	428	33	9.688 5
银华	62	银华领先策略	偏股混合型基金	428	77	14.442 9
银华	62	银华核心价值优选	偏股混合型基金	428	235	84.525 6
银华	62	银华富裕主题	偏股混合型基金	428	297	43.365 1
银华	62	银华优质增长	偏股混合型基金	428	354	59.956 9
银华	62	银华消费B	偏股混合型基金	428	378	0.283 7
银华	62	银华消费主题分级	偏股混合型基金	428	391	1.949 2
银华	62	银华消费A	偏股混合型基金	428	424	0.056 7
银华	62	银华永祥保本	偏债混合型基金	54	18	2.916 3
银华	62	银华中证成长股债	偏债混合型基金	54	36	0.866 5
银华	62	银华保本增值	偏债混合型基金	54	49	15.906 8
银华	62	银华优势企业	平衡混合型基金	18	10	19.910 6
银华	62	银华中证800等权重	增强指数型基金	36	14	1.018 5

基金公司	整体投资回报能力排名	基金名称	投资类型（二级分类）	样本基金数量	同类基金中排名	期间内规模（亿元）
银华	62	银华道琼斯88精选	增强指数型基金	36	33	44.971 9
银华	62	银华中证800A	增强指数型基金	36	35	0.101 1
银华	62	银华中证800B	增强指数型基金	36	36	0.103 9
银华	62	银华永兴纯债B	中长期纯债型基金	232	16	6.339 9
银华	62	银华信用四季红	中长期纯债型基金	232	51	4.065 4
银华	62	银华永兴纯债	中长期纯债型基金	232	99	11.420 7
银华	62	银华纯债信用主题	中长期纯债型基金	232	108	21.172 5
银华	62	银华信用季季红	中长期纯债型基金	232	167	80.407 2
银华	62	银华永兴纯债A	中长期纯债型基金	232	228	5.078 3
华宝兴业	63	华宝兴业上证180价值ETF	被动指数型基金	262	55	5.331 8
华宝兴业	63	华宝兴业上证180价值ETF联接	被动指数型基金	262	78	1.921 8
华宝兴业	63	华宝兴业上证180成长ETF	被动指数型基金	262	143	1.902 6
华宝兴业	63	华宝兴业中证100	被动指数型基金	262	159	4.627 5
华宝兴业	63	华宝兴业上证180成长ETF联接	被动指数型基金	262	165	1.066 0
华宝兴业	63	华宝兴业收益A	混合债券型二级基金	195	130	0.739 8
华宝兴业	63	华宝兴业收益B	混合债券型二级基金	195	141	1.459 9
华宝兴业	63	华宝兴业可转债	混合债券型一级基金	155	117	2.210 4
华宝兴业	63	华宝兴业宝康债券	混合债券型一级基金	155	123	2.235 9
华宝兴业	63	华宝兴业货币B	货币市场型基金	239	136	21.424 7
华宝兴业	63	华宝兴业货币A	货币市场型基金	239	180	5.260 0
华宝兴业	63	华宝兴业现金添益A	货币市场型基金	239	203	664.874 0
华宝兴业	63	华宝兴业宝康灵活	灵活配置型基金	128	86	6.662 5
华宝兴业	63	华宝兴业服务优选	偏股混合型基金	428	18	28.164 1
华宝兴业	63	华宝兴业先进成长	偏股混合型基金	428	65	22.332 5
华宝兴业	63	华宝兴业动力组合	偏股混合型基金	428	112	19.553 1
华宝兴业	63	华宝兴业新兴产业	偏股混合型基金	428	212	18.493 1
华宝兴业	63	华宝兴业宝康消费品	偏股混合型基金	428	249	19.254 2
华宝兴业	63	华宝兴业行业精选	偏股混合型基金	428	318	70.732 9
华宝兴业	63	华宝兴业医药生物	偏股混合型基金	428	327	9.164 4

(续表4)

基金公司	整体投资回报能力排名	基金名称	投资类型（二级分类）	样本基金数量	同类基金中排名	期间内规模（亿元）
华宝兴业	63	华宝兴业大盘精选	偏股混合型基金	428	328	3.027 1
华宝兴业	63	华宝兴业收益增长	偏股混合型基金	428	332	29.614 6
华宝兴业	63	华宝兴业多策略	偏股混合型基金	428	366	30.564 4
华宝兴业	63	华宝兴业资源优选	偏股混合型基金	428	385	0.754 2
泰达宏利	64	泰达500B	被动指数型基金	262	4	0.069 0
泰达宏利	64	泰达宏利中证500	被动指数型基金	262	12	0.235 0
泰达宏利	64	泰达宏利中证财富大盘	被动指数型基金	262	20	1.508 1
泰达宏利	64	泰达500A	被动指数型基金	262	240	0.044 9
泰达宏利	64	泰达宏利集利A	混合债券型二级基金	195	31	10.968 7
泰达宏利	64	泰达宏利集利C	混合债券型二级基金	195	33	9.642 0
泰达宏利	64	泰达宏利聚利B	混合债券型一级基金	155	3	8.242 0
泰达宏利	64	泰达宏利聚利分级	混合债券型一级基金	155	62	21.121 1
泰达宏利	64	泰达宏利聚利A	混合债券型一级基金	155	151	12.879 9
泰达宏利	64	泰达宏利货币A	货币市场型基金	239	103	1.901 3
泰达宏利	64	泰达宏利品质生活	灵活配置型基金	128	125	3.355 7
泰达宏利	64	泰达宏利逆向策略	偏股混合型基金	428	90	0.636 2
泰达宏利	64	泰达宏利成长	偏股混合型基金	428	274	12.727 0
泰达宏利	64	泰达宏利周期	偏股混合型基金	428	342	4.132 3
泰达宏利	64	泰达宏利稳定	偏股混合型基金	428	361	1.680 2
泰达宏利	64	泰达宏利红利先锋	偏股混合型基金	428	384	13.165 8
泰达宏利	64	泰达宏利效率优选	偏股混合型基金	428	390	23.400 1
泰达宏利	64	泰达宏利领先中小盘	偏股混合型基金	428	405	4.226 8
泰达宏利	64	泰达宏利市值优选	偏股混合型基金	428	412	37.210 2
泰达宏利	64	泰达宏利行业精选	偏股混合型基金	428	417	16.692 0
泰达宏利	64	泰达宏利风险预算	偏债混合型基金	54	48	13.296 1
泰达宏利	64	泰达宏利首选企业	普通股票型基金	27	22	9.138 2
泰达宏利	64	泰达宏利信用合利A	中长期纯债型基金	232	25	17.915 3
泰达宏利	64	泰达宏利信用合利B	中长期纯债型基金	232	30	3.885 1
泰达宏利	64	泰达宏利瑞利B	中长期纯债型基金	232	73	5.103 3

(续表4)

基金公司	整体投资回报能力排名	基金名称	投资类型（二级分类）	样本基金数量	同类基金中排名	期间内规模(亿元)
泰达宏利	64	泰达宏利瑞利 A	中长期纯债型基金	232	225	7.621 9
信达澳银	65	信达澳银信用债 A	混合债券型二级基金	195	177	4.084 1
信达澳银	65	信达澳银信用债 C	混合债券型二级基金	195	180	0.521 7
信达澳银	65	信达澳银稳定 A	混合债券型一级基金	155	43	0.460 9
信达澳银	65	信达澳银稳定 B	混合债券型一级基金	155	48	0.377 4
信达澳银	65	信达澳银精华	灵活配置型基金	128	87	1.324 7
信达澳银	65	信达澳银产业升级	偏股混合型基金	428	32	2.432 4
信达澳银	65	信达澳银消费优选	偏股混合型基金	428	162	0.990 6
信达澳银	65	信达澳银红利回报	偏股混合型基金	428	260	1.078 4
信达澳银	65	信达澳银中小盘	偏股混合型基金	428	331	2.687 5
信达澳银	65	信达澳银领先增长	偏股混合型基金	428	337	29.930 5
益民	66	益民多利债券	混合债券型二级基金	195	195	0.391 1
益民	66	益民货币	货币市场型基金	239	152	1.095 5
益民	66	益民服务领先	灵活配置型基金	128	8	7.070 3
益民	66	益民核心增长	灵活配置型基金	128	115	0.749 6
益民	66	益民创新优势	偏股混合型基金	428	381	21.418 6
益民	66	益民红利成长	偏股混合型基金	428	399	7.051 6
东吴	67	东吴中证新兴产业	被动指数型基金	262	104	5.317 6
东吴	67	东吴优信稳健 A	混合债券型二级基金	195	181	0.505 7
东吴	67	东吴优信稳健 C	混合债券型二级基金	195	184	0.695 6
东吴	67	东吴增利 A	混合债券型一级基金	155	115	0.242 7
东吴	67	东吴增利 C	混合债券型一级基金	155	121	0.273 9
东吴	67	东吴货币 B	货币市场型基金	239	189	15.628 6
东吴	67	东吴货币 A	货币市场型基金	239	206	0.977 6
东吴	67	东吴内需增长	灵活配置型基金	128	62	0.518 1
东吴	67	东吴进取策略	灵活配置型基金	128	109	3.464 9
东吴	67	东吴新产业精选	偏股混合型基金	428	106	1.266 7
东吴	67	东吴新经济	偏股混合型基金	428	184	0.846 1
东吴	67	东吴新创业	偏股混合型基金	428	228	0.554 6

基金公司	整体投资回报能力排名	基金名称	投资类型（二级分类）	样本基金数量	同类基金中排名	期间内规模(亿元)
东吴	67	东吴行业轮动	偏股混合型基金	428	294	9.670 4
东吴	67	东吴价值成长	偏股混合型基金	428	375	14.699 0
东吴	67	东吴嘉禾优势	偏股混合型基金	428	410	12.797 1
东吴	67	东吴深证 100	增强指数型基金	36	28	0.329 6
东吴	67	东吴鼎利 B	中长期纯债型基金	232	58	4.626 1
东吴	67	东吴鼎利分级	中长期纯债型基金	232	135	6.564 4
东吴	67	东吴鼎利 A	中长期纯债型基金	232	229	1.937 5
景顺长城	68	景顺长城中证 500ETF	被动指数型基金	262	19	3.153 5
景顺长城	68	景顺长城 180 等权 ETF	被动指数型基金	262	67	1.789 0
景顺长城	68	景顺长城 300 等权 ETF	被动指数型基金	262	71	1.518 3
景顺长城	68	景顺长城 180 等权 ETF 联接	被动指数型基金	262	107	0.588 9
景顺长城	68	景顺长城景颐双利 A	混合债券型二级基金	195	89	20.125 9
景顺长城	68	景顺长城景颐双利 C	混合债券型二级基金	195	92	0.523 6
景顺长城	68	景顺长城优信增利 A	混合债券型二级基金	195	161	5.206 0
景顺长城	68	景顺长城优信增利 C	混合债券型二级基金	195	164	0.296 8
景顺长城	68	景顺长城四季金利 A	混合债券型二级基金	195	172	4.742 1
景顺长城	68	景顺长城四季金利 C	混合债券型二级基金	195	173	0.294 8
景顺长城	68	景顺长城稳定收益 A	混合债券型一级基金	155	137	3.066 1
景顺长城	68	景顺长城稳定收益 C	混合债券型一级基金	155	139	2.135 3
景顺长城	68	景顺长城景益货币 B	货币市场型基金	239	163	21.394 2
景顺长城	68	景顺长城货币 B	货币市场型基金	239	178	9.828 4
景顺长城	68	景顺长城景益货币 A	货币市场型基金	239	200	5.379 3
景顺长城	68	景顺长城货币 A	货币市场型基金	239	207	3.869 9
景顺长城	68	景顺长城策略精选	灵活配置型基金	128	103	7.189 1
景顺长城	68	景顺长城动力平衡	灵活配置型基金	128	119	28.487 3
景顺长城	68	景顺长城能源基建	偏股混合型基金	428	124	11.021 9
景顺长城	68	景顺长城品质投资	偏股混合型基金	428	176	4.662 2
景顺长城	68	景顺长城核心竞争力 A	偏股混合型基金	428	216	29.411 7
景顺长城	68	景顺长城优选	偏股混合型基金	428	230	26.504 0

（续表4）

基金公司	整体投资回报能力排名	基金名称	投资类型（二级分类）	样本基金数量	同类基金中排名	期间内规模（亿元）
景顺长城	68	景顺长城支柱产业	偏股混合型基金	428	253	0.985 5
景顺长城	68	景顺长城中小盘	偏股混合型基金	428	303	6.647 8
景顺长城	68	景顺长城精选蓝筹	偏股混合型基金	428	315	64.098 9
景顺长城	68	景顺长城鼎益	偏股混合型基金	428	346	33.756 6
景顺长城	68	景顺长城资源垄断	偏股混合型基金	428	376	39.367 7
景顺长城	68	景顺长城公司治理	偏股混合型基金	428	388	1.079 8
景顺长城	68	景顺长城新兴成长	偏股混合型基金	428	394	16.401 0
景顺长城	68	景顺长城内需增长	偏股混合型基金	428	418	54.228 9
景顺长城	68	景顺长城内需增长贰号	偏股混合型基金	428	420	62.520 0
景顺长城	68	景顺长城成长之星	普通股票型基金	27	17	3.340 8
景顺长城	68	景顺长城沪深300	增强指数型基金	36	7	3.971 2
景顺长城	68	景顺长城景兴信用纯债A	中长期纯债型基金	232	129	3.397 0
景顺长城	68	景顺长城景兴信用纯债C	中长期纯债型基金	232	141	0.960 6
上投摩根	69	上投摩根180高贝塔ETF	被动指数型基金	262	52	0.322 9
上投摩根	69	上投摩根中证消费	被动指数型基金	262	188	0.534 0
上投摩根	69	上投摩根双债增利A	混合债券型二级基金	195	78	0.855 3
上投摩根	69	上投摩根双债增利C	混合债券型二级基金	195	79	0.850 8
上投摩根	69	上投摩根强化回报A	混合债券型二级基金	195	150	0.691 2
上投摩根	69	上投摩根强化回报B	混合债券型二级基金	195	154	0.175 5
上投摩根	69	上投摩根分红添利A	混合债券型一级基金	155	59	1.729 2
上投摩根	69	上投摩根分红添利B	混合债券型一级基金	155	65	0.612 2
上投摩根	69	上投摩根轮动添利A	混合债券型一级基金	155	138	2.113 6
上投摩根	69	上投摩根轮动添利C	混合债券型一级基金	155	140	1.544 3
上投摩根	69	上投摩根货币B	货币市场型基金	239	219	522.089 1
上投摩根	69	上投摩根货币A	货币市场型基金	239	227	1.777 8
上投摩根	69	上投摩根转型动力	灵活配置型基金	128	58	20.218 3
上投摩根	69	上投摩根成长动力	灵活配置型基金	128	95	8.893 7
上投摩根	69	上投摩根核心优选	偏股混合型基金	428	107	15.373 1
上投摩根	69	上投摩根健康品质生活	偏股混合型基金	428	170	2.143 0

基金公司	整体投资回报能力排名	基金名称	投资类型（二级分类）	样本基金数量	同类基金中排名	期间内规模（亿元）
上投摩根	69	上投摩根中小盘	偏股混合型基金	428	195	6.538 2
上投摩根	69	上投摩根行业轮动	偏股混合型基金	428	223	33.092 2
上投摩根	69	上投摩根中国优势	偏股混合型基金	428	241	22.681 7
上投摩根	69	上投摩根双核平衡	偏股混合型基金	428	245	3.578 5
上投摩根	69	上投摩根智选30	偏股混合型基金	428	321	10.726 3
上投摩根	69	上投摩根新兴动力	偏股混合型基金	428	330	25.584 1
上投摩根	69	上投摩根阿尔法	偏股混合型基金	428	349	25.054 6
上投摩根	69	上投摩根内需动力	偏股混合型基金	428	416	55.639 0
上投摩根	69	上投摩根成长先锋	偏股混合型基金	428	426	24.657 8
上投摩根	69	上投摩根天颐年丰	偏债混合型基金	54	44	10.826 5
上投摩根	69	上投摩根红利回报	偏债混合型基金	54	45	7.807 4
上投摩根	69	上投摩根双息平衡	平衡混合型基金	18	9	31.923 0
上投摩根	69	上投摩根大盘蓝筹	普通股票型基金	27	20	2.918 3
上投摩根	69	上投摩根纯债A	中长期纯债型基金	232	75	4.634 7
上投摩根	69	上投摩根纯债B	中长期纯债型基金	232	82	0.322 2
上投摩根	69	上投摩根岁岁盈A	中长期纯债型基金	232	196	4.914 1
上投摩根	69	上投摩根岁岁盈C	中长期纯债型基金	232	204	0.121 0
金元顺安	70	金元顺安丰利	混合债券型二级基金	195	118	0.483 9
金元顺安	70	金元顺安成长动力	灵活配置型基金	128	101	0.441 1
金元顺安	70	金元顺安核心动力	偏股混合型基金	428	298	0.446 2
金元顺安	70	金元顺安宝石动力	偏股混合型基金	428	367	2.419 4
金元顺安	70	金元顺安价值增长	偏股混合型基金	428	377	0.530 9
金元顺安	70	金元顺安新经济主题	偏股混合型基金	428	392	0.489 0
金元顺安	70	金元顺安消费主题	偏股混合型基金	428	421	0.364 2
金元顺安	70	金元顺安保本A	偏债混合型基金	54	54	0.425 0
西部利得	71	西部利得稳健双利A	混合债券型二级基金	195	191	0.138 9
西部利得	71	西部利得稳健双利C	混合债券型二级基金	195	194	0.153 7
西部利得	71	西部利得稳定增利C	混合债券型一级基金	155	154	0.374 9
西部利得	71	西部利得稳定增利A	混合债券型一级基金	155	155	0.151 6
西部利得	71	西部利得新动向	灵活配置型基金	128	73	0.618 7
西部利得	71	西部利得策略优选	偏股混合型基金	428	425	1.703 3

4 三年期公募基金管理公司整体投资回报能力评价

4.1 数据来源与样本说明

三年期的数据区间为 2012 年 12 月 31 日至 2015 年 12 月 31 日。所有公募基金数据来源于 Wind 金融资讯终端。从 Wind 上我们获得的数据变量有:基金名称、基金管理公司、投资类型(二级分类)、投资风格、复权单位净值增长率(20121231—20151231)、单位净值(20121231)、单位净值(20151231)、基金份额(20121231)、基金份额(20151231)。全部样本基金数为 1 364 只。

投资类型包括:被动指数型基金(205 只)、被动指数型债券基金(8 只)、增强指数型基金(26 只)、增强指数型债券基金(2 只)、短期纯债型基金(2 只)、混合债券型二级基金(152 只)、混合债券型一级基金(120 只)、货币市场型基金(154 只)、灵活配置型基金(84 只)、偏股混合型基金(401 只)、偏债混合型基金(32 只)、平衡混合型基金(17 只)、普通股票型基金(24 只)、中长期纯债型基金(64 只)、国际(QDII)股票型基金(40 只)、国际(QDII)混合型基金(18 只)、国际(QDII)另类投资基金(10 只)、国际(QDII)债券型基金(5 只)。

我们删除国际(QDII)类基金,同期样本数少于 10 的类别(短期纯债型基金、增强指数型债券基金),保留样本基金数 1 279 只。再删除同期旗下样本基金数少于 3 只的基金管理公司,最后的样本基金数为 1 273 只,样本基金管理公司总共66家。

4.2 三年期整体投资回报能力评价结果

在三年期的整体投资回报能力排名中,我们可以看到排在前面的并不是老牌基金公司,从样本基金数量来看,它们的管理规模均中等偏下。如第 1 名的中邮基金公司,样本基金数量为 9,排在第 2 名的华商基金公司样本基金数为 15,排在第 3 名的宝盈基金公司的样本基金数为 11。见表 5。

表5 三年期整体投资回报能力评价

基金公司名称	整体投资回报能力排名	整体投资回报能力得分	样本基金数量
中邮	1	1.532 9	9
华商	2	1.199 0	15
宝盈	3	0.887 0	11
浦银安盛	4	0.859 3	11
银河	5	0.796 8	17
平安大华	6	0.729 7	6
兴业全球	7	0.713 8	15
华富	8	0.684 2	11
富安达	9	0.539 8	4
农银汇理	10	0.509 5	18
长盛	11	0.421 4	20
摩根士丹利华鑫	12	0.413 5	12
工银瑞信	13	0.386 8	36
华泰柏瑞	14	0.323 7	17
南方	15	0.315 9	40
富国	16	0.284 4	27
民生加银	17	0.266 3	15
广发	18	0.248 0	29
中欧	19	0.231 5	14
金鹰	20	0.211 6	14
易方达	21	0.210 1	43
新华	22	0.183 6	10
汇丰晋信	23	0.150 6	14
安信	24	0.131 7	4
长信	25	0.112 2	17
信诚	26	0.105 5	26
嘉实	27	0.069 3	41

(续表5)

基金公司名称	整体投资回报能力排名	整体投资回报能力得分	样本基金数量
招商	28	0.068 0	31
中银	29	0.057 0	29
汇添富	30	0.035 1	32
华夏	31	0.007 8	30
华安	32	−0.027 2	41
建信	33	−0.048 6	30
融通	34	−0.058 9	19
方正富邦	35	−0.085 2	4
银华	36	−0.129 0	35
浙商	37	−0.136 9	7
万家	38	−0.207 1	15
长城	39	−0.220 8	20
国联安	40	−0.228 0	20
光大保德信	41	−0.241 5	17
诺安	42	−0.244 3	24
泰信	43	−0.261 6	15
国泰	44	−0.277 0	30
申万菱信	45	−0.289 0	19
国投瑞银	46	−0.298 1	20
鹏华	47	−0.305 4	31
大成	48	−0.318 9	33
东方	49	−0.343 6	9
交银施罗德	50	−0.346 9	25
泰达宏利	51	−0.371 1	22
诺德	52	−0.379 5	10
景顺长城	53	−0.409 4	21
中海	54	−0.414 9	14

基金公司名称	整体投资回报能力排名	整体投资回报能力得分	样本基金数量
海富通	55	−0.421 4	20
博时	56	−0.426 8	36
天弘	57	−0.559 5	10
国海富兰克林	58	−0.583 4	13
信达澳银	59	−0.584 6	8
天治	60	−0.675 1	9
华宝兴业	61	−0.786 8	23
东吴	62	−0.948 9	15
益民	63	−0.962 5	5
金元顺安	64	−1.017 3	8
上投摩根	65	−1.034 1	21
西部利得	66	−1.446 6	6

4.3 三年期整体投资回报能力评价详细说明

从表 6 中的数据，我们可以看出按照整体投资回报能力的计算方法，为什么有的基金公司可以排在前列。比如排在第 1 名的中邮基金公司，旗下样本基金中，中小盘灵活配置与核心优势在同期 81 只灵活配置型基金中分别排到第 3 名与第 7 名，非常不错的表现。中邮战略新兴产业、核心主题、核心成长、核心优选则在同期 400 只偏股混合型基金中分别排到第 1、第 13、第 163、第 254，而排在第 1 与第 163 的两只基金在规模上均占到较大权重，因而中邮基金公司得以在三年期的整体投资回报能力排名中名列第 1。

表 6 三年期排名中所有样本基金详细情况

基金公司	整体投资回报能力排名	基金名称	投资类型（二级分类）	样本基金数量	同类基金中排名	期间内规模(亿元)
中邮	1	中邮中小盘灵活配置	灵活配置型基金	81	3	10.158 4

(续表6)

基金公司	整体投资回报能力排名	基金名称	投资类型(二级分类)	样本基金数量	同类基金中排名	期间内规模(亿元)
中邮	1	中邮核心优势	灵活配置型基金	81	7	13.893 2
中邮	1	中邮战略新兴产业	偏股混合型基金	400	1	55.022 2
中邮	1	中邮核心主题	偏股混合型基金	400	13	15.914 2
中邮	1	中邮核心成长	偏股混合型基金	400	163	114.417 8
中邮	1	中邮核心优选	偏股混合型基金	400	254	56.026 8
中邮	1	中邮上证380	增强指数型基金	26	3	0.681 6
中邮	1	中邮稳定收益A	中长期纯债型基金	64	4	28.668 2
中邮	1	中邮稳定收益C	中长期纯债型基金	64	7	23.439 8
华商	2	华商稳健双利A	混合债券型二级基金	151	44	3.926 9
华商	2	华商稳健双利B	混合债券型二级基金	151	48	5.105 2
华商	2	华商稳定增利A	混合债券型二级基金	151	55	3.532 0
华商	2	华商稳定增利C	混合债券型二级基金	151	62	1.328 4
华商	2	华商收益增强A	混合债券型一级基金	120	6	6.312 1
华商	2	华商收益增强B	混合债券型一级基金	120	8	4.274 6
华商	2	华商现金增利B	货币市场型基金	154	138	6.598 8
华商	2	华商现金增利A	货币市场型基金	154	148	2.421 9
华商	2	华商动态阿尔法	灵活配置型基金	81	2	25.957 4
华商	2	华商策略精选	灵活配置型基金	81	28	35.500 9
华商	2	华商价值精选	偏股混合型基金	400	8	30.804 9
华商	2	华商主题精选	偏股混合型基金	400	16	15.690 7
华商	2	华商盛世成长	偏股混合型基金	400	32	69.791 5
华商	2	华商领先企业	偏股混合型基金	400	104	45.661 6
华商	2	华商产业升级	偏股混合型基金	400	108	2.450 0
宝盈	3	宝盈增强收益AB	混合债券型二级基金	151	72	9.837 4
宝盈	3	宝盈增强收益C	混合债券型二级基金	151	76	4.361 0
宝盈	3	宝盈货币B	货币市场型基金	154	25	141.244 4
宝盈	3	宝盈货币A	货币市场型基金	154	53	20.583 8
宝盈	3	宝盈核心优势A	灵活配置型基金	81	1	12.100 4
宝盈	3	宝盈鸿利收益	灵活配置型基金	81	18	9.253 9

基金公司	整体投资回报能力排名	基金名称	投资类型（二级分类）	样本基金数量	同类基金中排名	期间内规模(亿元)
宝盈	3	宝盈资源优选	偏股混合型基金	400	21	41.088 2
宝盈	3	宝盈策略增长	偏股混合型基金	400	57	42.924 9
宝盈	3	基金鸿阳	偏股混合型基金	400	183	21.088 0
宝盈	3	宝盈泛沿海增长	偏股混合型基金	400	220	22.176 1
宝盈	3	宝盈中证100	增强指数型基金	26	21	0.742 0
浦银安盛	4	浦银安盛基本面400	被动指数型基金	204	33	1.569 9
浦银安盛	4	浦银安盛优化收益A	混合债券型二级基金	151	83	0.474 6
浦银安盛	4	浦银安盛优化收益C	混合债券型二级基金	151	89	0.253 5
浦银安盛	4	浦银安盛货币B	货币市场型基金	154	39	21.468 4
浦银安盛	4	浦银安盛货币A	货币市场型基金	154	78	1.498 0
浦银安盛	4	浦银安盛精致生活	灵活配置型基金	81	4	3.511 4
浦银安盛	4	浦银安盛价值成长A	偏股混合型基金	400	27	18.872 2
浦银安盛	4	浦银安盛红利精选	偏股混合型基金	400	121	1.265 9
浦银安盛	4	浦银安盛沪深300	增强指数型基金	26	16	1.339 3
浦银安盛	4	浦银安盛幸福回报A	中长期纯债型基金	64	23	12.232 3
浦银安盛	4	浦银安盛幸福回报B	中长期纯债型基金	64	30	2.365 5
银河	5	银河沪深300价值	被动指数型基金	204	94	4.172 3
银河	5	银河强化收益	混合债券型二级基金	151	70	3.949 5
银河	5	银河银信添利A	混合债券型一级基金	120	78	5.177 6
银河	5	银河银信添利B	混合债券型一级基金	120	87	1.374 9
银河	5	银河银富货币B	货币市场型基金	154	57	121.928 9
银河	5	银河银富货币A	货币市场型基金	154	95	10.212 3
银河	5	银河主题策略	偏股混合型基金	400	4	8.633 6
银河	5	银河行业优选	偏股混合型基金	400	15	22.776 6
银河	5	银河竞争优势成长	偏股混合型基金	400	46	5.498 2
银河	5	银河创新成长	偏股混合型基金	400	50	11.118 7
银河	5	银河蓝筹精选	偏股混合型基金	400	68	1.015 6
银河	5	银河稳健	偏股混合型基金	400	160	11.572 3
银河	5	银河消费驱动	偏股混合型基金	400	170	1.620 2

（续表6）

基金公司	整体投资回报能力排名	基金名称	投资类型（二级分类）	样本基金数量	同类基金中排名	期间内规模（亿元）
银河	5	银河银泰理财分红	偏债混合型基金	32	3	21.892 9
银河	5	银河收益	偏债混合型基金	32	5	25.194 3
银河	5	基金银丰	平衡混合型基金	17	4	39.465 0
银河	5	银河领先债券	中长期纯债型基金	64	5	5.283 7
平安大华	6	平安大华策略先锋	灵活配置型基金	81	12	1.752 3
平安大华	6	平安大华行业先锋	偏股混合型基金	400	98	11.675 3
平安大华	6	平安大华保本	偏债混合型基金	32	29	7.853 5
平安大华	6	平安大华深证300	增强指数型基金	26	7	0.774 5
平安大华	6	平安大华添利A	中长期纯债型基金	64	1	7.324 0
平安大华	6	平安大华添利C	中长期纯债型基金	64	2	5.161 8
兴业全球	7	兴全磐稳增利债券	混合债券型一级基金	120	12	29.741 1
兴业全球	7	兴全货币	货币市场型基金	154	64	12.300 0
兴业全球	7	兴全有机增长	灵活配置型基金	81	9	13.421 1
兴业全球	7	兴全趋势投资	灵活配置型基金	81	35	86.358 7
兴业全球	7	兴全合润分级B	偏股混合型基金	400	3	0.447 3
兴业全球	7	兴全轻资产	偏股混合型基金	400	6	16.625 5
兴业全球	7	兴全合润分级	偏股混合型基金	400	10	21.520 8
兴业全球	7	兴全绿色投资	偏股混合型基金	400	55	12.918 3
兴业全球	7	兴全合润分级A	偏股混合型基金	400	81	0.308 2
兴业全球	7	兴全商业模式优选	偏股混合型基金	400	100	4.983 2
兴业全球	7	兴全社会责任	偏股混合型基金	400	114	59.639 6
兴业全球	7	兴全可转债	偏债混合型基金	32	4	29.232 5
兴业全球	7	兴全保本	偏债混合型基金	32	18	12.206 4
兴业全球	7	兴全全球视野	普通股票型基金	24	7	52.342 2
兴业全球	7	兴全沪深300	增强指数型基金	26	13	8.460 6
华富	8	华富中证100	被动指数型基金	204	136	1.003 5
华富	8	华富收益增强A	混合债券型一级基金	120	4	10.468 2
华富	8	华富收益增强B	混合债券型一级基金	120	5	3.416 7
华富	8	华富强化回报	混合债券型一级基金	120	9	11.949 0

基金公司	整体投资回报能力排名	基金名称	投资类型（二级分类）	样本基金数量	同类基金中排名	期间内规模（亿元）
华富	8	华富货币	货币市场型基金	154	82	44.214 1
华富	8	华富价值增长	灵活配置基金	81	8	5.733 1
华富	8	华富策略精选	灵活配置型基金	81	31	0.429 3
华富	8	华富竞争力优选	偏股混合基金	400	78	8.641 8
华富	8	华富成长趋势	偏股混合型基金	400	88	12.800 0
华富	8	华富量子生命力	偏股混合型基金	400	363	0.790 9
华富	8	华富中小板	增强指数型基金	26	6	0.350 6
富安达	9	富安达增强收益 A	混合债券型二级基金	151	65	0.731 8
富安达	9	富安达增强收益 C	混合债券型二级基金	151	69	0.753 9
富安达	9	富安达策略精选	灵活配置基金	81	45	1.824 3
富安达	9	富安达优势成长	偏股混合型基金	400	75	13.936 6
农银汇理	10	农银汇理中证 500	被动指数基金	204	17	1.643 7
农银汇理	10	农银汇理沪深 300	被动指数型基金	204	106	14.679 7
农银汇理	10	农银汇理增强收益 A	混合债券型二级基金	151	94	0.771 0
农银汇理	10	农银汇理增强收益 C	混合债券型二级基金	151	97	0.437 3
农银汇理	10	农银汇理恒久增利 A	混合债券型一级基金	120	29	1.735 2
农银汇理	10	农银汇理恒久增利 C	混合债券型一级基金	120	35	0.349 3
农银汇理	10	农银汇理信用添利	混合债券型一级基金	120	58	5.201 0
农银汇理	10	农银汇理货币 B	货币市场型基金	154	28	189.388 8
农银汇理	10	农银汇理货币 A	货币市场型基金	154	66	85.751 8
农银汇理	10	农银汇理行业轮动	偏股混合型基金	400	12	4.240 9
农银汇理	10	农银汇理消费主题	偏股混合型基金	400	20	12.314 6
农银汇理	10	农银汇理中小盘	偏股混合型基金	400	33	16.676 4
农银汇理	10	农银汇理行业成长	偏股混合型基金	400	93	31.392 2
农银汇理	10	农银汇理平衡双利	偏股混合型基金	400	194	5.534 8
农银汇理	10	农银汇理策略价值	偏股混合型基金	400	271	8.621 1
农银汇理	10	农银汇理大盘蓝筹	偏股混合型基金	400	383	11.706 5
农银汇理	10	农银汇理策略精选	偏股混合型基金	400	399	2.570 7
农银汇理	10	农银汇理深证 100	增强指数型基金	26	22	0.772 5

(续表6)

基金公司	整体投资回报能力排名	基金名称	投资类型（二级分类）	样本基金数量	同类基金中排名	期间内规模(亿元)
长盛	11	长盛沪深300	被动指数型基金	204	126	1.362 4
长盛	11	长盛同辉深证100等权	被动指数型基金	204	129	0.268 2
长盛	11	长盛中证100	被动指数型基金	204	134	6.580 9
长盛	11	长盛同瑞中证200	被动指数型基金	204	153	0.278 8
长盛	11	长盛同辉深证100等权A	被动指数型基金	204	159	0.633 4
长盛	11	长盛同瑞A	被动指数型基金	204	164	0.037 2
长盛	11	长盛同辉深证100等权B	被动指数型基金	204	200	0.713 7
长盛	11	长盛同瑞B	被动指数型基金	204	201	0.059 7
长盛	11	长盛同禧信用增利A	混合债券型二级基金	151	66	0.598 0
长盛	11	长盛同禧信用增利C	混合债券型二级基金	151	74	0.303 6
长盛	11	长盛积极配置	混合债券型二级基金	151	90	3.670 4
长盛	11	长盛货币	货币市场型基金	154	58	46.517 1
长盛	11	长盛创新先锋	灵活配置型基金	81	15	1.866 5
长盛	11	长盛战略新兴产业A	灵活配置型基金	81	49	9.982 8
长盛	11	长盛电子信息产业	偏股混合型基金	400	2	14.974 5
长盛	11	长盛量化红利策略	偏股混合型基金	400	71	2.757 9
长盛	11	长盛成长价值	偏股混合型基金	400	117	5.795 7
长盛	11	长盛同德	偏股混合型基金	400	159	35.974 8
长盛	11	长盛动态精选	偏股混合型基金	400	212	8.452 1
长盛	11	长盛同智	偏股混合型基金	400	272	14.273 2
摩根士丹利华鑫	12	大摩多元收益A	混合债券型二级基金	151	38	2.668 0
摩根士丹利华鑫	12	大摩多元收益C	混合债券型二级基金	151	45	4.824 1
摩根士丹利华鑫	12	大摩强收益债券	混合债券型一级基金	120	39	1.675 7
摩根士丹利华鑫	12	大摩消费领航	灵活配置型基金	81	37	10.707 2
摩根士丹利华鑫	12	大摩多因子策略	偏股混合型基金	400	14	19.826 9
摩根士丹利华鑫	12	大摩卓越成长	偏股混合型基金	400	31	8.637 2
摩根士丹利华鑫	12	大摩主题优选	偏股混合型基金	400	82	4.081 4
摩根士丹利华鑫	12	大摩基础行业混合	偏股混合型基金	400	133	1.003 4
摩根士丹利华鑫	12	大摩领先优势	偏股混合型基金	400	173	8.842 4

基金公司	整体投资回报能力排名	基金名称	投资类型（二级分类）	样本基金数量	同类基金中排名	期间内规模(亿元)
摩根士丹利华鑫	12	大摩量化配置	偏股混合型基金	400	175	20.632 5
摩根士丹利华鑫	12	大摩资源优选混合	偏股混合型基金	400	328	21.595 5
摩根士丹利华鑫	12	大摩深证 300	增强指数型基金	26	5	1.017 3
工银瑞信	13	工银瑞信中证 500B	被动指数型基金	204	7	0.067 9
工银瑞信	13	工银瑞信中证 500	被动指数型基金	204	32	0.913 0
工银瑞信	13	工银瑞信深证 100B	被动指数型基金	204	58	0.236 5
工银瑞信	13	工银瑞信深证红利 ETF	被动指数型基金	204	60	5.939 2
工银瑞信	13	工银瑞信深证红利 ETF 联接	被动指数型基金	204	73	5.563 0
工银瑞信	13	工银瑞信沪深 300	被动指数型基金	204	115	33.547 1
工银瑞信	13	工银瑞信深证 100	被动指数型基金	204	123	0.383 6
工银瑞信	13	工银上证央企 50ETF	被动指数型基金	128	128	4.853 8
工银瑞信	13	工银瑞信中证 500A	被动指数型基金	204	170	0.041 8
工银瑞信	13	工银瑞信深证 100A	被动指数型基金	204	173	0.179 6
工银瑞信	13	工银瑞信添颐 A	混合债券型二级基金	151	22	5.587 3
工银瑞信	13	工银瑞信添颐 B	混合债券型二级基金	151	24	12.738 5
工银瑞信	13	工银瑞信双利 A	混合债券型二级基金	151	64	55.192 2
工银瑞信	13	工银瑞信双利 B	混合债券型二级基金	151	68	7.919 4
工银瑞信	13	工银瑞信四季收益	混合债券型二级基金	151	77	17.173 2
工银瑞信	13	工银瑞信信用添利 A	混合债券型一级基金	120	18	29.837 1
工银瑞信	13	工银瑞信信用添利 B	混合债券型一级基金	120	20	24.424 5
工银瑞信	13	工银瑞信增强收益 A	混合债券型一级基金	120	32	28.135 9
工银瑞信	13	工银瑞信增强收益 B	混合债券型一级基金	120	38	13.085 6
工银瑞信	13	工银瑞信 14 天理财 B	货币市场型基金	154	9	65.204 7
工银瑞信	13	工银瑞信 7 天理财 B	货币市场型基金	154	16	122.901 8
工银瑞信	13	工银瑞信 14 天理财 A	货币市场型基金	154	22	34.422 1
工银瑞信	13	工银瑞信 7 天理财 A	货币市场型基金	154	37	183.615 0
工银瑞信	13	工银瑞信货币	货币市场型基金	154	49	1 073.063 5
工银瑞信	13	工银瑞信主题策略	偏股混合型基金	400	40	14.311 5
工银瑞信	13	工银瑞信中小盘成长	偏股混合型基金	400	61	4.892 0

（续表6）

基金公司	整体投资回报能力排名	基金名称	投资类型（二级分类）	样本基金数量	同类基金中排名	期间内规模（亿元）
工银瑞信	13	工银瑞信量化策略	偏股混合型基金	400	97	5.972 7
工银瑞信	13	工银瑞信稳健成长 A	偏股混合型基金	400	249	35.758 3
工银瑞信	13	工银瑞信核心价值 A	偏股混合型基金	400	287	68.375 4
工银瑞信	13	工银瑞信消费服务	偏股混合型基金	400	306	8.728 9
工银瑞信	13	工银瑞信大盘蓝筹	偏股混合型基金	400	338	3.450 9
工银瑞信	13	工银瑞信精选平衡	偏股混合型基金	400	355	40.638 2
工银瑞信	13	工银瑞信红利	偏股混合型基金	400	398	15.818 2
工银瑞信	13	工银瑞信纯债	中长期纯债型基金	64	39	27.120 7
工银瑞信	13	工银瑞信信用纯债 A	中长期纯债型基金	64	60	10.538 8
工银瑞信	13	工银瑞信信用纯债 B	中长期纯债型基金	64	64	18.840 4
华泰柏瑞	14	华泰柏瑞上证中小盘 ETF	被动指数型基金	204	29	0.610 7
华泰柏瑞	14	华泰柏瑞上证中小盘 ETF 联接	被动指数型基金	204	37	0.337 3
华泰柏瑞	14	华泰柏瑞红利 ETF	被动指数型基金	204	80	11.503 3
华泰柏瑞	14	华泰柏瑞沪深 300ETF	被动指数型基金	204	96	227.712 3
华泰柏瑞	14	华泰柏瑞沪深 300ETF 联接	被动指数型基金	204	105	9.267 8
华泰柏瑞	14	华泰柏瑞增利 A	混合债券型二级基金	151	130	0.132 7
华泰柏瑞	14	华泰柏瑞增利 B	混合债券型二级基金	151	134	0.745 2
华泰柏瑞	14	华泰柏瑞信用增利	混合债券型一级基金	120	99	3.259 9
华泰柏瑞	14	华泰柏瑞货币 B	货币市场型基金	154	35	312.291 3
华泰柏瑞	14	华泰柏瑞货币 A	货币市场型基金	154	72	6.123 5
华泰柏瑞	14	华泰柏瑞价值增长	偏股混合型基金	400	18	8.016 1
华泰柏瑞	14	华泰柏瑞行业领先	偏股混合型基金	400	148	5.246 8
华泰柏瑞	14	华泰柏瑞积极成长 A	偏股混合型基金	400	153	23.607 5
华泰柏瑞	14	华泰柏瑞量化先行	偏股混合型基金	400	236	2.256 6
华泰柏瑞	14	华泰柏瑞盛世中国	偏股混合型基金	400	252	39.059 6
华泰柏瑞	14	华泰柏瑞稳健收益 A	中长期纯债型基金	64	22	39.973 0
华泰柏瑞	14	华泰柏瑞稳健收益 C	中长期纯债型基金	64	29	23.708 9
南方	15	南方上证 380ETF	被动指数型基金	204	11	2.370 7
南方	15	南方中证 500ETF 联接	被动指数型基金	204	12	53.717 9

基金公司	整体投资回报能力排名	基金名称	投资类型（二级分类）	样本基金数量	同类基金中排名	期间内规模（亿元）
南方	15	南方上证380ETF联接	被动指数型基金	204	19	1.906 8
南方	15	南方小康产业ETF	被动指数型基金	204	92	5.602 0
南方	15	南方小康产业ETF联接	被动指数型基金	204	110	5.337 2
南方	15	南方开元沪深300ETF联接	被动指数型基金	204	124	18.396 0
南方	15	南方深成ETF	被动指数型基金	204	138	20.523 2
南方	15	南方深成ETF联接	被动指数型基金	204	139	12.018 7
南方	15	南方广利回报AB	混合债券型二级基金	151	40	10.446 9
南方	15	南方广利回报C	混合债券型二级基金	151	43	8.701 6
南方	15	南方多利增强A	混合债券型一级基金	120	68	17.901 7
南方	15	南方多利增强C	混合债券型一级基金	120	73	11.326 9
南方	15	南方理财60天B	货币市场型基金	154	7	0.596 0
南方	15	南方理财14天B	货币市场型基金	154	11	3.260 1
南方	15	南方理财60天A	货币市场型基金	154	20	5.481 4
南方	15	南方现金增利B	货币市场型基金	154	24	403.586 7
南方	15	南方理财14天A	货币市场型基金	154	26	10.375 5
南方	15	南方现金增利A	货币市场型基金	154	51	316.929 7
南方	15	南方优选成长	灵活配置型基金	81	26	8.516 4
南方	15	南方高端装备	灵活配置型基金	81	53	3.658 1
南方	15	南方优选价值A	偏股混合型基金	400	60	15.634 6
南方	15	南方策略优化	偏股混合型基金	400	107	5.307 1
南方	15	南方盛元红利	偏股混合型基金	400	138	20.536 1
南方	15	南方高增长	偏股混合型基金	400	190	28.653 5
南方	15	南方绩优成长	偏股混合型基金	400	200	66.831 3
南方	15	南方积极配置	偏股混合型基金	400	226	15.191 5
南方	15	南方成分精选	偏股混合型基金	400	262	69.380 6
南方	15	南方稳健成长	偏股混合型基金	400	273	31.820 4
南方	15	南方隆元产业主题	偏股混合型基金	400	376	38.327 4
南方	15	南方宝元债券	偏债混合型基金	32	7	16.903 0
南方	15	南方保本	偏债混合型基金	32	20	22.892 5

（续表 6）

基金公司	整体投资回报能力排名	基金名称	投资类型（二级分类）	样本基金数量	同类基金中排名	期间内规模（亿元）
南方	15	南方避险增值	偏债混合型基金	32	24	84.900 2
南方	15	南方稳健成长 2 号	平衡混合型基金	17	9	31.516 1
南方	15	南方新兴消费进取	普通股票型基金	24	3	0.427 7
南方	15	南方新兴消费增长	普通股票型基金	24	15	2.331 6
南方	15	南方新兴消费收益	普通股票型基金	24	24	0.452 5
南方	15	南方金利 A	中长期纯债型基金	64	9	6.208 8
南方	15	南方金利 C	中长期纯债型基金	64	12	4.027 7
南方	15	南方润元纯债 AB	中长期纯债型基金	64	46	18.128 7
南方	15	南方润元纯债 C	中长期纯债型基金	64	49	21.937 6
富国	16	富国上证综指 ETF	被动指数型基金	204	72	2.660 2
富国	16	富国上证综指 ETF 联接	被动指数型基金	204	85	2.487 6
富国	16	富国可转债	混合债券型二级基金	151	14	13.399 1
富国	16	富国优化增强 A	混合债券型二级基金	151	50	3.971 9
富国	16	富国优化增强 B	混合债券型二级基金	151	51	3.971 9
富国	16	富国优化增强 C	混合债券型二级基金	151	57	3.132 2
富国	16	富国天丰强化收益	混合债券型一级基金	120	56	22.467 8
富国	16	富国新天锋	混合债券型一级基金	120	66	7.054 3
富国	16	富国天利增长债券	混合债券型一级基金	120	74	17.536 6
富国	16	富国天时货币 B	货币市场型基金	154	79	83.676 8
富国	16	富国天时货币 A	货币市场型基金	154	119	12.068 9
富国	16	富国天成红利	灵活配置型基金	81	38	22.429 6
富国	16	富国低碳环保	偏股混合型基金	400	11	47.477 8
富国	16	富国天合稳健优选	偏股混合型基金	400	36	35.840 4
富国	16	富国高新技术产业	偏股混合型基金	400	52	3.314 6
富国	16	富国天惠精选成长	偏股混合型基金	400	76	43.767 9
富国	16	富国通胀通缩主题	偏股混合型基金	400	155	2.511 4
富国	16	富国天博创新主题	偏股混合型基金	400	176	45.108 8
富国	16	富国天益价值	偏股混合型基金	400	269	60.685 5
富国	16	富国天瑞强势精选	偏股混合型基金	400	289	37.269 3

（续表6）

基金公司	整体投资回报能力排名	基金名称	投资类型（二级分类）	样本基金数量	同类基金中排名	期间内规模（亿元）
富国	16	富国天源沪港深	平衡混合型基金	17	1	9.771 3
富国	16	富国中证500	增强指数型基金	26	2	3.559 7
富国	16	富国中证红利	增强指数型基金	26	8	7.199 6
富国	16	富国沪深300	增强指数型基金	26	11	46.905 1
富国	16	富国产业债	中长期纯债型基金	64	27	34.868 7
富国	16	富国纯债AB	中长期纯债型基金	64	54	3.302 0
富国	16	富国纯债C	中长期纯债型基金	64	57	7.394 7
民生加银	17	民生加银中证内地资源	被动指数型基金	204	197	1.683 8
民生加银	17	民生加银增强收益A	混合债券型二级基金	151	16	12.907 8
民生加银	17	民生加银增强收益C	混合债券型二级基金	151	19	5.560 2
民生加银	17	民生加银信用双利A	混合债券型二级基金	151	30	15.362 2
民生加银	17	民生加银信用双利C	混合债券型二级基金	151	34	10.039 9
民生加银	17	民生加银现金增利B	货币市场型基金	154	63	164.938 7
民生加银	17	民生加银现金增利A	货币市场型基金	154	101	18.789 2
民生加银	17	民生加银红利回报	灵活配置型基金	81	20	12.042 7
民生加银	17	民生加银品牌蓝筹	灵活配置型基金	81	40	2.619 1
民生加银	17	民生加银稳健成长	偏股混合型基金	400	132	1.057 8
民生加银	17	民生加银内需增长	偏股混合型基金	400	178	3.401 3
民生加银	17	民生加银精选	偏股混合型基金	400	265	4.430 9
民生加银	17	民生加银景气行业	偏股混合型基金	400	285	2.249 3
民生加银	17	民生加银平稳增利A	中长期纯债型基金	64	10	10.565 0
民生加银	17	民生加银平稳增利C	中长期纯债型基金	64	20	2.668 3
广发	18	广发中小板300ETF	被动指数型基金	204	13	4.817 4
广发	18	广发中证500ETF联接	被动指数型基金	204	20	25.870 8
广发	18	广发中小板300ETF联接	被动指数型基金	204	25	4.036 0
广发	18	广发深证100B	被动指数型基金	204	55	0.318 6
广发	18	广发沪深300	被动指数型基金	204	121	20.679 9
广发	18	广发深证100分级	被动指数型基金	204	133	0.763 0
广发	18	广发深证100A	被动指数型基金	204	171	0.405 8

基金公司	整体投资回报能力排名	基金名称	投资类型（二级分类）	样本基金数量	同类基金中排名	期间内规模（亿元）
广发	18	广发聚利	混合债券型一级基金	120	19	4.133 4
广发	18	广发聚财信用 A	混合债券型一级基金	120	22	4.712 0
广发	18	广发聚财信用 B	混合债券型一级基金	120	23	6.924 1
广发	18	广发增强债券	混合债券型一级基金	120	81	13.757 5
广发	18	广发货币 B	货币市场型基金	154	30	928.633 1
广发	18	广发货币 A	货币市场型基金	154	67	128.767 6
广发	18	广发内需增长	灵活配置型基金	81	80	18.435 0
广发	18	广发行业领先	偏股混合型基金	400	38	43.027 5
广发	18	广发制造业精选	偏股混合型基金	400	62	6.802 4
广发	18	广发核心精选	偏股混合型基金	400	219	21.329 0
广发	18	广发聚瑞	偏股混合型基金	400	237	25.839 7
广发	18	广发消费品精选	偏股混合型基金	400	264	0.851 7
广发	18	广发大盘成长	偏股混合型基金	400	274	50.513 1
广发	18	广发聚丰	偏股混合型基金	400	297	142.823 7
广发	18	广发策略优选	偏股混合型基金	400	322	69.654 8
广发	18	广发稳健增长	偏股混合型基金	400	324	49.638 9
广发	18	广发小盘成长	偏股混合型基金	400	377	55.273 3
广发	18	广发聚富	平衡混合型基金	17	14	36.984 8
广发	18	广发纯债 A	中长期纯债型基金	64	14	13.619 9
广发	18	广发纯债 C	中长期纯债型基金	64	19	33.786 3
广发	18	广发双债添利 A	中长期纯债型基金	64	51	28.007 4
广发	18	广发双债添利 C	中长期纯债型基金	64	53	4.675 3
中欧	19	中欧鼎利分级 B	混合债券型二级基金	151	13	0.117 4
中欧	19	中欧鼎利分级	混合债券型二级基金	151	93	3.954 1
中欧	19	中欧鼎利分级 A	混合债券型二级基金	151	147	0.229 5
中欧	19	中欧增强回报 A	混合债券型一级基金	120	26	13.046 2
中欧	19	中欧稳健收益 A	混合债券型一级基金	120	105	0.527 8
中欧	19	中欧稳健收益 C	混合债券型一级基金	120	110	0.552 0
中欧	19	中欧货币 B	货币市场型基金	154	42	74.266 3

基金公司	整体投资回报能力排名	基金名称	投资类型（二级分类）	样本基金数量	同类基金中排名	期间内规模(亿元)
中欧	19	中欧货币 A	货币市场型基金	154	80	1.849 5
中欧	19	中欧新蓝筹 A	灵活配置型基金	81	27	20.781 5
中欧	19	中欧新动力 A	偏股混合型基金	400	56	13.963 5
中欧	19	中欧新趋势 A	偏股混合型基金	400	158	28.078 0
中欧	19	中欧价值发现 A	偏股混合型基金	400	174	20.017 3
中欧	19	中欧行业成长 A	偏股混合型基金	400	386	13.721 0
中欧	19	中欧沪深 300A	增强指数型基金	26	15	1.361 8
金鹰	20	金鹰中证 500	被动指数型基金	204	30	0.583 3
金鹰	20	金鹰中证 500B	被动指数型基金	204	83	0.046 0
金鹰	20	金鹰中证 500A	被动指数型基金	204	168	0.043 2
金鹰	20	金鹰货币 B	货币市场型基金	154	44	25.747 5
金鹰	20	金鹰货币 A	货币市场型基金	154	83	3.146 2
金鹰	20	金鹰红利价值	灵活配置型基金	81	11	0.990 5
金鹰	20	金鹰成分股优选	灵活配置型基金	81	65	7.768 5
金鹰	20	金鹰稳健成长	偏股混合型基金	400	24	2.429 2
金鹰	20	金鹰行业优势	偏股混合型基金	400	92	5.260 5
金鹰	20	金鹰主题优势	偏股混合型基金	400	96	5.382 3
金鹰	20	金鹰策略配置	偏股混合型基金	400	131	2.889 9
金鹰	20	金鹰中小盘精选	偏股混合型基金	400	137	11.973 0
金鹰	20	金鹰核心资源	偏股混合型基金	400	207	1.686 9
金鹰	20	金鹰保本	偏债混合型基金	32	30	2.960 0
易方达	21	易方达创业板 ETF	被动指数型基金	204	1	23.909 8
易方达	21	易方达创业板 ETF 联接	被动指数型基金	204	3	6.000 1
易方达	21	易方达上证中盘 ETF	被动指数型基金	204	47	7.683 9
易方达	21	易方达上证中盘 ETF 联接	被动指数型基金	204	56	6.369 9
易方达	21	易方达中小板指数	被动指数型基金	204	74	1.661 4
易方达	21	易方达深证 100ETF	被动指数型基金	204	82	126.892 6
易方达	21	易方达深证 100ETF 联接	被动指数型基金	204	89	53.652 3
易方达	21	易方达沪深 300ETF 联接	被动指数型基金	204	112	63.639 0

(续表6)

基金公司	整体投资回报能力排名	基金名称	投资类型(二级分类)	样本基金数量	同类基金中排名	期间内规模(亿元)
易方达	21	易方达中小板指数 A	被动指数型基金	204	160	1.208 8
易方达	21	易方达中小板指数 B	被动指数型基金	204	192	1.709 4
易方达	21	易方达安心回报 A	混合债券型二级基金	151	5	20.093 4
易方达	21	易方达安心回报 B	混合债券型二级基金	151	6	22.991 6
易方达	21	易方达稳健收益 B	混合债券型二级基金	151	27	48.225 7
易方达	21	易方达稳健收益 A	混合债券型二级基金	151	32	24.535 2
易方达	21	易方达岁丰添利	混合债券型一级基金	120	2	14.792 4
易方达	21	易方达增强回报 A	混合债券型一级基金	120	13	34.507 6
易方达	21	易方达增强回报 B	混合债券型一级基金	120	14	27.099 4
易方达	21	易方达双债增强 A	混合债券型一级基金	120	60	27.137 3
易方达	21	易方达双债增强 C	混合债券型一级基金	120	64	0.904 5
易方达	21	易方达月月利 B	货币市场型基金	154	2	0.940 2
易方达	21	易方达月月利 A	货币市场型基金	154	6	6.936 0
易方达	21	易方达货币 B	货币市场型基金	154	59	905.659 2
易方达	21	易方达货币 A	货币市场型基金	154	96	184.455 7
易方达	21	易方达价值成长	灵活配置型基金	81	47	123.517 6
易方达	21	易方达科汇	灵活配置型基金	81	48	9.614 7
易方达	21	易方达科讯	偏股混合型基金	400	23	72.970 8
易方达	21	易方达科翔	偏股混合型基金	400	41	16.169 4
易方达	21	易方达行业领先	偏股混合型基金	400	144	9.581 4
易方达	21	易方达价值精选	偏股混合型基金	400	268	50.072 1
易方达	21	易方达中小盘	偏股混合型基金	400	277	16.759 5
易方达	21	易方达医疗保健	偏股混合型基金	400	301	22.940 8
易方达	21	易方达策略成长	偏股混合型基金	400	316	32.965 6
易方达	21	易方达策略 2 号	偏股混合型基金	400	318	29.698 5
易方达	21	易方达积极成长	偏股混合型基金	400	370	38.511 9
易方达	21	易方达资源行业	偏股混合型基金	400	400	4.923 4
易方达	21	易方达平稳增长	平衡混合型基金	17	2	21.177 1
易方达	21	基金科瑞	普通股票型基金	24	9	39.924 0

基金公司	整体投资回报能力排名	基金名称	投资类型（二级分类）	样本基金数量	同类基金中排名	期间内规模(亿元)
易方达	21	易方达消费行业	普通股票型基金	24	20	17.043 3
易方达	21	易方达沪深300量化	增强指数型基金	26	12	2.784 1
易方达	21	易方达上证50	增强指数型基金	26	17	139.699 9
易方达	21	易方达永旭添利	中长期纯债型基金	64	6	12.346 9
易方达	21	易方达纯债A	中长期纯债型基金	64	45	31.712 1
易方达	21	易方达纯债C	中长期纯债型基金	64	48	33.029 5
新华	22	新华泛资源优势	灵活配置型基金	81	29	4.684 1
新华	22	新华中小市值优选	偏股混合型基金	400	30	4.521 5
新华	22	新华优选消费	偏股混合型基金	400	44	5.868 9
新华	22	新华钻石品质企业	偏股混合型基金	400	110	7.376 4
新华	22	新华行业周期轮换	偏股混合型基金	400	116	3.012 2
新华	22	新华灵活主题	偏股混合型基金	400	169	1.001 9
新华	22	新华优选成长	偏股混合型基金	400	228	19.748 8
新华	22	新华优选分红	偏股混合型基金	400	238	14.328 4
新华	22	新华纯债添利A	中长期纯债型基金	64	26	6.097 4
新华	22	新华纯债添利C	中长期纯债型基金	64	32	20.478 1
汇丰晋信	23	汇丰晋信恒生A	被动指数型基金	204	150	0.860 8
汇丰晋信	23	汇丰晋信2016	混合债券型二级基金	151	86	3.643 9
汇丰晋信	23	汇丰晋信平稳增利A	混合债券型一级基金	120	102	1.346 0
汇丰晋信	23	汇丰晋信平稳增利C	混合债券型一级基金	120	104	0.952 2
汇丰晋信	23	汇丰晋信货币B	货币市场型基金	154	149	8.481 3
汇丰晋信	23	汇丰晋信货币A	货币市场型基金	154	152	0.248 7
汇丰晋信	23	汇丰晋信动态策略	灵活配置型基金	81	10	11.201 3
汇丰晋信	23	汇丰晋信龙腾	偏股混合型基金	400	122	6.252 3
汇丰晋信	23	汇丰晋信2026	偏股混合型基金	400	278	1.138 4
汇丰晋信	23	汇丰晋信科技先锋	普通股票型基金	24	2	7.321 8
汇丰晋信	23	汇丰晋信低碳先锋	普通股票型基金	24	4	7.671 9
汇丰晋信	23	汇丰晋信大盘	普通股票型基金	24	5	15.092 5
汇丰晋信	23	汇丰晋信中小盘	普通股票型基金	24	16	2.740 5

(续表6)

基金公司	整体投资回报能力排名	基金名称	投资类型（二级分类）	样本基金数量	同类基金中排名	期间内规模(亿元)
汇丰晋信	23	汇丰晋信消费红利	普通股票型基金	24	22	8.656 0
安信	24	安信灵活配置	灵活配置型基金	81	56	1.694 8
安信	24	安信平稳增长 A	灵活配置型基金	81	76	2.560 7
安信	24	安信目标收益 A	中长期纯债型基金	64	15	4.960 8
安信	24	安信目标收益 C	中长期纯债型基金	64	24	4.692 0
长信	25	长信可转债 A	混合债券型二级基金	151	1	2.892 2
长信	25	长信可转债 C	混合债券型二级基金	151	2	1.165 3
长信	25	长信利丰	混合债券型二级基金	151	15	46.798 3
长信	25	长信利鑫分级 B	混合债券型一级基金	120	27	3.011 9
长信	25	长信利鑫分级	混合债券型一级基金	120	41	4.600 1
长信	25	长信利鑫分级 A	混合债券型一级基金	120	115	1.588 3
长信	25	长信利息收益 B	货币市场型基金	154	116	64.672 3
长信	25	长信利息收益 A	货币市场型基金	154	135	18.299 3
长信	25	长信双利优选	灵活配置型基金	81	30	8.812 4
长信	25	长信医疗保健行业	灵活配置型基金	81	41	1.145 9
长信	25	长信量化先锋	偏股混合型基金	400	9	13.549 1
长信	25	长信内需成长	偏股混合型基金	400	53	6.154 9
长信	25	长信增利策略	偏股混合型基金	400	58	21.998 3
长信	25	长信恒利优势	偏股混合型基金	400	182	1.366 2
长信	25	长信金利趋势	偏股混合型基金	400	309	46.545 3
长信	25	长信银利精选	偏股混合型基金	400	313	12.922 1
长信	25	长信纯债壹号	中长期纯债型基金	64	37	14.963 9
信诚	26	信诚中证 500 分级	被动指数型基金	204	9	3.679 7
信诚	26	信诚中证 500B	被动指数型基金	204	24	5.978 4
信诚	26	信诚沪深 300 分级	被动指数型基金	204	148	0.917 8
信诚	26	信诚沪深 300B	被动指数型基金	204	155	2.861 3
信诚	26	信诚中证 500A	被动指数型基金	204	177	9.108 7
信诚	26	信诚沪深 300A	被动指数型基金	204	183	4.827 1
信诚	26	信诚增强收益	混合债券型二级基金	151	61	12.762 0

（续表6）

基金公司	整体投资回报能力排名	基金名称	投资类型（二级分类）	样本基金数量	同类基金中排名	期间内规模(亿元)
信诚	26	信诚三得益债券A	混合债券型二级基金	151	80	1.986 9
信诚	26	信诚三得益债券B	混合债券型二级基金	151	88	2.327 6
信诚	26	信诚岁岁添金	混合债券型一级基金	120	1	5.681 7
信诚	26	信诚添金分级	混合债券型一级基金	120	67	19.014 9
信诚	26	信诚经典优债A	混合债券型一级基金	120	95	4.741 1
信诚	26	信诚经典优债B	混合债券型一级基金	120	100	4.311 7
信诚	26	信诚季季添金	混合债券型一级基金	120	107	13.333 6
信诚	26	信诚理财7日盈A	货币市场型基金	154	47	1.773 9
信诚	26	信诚货币B	货币市场型基金	154	56	68.012 7
信诚	26	信诚货币A	货币市场型基金	154	92	2.709 9
信诚	26	信诚理财7日盈B	货币市场型基金	154	105	0.105 3
信诚	26	信诚中小盘	偏股混合型基金	400	28	0.939 9
信诚	26	信诚优胜精选	偏股混合型基金	400	51	7.652 8
信诚	26	信诚周期轮动	偏股混合型基金	400	59	5.130 0
信诚	26	信诚新机遇	偏股混合型基金	400	72	1.175 7
信诚	26	信诚深度价值	偏股混合型基金	400	91	1.413 7
信诚	26	信诚精萃成长	偏股混合型基金	400	166	23.306 6
信诚	26	信诚四季红	偏股混合型基金	400	201	17.337 5
信诚	26	信诚盛世蓝筹	偏股混合型基金	400	243	10.551 9
嘉实	27	嘉实中创400ETF	被动指数型基金	204	4	2.020 8
嘉实	27	嘉实中创400ETF联接	被动指数型基金	204	5	1.874 6
嘉实	27	嘉实深证基本面120ETF	被动指数型基金	204	50	3.000 0
嘉实	27	嘉实深证基本面120ETF联接	被动指数型基金	204	63	2.765 8
嘉实	27	嘉实基本面50	被动指数型基金	204	66	15.006 9
嘉实	27	嘉实沪深300ETF	被动指数型基金	204	90	308.497 1
嘉实	27	嘉实沪深300ETF联接	被动指数型基金	204	104	238.034 8
嘉实	27	嘉实多利进取	混合债券型二级基金	151	9	0.266 0
嘉实	27	嘉实多元收益A	混合债券型二级基金	151	100	2.855 8
嘉实	27	嘉实多元收益B	混合债券型二级基金	151	108	3.353 3

基金公司	整体投资回报能力排名	基金名称	投资类型（二级分类）	样本基金数量	同类基金中排名	期间内规模（亿元）
嘉实	27	嘉实稳固收益	混合债券型二级基金	151	110	10.583 0
嘉实	27	嘉实多利分级	混合债券型二级基金	151	113	2.867 7
嘉实	27	嘉实多利优先	混合债券型二级基金	151	142	1.497 0
嘉实	27	嘉实信用A	混合债券型一级基金	120	79	12.582 6
嘉实	27	嘉实信用C	混合债券型一级基金	120	86	5.622 5
嘉实	27	嘉实债券	混合债券型一级基金	120	96	8.051 6
嘉实	27	嘉实理财宝7天B	货币市场型基金	154	1	4.030 8
嘉实	27	嘉实理财宝7天A	货币市场型基金	154	8	5.549 4
嘉实	27	嘉实货币B	货币市场型基金	154	23	201.211 2
嘉实	27	嘉实货币A	货币市场型基金	154	43	288.745 4
嘉实	27	嘉实安心货币B	货币市场型基金	154	144	37.383 7
嘉实	27	嘉实安心货币A	货币市场型基金	154	151	1.862 9
嘉实	27	嘉实回报灵活配置	灵活配置型基金	81	71	11.037 2
嘉实	27	嘉实领先成长	偏股混合型基金	400	48	16.604 2
嘉实	27	嘉实成长收益	偏股混合型基金	400	73	49.954 9
嘉实	27	嘉实研究精选	偏股混合型基金	400	84	46.989 9
嘉实	27	嘉实增长	偏股混合型基金	400	143	35.757 8
嘉实	27	嘉实周期优选	偏股混合型基金	400	156	21.205 8
嘉实	27	嘉实优化红利	偏股混合型基金	400	157	2.938 9
嘉实	27	嘉实主题新动力	偏股混合型基金	400	165	22.307 7
嘉实	27	嘉实优质企业	偏股混合型基金	400	192	61.802 8
嘉实	27	嘉实策略增长	偏股混合型基金	400	198	73.743 5
嘉实	27	嘉实量化阿尔法	偏股混合型基金	400	199	5.512 6
嘉实	27	嘉实服务增值行业	偏股混合型基金	400	229	48.021 5
嘉实	27	嘉实价值优势	偏股混合型基金	400	263	18.456 0
嘉实	27	嘉实稳健	偏股混合型基金	400	329	69.067 7
嘉实	27	嘉实主题精选	偏股混合型基金	400	336	72.607 2
嘉实	27	基金丰和	普通股票型基金	24	19	35.013 0
嘉实	27	嘉实增强收益定期A	中长期纯债型基金	64	28	18.312 3

（续表6）

基金公司	整体投资回报能力排名	基金名称	投资类型（二级分类）	样本基金数量	同类基金中排名	期间内规模(亿元)
嘉实	27	嘉实纯债A	中长期纯债型基金	64	61	44.806 2
嘉实	27	嘉实纯债C	中长期纯债型基金	64	62	6.430 3
招商	28	招商深证TMT50ETF	被动指数型基金	204	6	1.766 7
招商	28	招商深证TMT50ETF联接	被动指数型基金	204	8	1.669 4
招商	28	招商上证消费80ETF	被动指数型基金	204	52	7.313 8
招商	28	招商上证消费80ETF联接	被动指数型基金	204	64	7.134 9
招商	28	招商深证100	被动指数型基金	204	114	1.165 0
招商	28	招商中证大宗商品	被动指数型基金	204	158	0.870 9
招商	28	招商中证大宗商品B	被动指数型基金	204	161	1.206 9
招商	28	招商中证大宗商品A	被动指数型基金	204	169	1.246 4
招商	28	招商安瑞进取	混合债券型二级基金	151	17	7.919 4
招商	28	招商安本增利	混合债券型二级基金	151	35	12.041 8
招商	28	招商信用增强	混合债券型二级基金	151	96	19.516 5
招商	28	招商产业A	混合债券型一级基金	120	28	19.646 2
招商	28	招商信用添利	混合债券型一级基金	120	31	17.966 2
招商	28	招商安心收益	混合债券型一级基金	120	47	5.557 9
招商	28	招商理财7天B	货币市场型基金	154	32	5.048 5
招商	28	招商现金增值B	货币市场型基金	154	54	382.912 8
招商	28	招商理财7天A	货币市场型基金	154	76	9.284 4
招商	28	招商现金增值A	货币市场型基金	154	90	125.481 8
招商	28	招商优势企业	灵活配置型基金	81	24	0.852 5
招商	28	招商安泰	偏股混合型基金	400	89	6.062 1
招商	28	招商大盘蓝筹	偏股混合型基金	400	101	7.767 6
招商	28	招商中小盘精选	偏股混合型基金	400	139	3.639 5
招商	28	招商行业领先	偏股混合型基金	400	203	8.553 8
招商	28	招商优质成长	偏股混合型基金	400	333	24.072 4
招商	28	招商核心价值	偏股混合型基金	400	353	24.903 1
招商	28	招商先锋	偏股混合型基金	400	358	34.624 4
招商	28	招商安泰平衡	偏债混合型基金	32	8	0.975 4

（续表6）

基金公司	整体投资回报能力排名	基金名称	投资类型（二级分类）	样本基金数量	同类基金中排名	期间内规模（亿元）
招商	28	招商安达保本	偏债混合型基金	32	15	10.755 3
招商	28	招商安盈保本	偏债混合型基金	32	25	42.739 1
招商	28	招商安泰债券 A	中长期纯债型基金	64	31	21.394 1
招商	28	招商安泰债券 B	中长期纯债型基金	64	34	9.942 8
中银	29	中银沪深300等权重	被动指数型基金	204	77	2.706 7
中银	29	中银上证国企 ETF	被动指数型基金	204	141	0.625 2
中银	29	中银转债增强 A	混合债券型二级基金	151	7	1.773 8
中银	29	中银转债增强 B	混合债券型二级基金	151	8	1.188 7
中银	29	中银稳健双利 A	混合债券型二级基金	151	104	29.137 0
中银	29	中银稳健双利 B	混合债券型二级基金	151	111	14.302 1
中银	29	中银信用增利	混合债券型一级基金	120	59	21.736 8
中银	29	中银稳健增利	混合债券型一级基金	120	84	31.262 6
中银	29	中银理财7天 B	货币市场型基金	154	13	24.795 8
中银	29	中银理财14天 B	货币市场型基金	154	15	89.006 3
中银	29	中银理财60天 B	货币市场型基金	154	18	16.755 5
中银	29	中银理财7天 A	货币市场型基金	154	31	19.729 7
中银	29	中银理财14天 A	货币市场型基金	154	36	12.540 7
中银	29	中银理财60天 A	货币市场型基金	154	40	4.460 1
中银	29	中银货币 B	货币市场型基金	154	75	942.309 8
中银	29	中银货币 A	货币市场型基金	154	115	29.396 9
中银	29	中银行业优选	灵活配置型基金	81	21	5.033 9
中银	29	中银价值精选	灵活配置型基金	81	25	5.619 8
中银	29	中银蓝筹精选	灵活配置型基金	81	68	9.926 7
中银	29	中银主题策略	偏股混合型基金	400	67	3.236 2
中银	29	中银动态策略	偏股混合型基金	400	102	11.856 9
中银	29	中银收益 A	偏股混合型基金	400	181	25.550 0
中银	29	中银中小盘成长	偏股混合型基金	400	233	1.489 6
中银	29	中银持续增长 A	偏股混合型基金	400	234	52.399 5
中银	29	中银中国精选	偏股混合型基金	400	311	23.918 4

（续表6）

基金公司	整体投资回报能力排名	基金名称	投资类型（二级分类）	样本基金数量	同类基金中排名	期间内规模（亿元）
中银	29	中银保本	偏债混合型基金	32	11	53.152 8
中银	29	中银中证100	增强指数型基金	26	25	12.246 7
中银	29	中银纯债A	中长期纯债型基金	64	44	36.484 0
中银	29	中银纯债C	中长期纯债型基金	64	50	28.325 6
汇添富	30	汇添富深证300ETF	被动指数型基金	204	44	1.512 2
汇添富	30	汇添富深证300ETF联接	被动指数型基金	204	61	0.971 8
汇添富	30	汇添富上证综指	被动指数型基金	204	86	30.799 2
汇添富	30	汇添富可转债A	混合债券型二级基金	151	42	1.225 2
汇添富	30	汇添富可转债C	混合债券型二级基金	151	46	1.243 2
汇添富	30	汇添富多元收益A	混合债券型二级基金	151	56	5.794 8
汇添富	30	汇添富多元收益C	混合债券型二级基金	151	63	4.135 6
汇添富	30	汇添富季季红	混合债券型一级基金	120	63	5.388 7
汇添富	30	汇添富增强收益A	混合债券型一级基金	120	76	20.448 8
汇添富	30	汇添富增强收益C	混合债券型一级基金	120	80	2.319 3
汇添富	30	汇添富信用债A	混合债券型一级基金	120	108	6.872 9
汇添富	30	汇添富信用债C	混合债券型一级基金	120	112	0.279 2
汇添富	30	汇添富理财60天B	货币市场型基金	154	5	0.229 6
汇添富	30	汇添富理财60天A	货币市场型基金	154	17	6.676 5
汇添富	30	汇添富理财30天B	货币市场型基金	154	21	10.825 3
汇添富	30	汇添富理财30天A	货币市场型基金	154	46	25.783 2
汇添富	30	汇添富收益快线货币B	货币市场型基金	154	93	119.311 5
汇添富	30	汇添富货币B	货币市场型基金	154	94	54.027 5
汇添富	30	汇添富理财14天B	货币市场型基金	154	109	0.343 8
汇添富	30	汇添富货币A	货币市场型基金	154	125	9.004 7
汇添富	30	汇添富理财14天A	货币市场型基金	154	126	2.032 0
汇添富	30	汇添富收益快线货币A	货币市场型基金	154	147	114.372 2
汇添富	30	汇添富蓝筹稳健	灵活配置型基金	81	23	5.993 4
汇添富	30	汇添富民营活力A	偏股混合型基金	400	7	42.379 7
汇添富	30	汇添富价值精选A	偏股混合型基金	400	63	46.897 5

（续表6）

基金公司	整体投资回报能力排名	基金名称	投资类型（二级分类）	样本基金数量	同类基金中排名	期间内规模（亿元）
汇添富	30	汇添富成长焦点	偏股混合型基金	400	69	59.350 1
汇添富	30	汇添富逆向投资	偏股混合型基金	400	70	6.656 9
汇添富	30	汇添富社会责任	偏股混合型基金	400	85	37.948 2
汇添富	30	汇添富医药保健 A	偏股混合型基金	400	128	43.032 3
汇添富	30	汇添富优势精选	偏股混合型基金	400	130	25.393 4
汇添富	30	汇添富策略回报	偏股混合型基金	400	136	15.874 9
汇添富	30	汇添富均衡增长	偏股混合型基金	400	208	105.129 0
华夏	31	华夏中小板 ETF	被动指数型基金	204	27	36.172 6
华夏	31	华夏沪深 300ETF	被动指数型基金	204	84	92.850 8
华夏	31	华夏沪深 300ETF 联接	被动指数型基金	204	93	159.637 7
华夏	31	华夏上证 50ETF	被动指数型基金	204	146	247.574 6
华夏	31	华夏安康信用优选 A	混合债券型二级基金	151	101	14.420 9
华夏	31	华夏希望债券 A	混合债券型二级基金	151	105	18.536 3
华夏	31	华夏安康信用优选 C	混合债券型二级基金	151	107	10.150 3
华夏	31	华夏希望债券 C	混合债券型二级基金	151	112	12.167 8
华夏	31	中信稳定双利债券	混合债券型一级基金	120	71	13.544 0
华夏	31	华夏债券 AB	混合债券型一级基金	120	93	14.411 5
华夏	31	华夏债券 C	混合债券型一级基金	120	98	23.586 6
华夏	31	华夏理财 30 天 A	货币市场型基金	154	29	4.687 6
华夏	31	华夏货币 B	货币市场型基金	154	34	136.378 6
华夏	31	华夏理财 30 天 B	货币市场型基金	154	38	0.576 8
华夏	31	华夏现金增利 A	货币市场型基金	154	45	659.043 6
华夏	31	华夏货币 A	货币市场型基金	154	71	24.579 0
华夏	31	华夏平稳增长	灵活配置型基金	81	42	31.061 5
华夏	31	华夏策略精选	灵活配置型基金	81	57	8.870 8
华夏	31	华夏行业精选	偏股混合型基金	400	120	50.585 7
华夏	31	华夏收入	偏股混合型基金	400	162	33.411 6
华夏	31	华夏红利	偏股混合型基金	400	184	157.141 8
华夏	31	华夏复兴	偏股混合型基金	400	213	27.228 1

（续表6）

基金公司	整体投资回报能力排名	基金名称	投资类型（二级分类）	样本基金数量	同类基金中排名	期间内规模(亿元)
华夏	31	华夏蓝筹核心	偏股混合型基金	400	232	66.697 1
华夏	31	华夏优势增长	偏股混合型基金	400	284	114.926 9
华夏	31	华夏经典配置	偏股混合型基金	400	303	13.717 7
华夏	31	华夏成长	偏股混合型基金	400	325	75.498 2
华夏	31	华夏盛世精选	偏股混合型基金	400	351	49.240 2
华夏	31	华夏大盘精选	偏股混合型基金	400	357	22.384 3
华夏	31	华夏回报2号	平衡混合型基金	17	11	47.554 0
华夏	31	华夏回报	平衡混合型基金	17	12	89.277 6
华安	32	华安深证300	被动指数型基金	204	62	1.479 8
华安	32	华安沪深300B	被动指数型基金	204	81	0.261 1
华安	32	华安上证龙头ETF	被动指数型基金	204	95	4.263 3
华安	32	华安上证180ETF联接	被动指数型基金	204	99	12.823 9
华安	32	华安上证180ETF	被动指数型基金	204	100	140.680 4
华安	32	华安上证龙头ETF联接	被动指数型基金	204	113	3.793 6
华安	32	华安沪深300	被动指数型基金	204	142	0.284 5
华安	32	华安沪深300A	被动指数型基金	204	174	0.232 8
华安	32	华安安心收益B	混合债券型二级基金	151	29	2.216 5
华安	32	华安强化收益A	混合债券型二级基金	151	31	1.943 3
华安	32	华安安心收益A	混合债券型二级基金	151	36	2.690 0
华安	32	华安强化收益B	混合债券型二级基金	151	37	1.407 5
华安	32	华安可转债A	混合债券型二级基金	151	47	2.901 1
华安	32	华安可转债B	混合债券型二级基金	151	53	3.411 4
华安	32	华安信用增强	混合债券型二级基金	151	75	7.571 1
华安	32	华安稳定收益A	混合债券型一级基金	120	34	13.475 3
华安	32	华安稳定收益B	混合债券型一级基金	120	40	2.528 6
华安	32	华安稳固收益	混合债券型一级基金	120	46	22.897 8
华安	32	华安日日鑫B	货币市场型基金	154	50	5.140 1
华安	32	华安月月鑫B	货币市场型基金	154	69	11.376 5
华安	32	华安现金富利B	货币市场型基金	154	77	254.958 8

（续表6）

基金公司	整体投资回报能力排名	基金名称	投资类型（二级分类）	样本基金数量	同类基金中排名	期间内规模(亿元)
华安	32	华安日日鑫A	货币市场型基金	154	87	3.033 8
华安	32	华安月月鑫A	货币市场型基金	154	106	27.394 4
华安	32	华安现金富利A	货币市场型基金	154	117	32.934 4
华安	32	华安季季鑫B	货币市场型基金	154	130	0.050 0
华安	32	华安月安鑫B	货币市场型基金	154	140	0.113 0
华安	32	华安月安鑫A	货币市场型基金	154	141	1.604 3
华安	32	华安季季鑫A	货币市场型基金	154	146	1.488 7
华安	32	华安动态灵活配置	灵活配置型基金	81	6	4.286 7
华安	32	华安逆向策略	偏股混合型基金	400	5	10.480 7
华安	32	华安科技动力	偏股混合型基金	400	22	2.126 0
华安	32	华安行业轮动	偏股混合型基金	400	112	4.480 6
华安	32	华安宏利	偏股混合型基金	400	179	52.812 6
华安	32	华安升级主题	偏股混合型基金	400	209	7.676 4
华安	32	华安策略优选	偏股混合型基金	400	223	59.363 8
华安	32	华安中小盘成长	偏股混合型基金	400	230	43.072 5
华安	32	华安核心优选	偏股混合型基金	400	259	1.575 3
华安	32	华安宝利配置	平衡混合型基金	17	5	33.354 7
华安	32	华安创新	平衡混合型基金	17	13	41.929 9
华安	32	华安MSCI中国A股	增强指数型基金	26	14	46.333 5
华安	32	华安信用四季红	中长期纯债型基金	64	36	25.130 1
建信	33	建信深证基本面60ETF	被动指数型基金	204	65	2.077 2
建信	33	建信深证基本面60ETF联接	被动指数型基金	204	70	2.106 0
建信	33	建信上证社会责任ETF	被动指数型基金	204	91	2.619 5
建信	33	建信上证社会责任ETF联接	被动指数型基金	204	107	2.708 9
建信	33	建信沪深300	被动指数型基金	204	119	18.358 8
建信	33	建信转债增强A	混合债券型二级基金	151	3	1.990 0
建信	33	建信转债增强C	混合债券型二级基金	151	4	3.898 7
建信	33	建信双息红利A	混合债券型二级基金	151	23	28.698 3
建信	33	建信收益增强A	混合债券型二级基金	151	52	13.504 0

（续表6）

基金公司	整体投资回报能力排名	基金名称	投资类型（二级分类）	样本基金数量	同类基金中排名	期间内规模（亿元）
建信	33	建信收益增强C	混合债券型二级基金	151	59	4.390 0
建信	33	建信稳定增利C	混合债券型一级基金	120	21	33.834 9
建信	33	建信信用增强A	混合债券型一级基金	120	37	8.311 3
建信	33	建信月盈安心理财B	货币市场型基金	154	14	34.043 7
建信	33	建信双周安心理财B	货币市场型基金	154	19	51.673 7
建信	33	建信月盈安心理财A	货币市场型基金	154	33	66.377 2
建信	33	建信双周安心理财A	货币市场型基金	154	41	18.449 1
建信	33	建信货币	货币市场型基金	154	100	426.300 9
建信	33	建信恒稳价值	灵活配置型基金	81	44	0.675 3
建信	33	建信优化配置	灵活配置型基金	81	46	47.285 2
建信	33	建信优选成长	偏股混合型基金	400	106	24.242 4
建信	33	建信社会责任	偏股混合型基金	400	195	0.922 6
建信	33	建信核心精选	偏股混合型基金	400	204	19.133 3
建信	33	建信恒久价值	偏股混合型基金	400	211	26.529 8
建信	33	建信内生动力	偏股混合型基金	400	299	20.927 4
建信	33	建信进取	普通股票型基金	24	8	0.078 5
建信	33	建信双利策略主题	普通股票型基金	24	17	8.784 4
建信	33	建信稳健	普通股票型基金	24	23	0.056 5
建信	33	建信深证100	增强指数型基金	26	10	3.180 7
建信	33	建信纯债A	中长期纯债型基金	64	52	15.089 7
建信	33	建信纯债C	中长期纯债型基金	64	55	78.685 7
融通	34	融通深证100	被动指数型基金	204	108	105.613 4
融通	34	融通深证成指	被动指数型基金	204	152	5.492 3
融通	34	融通四季添利	混合债券型一级基金	120	89	6.914 7
融通	34	融通易支付货币B	货币市场型基金	154	61	236.243 7
融通	34	融通易支付货币A	货币市场型基金	154	104	11.334 1
融通	34	融通医疗保健行业	偏股混合型基金	400	180	14.133 5
融通	34	融通动力先锋	偏股混合型基金	400	185	15.088 8
融通	34	融通内需驱动	偏股混合型基金	400	258	4.599 0

(续表6)

基金公司	整体投资回报能力排名	基金名称	投资类型（二级分类）	样本基金数量	同类基金中排名	期间内规模(亿元)
融通	34	融通领先成长	偏股混合型基金	400	281	50.796 6
融通	34	融通行业景气	偏股混合型基金	400	294	22.651 4
融通	34	融通新蓝筹	偏股混合型基金	400	305	70.555 5
融通	34	融通蓝筹成长	平衡混合型基金	17	7	13.650 9
融通	34	基金通乾	普通股票型基金	24	13	27.049 0
融通	34	融通创业板	增强指数型基金	26	1	2.573 2
融通	34	融通巨潮100	增强指数型基金	26	24	15.158 9
融通	34	融通岁岁添利A	中长期纯债型基金	64	8	7.400 1
融通	34	融通岁岁添利B	中长期纯债型基金	64	11	9.530 7
融通	34	融通债券AB	中长期纯债型基金	64	33	5.126 6
融通	34	融通债券C	中长期纯债型基金	64	35	10.904 5
方正富邦	35	方正富邦货币B	货币市场型基金	154	62	2.948 8
方正富邦	35	方正富邦货币A	货币市场型基金	154	99	3.140 7
方正富邦	35	方正富邦创新动力	偏股混合型基金	400	105	0.575 4
方正富邦	35	方正富邦红利精选	偏股混合型基金	400	366	0.401 4
银华	36	银华锐进	被动指数型基金	204	21	34.355 2
银华	36	银华深证100	被动指数型基金	204	117	9.174 8
银华	36	银华中证等权重90	被动指数型基金	204	149	6.768 0
银华	36	银华上证50等权重ETF	被动指数型基金	204	156	1.484 2
银华	36	银华资源A	被动指数型基金	204	162	1.993 6
银华	36	银华中证90A	被动指数型基金	204	172	4.994 2
银华	36	银华稳进	被动指数型基金	204	182	52.944 7
银华	36	银华上证50等权ETF联接	被动指数型基金	204	187	0.723 7
银华	36	银华中证内地资源主题	被动指数型基金	204	199	0.781 9
银华	36	银华中证90B	被动指数型基金	204	202	6.070 4
银华	36	银华资源B	被动指数型基金	204	203	2.518 3
银华	36	银华信用双利A	混合债券型二级基金	151	81	9.739 0
银华	36	银华信用双利C	混合债券型二级基金	151	85	2.198 9
银华	36	银华永泰积极A	混合债券型二级基金	151	106	0.121 6

（续表6）

基金公司	整体投资回报能力排名	基金名称	投资类型（二级分类）	样本基金数量	同类基金中排名	期间内规模（亿元）
银华	36	银华增强收益	混合债券型二级基金	151	109	7.149 2
银华	36	银华永泰积极 C	混合债券型二级基金	151	118	2.155 6
银华	36	银华信用债券	混合债券型一级基金	120	65	13.658 0
银华	36	银华货币 B	货币市场型基金	154	65	136.341 0
银华	36	银华货币 A	货币市场型基金	154	103	18.630 8
银华	36	银华成长先锋	灵活配置型基金	81	43	9.522 6
银华	36	银华和谐主题	灵活配置型基金	81	52	7.031 0
银华	36	银华中小盘精选	偏股混合型基金	400	17	16.751 1
银华	36	银华内需精选	偏股混合型基金	400	42	9.808 6
银华	36	银华领先策略	偏股混合型基金	400	74	14.512 0
银华	36	银华优质增长	偏股混合型基金	400	222	53.489 3
银华	36	银华核心价值优选	偏股混合型基金	400	225	87.209 6
银华	36	银华消费 B	偏股混合型基金	400	280	0.226 3
银华	36	银华富裕主题	偏股混合型基金	400	298	48.256 0
银华	36	银华消费主题分级	偏股混合型基金	400	323	1.825 9
银华	36	银华消费 A	偏股混合型基金	400	394	0.049 5
银华	36	银华永祥保本	偏债混合型基金	32	13	4.374 2
银华	36	银华保本增值	偏债混合型基金	32	28	18.581 3
银华	36	银华优势企业	平衡混合型基金	17	8	21.292 3
银华	36	银华道琼斯88精选	增强指数型基金	26	26	49.242 7
银华	36	银华纯债信用主题	中长期纯债型基金	64	17	26.709 7
浙商	37	浙商进取	被动指数型基金	204	51	0.086 2
浙商	37	浙商沪深 300	被动指数型基金	204	130	1.008 4
浙商	37	浙商稳健	被动指数型基金	204	184	0.091 4
浙商	37	浙商聚潮新思维	灵活配置型基金	81	13	2.584 2
浙商	37	浙商聚潮产业成长	偏股混合型基金	400	266	4.313 3
浙商	37	浙商聚盈信用债 A	中长期纯债型基金	64	59	0.597 2
浙商	37	浙商聚盈信用债 C	中长期纯债型基金	64	63	0.383 1
万家	38	万家中证红利	被动指数型基金	204	46	5.003 7

（续表6）

基金公司	整体投资回报能力排名	基金名称	投资类型（二级分类）	样本基金数量	同类基金中排名	期间内规模(亿元)
万家	38	万家中证创业成长	被动指数型基金	204	69	0.723 2
万家	38	万家上证180	被动指数型基金	204	127	37.412 8
万家	38	万家中证创业成长 A	被动指数型基金	204	167	0.120 1
万家	38	万家中证创业成长 B	被动指数型基金	204	198	0.137 8
万家	38	万家增强收益	混合债券型二级基金	151	92	14.928 4
万家	38	万家稳健增利 A	混合债券型一级基金	120	43	13.169 6
万家	38	万家稳健增利 C	混合债券型一级基金	120	48	2.456 8
万家	38	万家货币 A	货币市场型基金	154	97	50.023 0
万家	38	万家双引擎	灵活配置型基金	81	59	5.281 0
万家	38	万家精选	偏股混合型基金	400	123	2.811 2
万家	38	万家和谐增长	偏股混合型基金	400	187	12.836 7
万家	38	万家行业优选	偏股混合型基金	400	288	4.984 1
万家	38	万家信用恒利 A	中长期纯债型基金	64	38	5.295 0
万家	38	万家信用恒利 C	中长期纯债型基金	64	43	3.686 8
长城	39	长城久兆中小板300	被动指数型基金	204	28	0.401 7
长城	39	长城中小300B	被动指数型基金	204	53	0.084 4
长城	39	长城中小300A	被动指数型基金	204	186	0.060 1
长城	39	长城稳健增利	混合债券型二级基金	151	123	6.444 5
长城	39	长城积极增利 A	混合债券型一级基金	120	25	15.320 9
长城	39	长城积极增利 C	混合债券型一级基金	120	33	6.567 2
长城	39	长城货币 B	货币市场型基金	154	27	100.854 0
长城	39	长城货币 A	货币市场型基金	154	60	36.481 3
长城	39	长城景气行业龙头	灵活配置型基金	81	62	1.659 9
长城	39	长城安心回报	灵活配置型基金	81	67	50.270 0
长城	39	长城久恒	灵活配置型基金	81	78	5.408 3
长城	39	长城双动力	偏股混合型基金	400	37	7.816 7
长城	39	长城优化升级	偏股混合型基金	400	250	1.638 3
长城	39	长城久富	偏股混合型基金	400	340	17.342 4
长城	39	长城品牌优选	偏股混合型基金	400	347	74.941 4

（续表6）

基金公司	整体投资回报能力排名	基金名称	投资类型（二级分类）	样本基金数量	同类基金中排名	期间内规模（亿元）
长城	39	长城中小盘成长	偏股混合型基金	400	365	2.000 6
长城	39	长城消费增值	偏股混合型基金	400	384	24.972 9
长城	39	长城保本	偏债混合型基金	32	10	17.420 9
长城	39	基金久嘉	普通股票型基金	24	18	23.050 0
长城	39	长城久泰沪深300	增强指数型基金	26	18	15.113 2
国联安	40	国联安双禧B中证100	被动指数型基金	204	145	10.187 3
国联安	40	国联安双禧中证100	被动指数型基金	204	154	1.360 7
国联安	40	国联安双禧A中证100	被动指数型基金	204	179	9.226 2
国联安	40	国联安上证商品ETF联接	被动指数型基金	204	190	4.180 3
国联安	40	国联安上证商品ETF	被动指数型基金	204	191	6.384 3
国联安	40	国联安信心增长A	混合债券型二级基金	151	143	1.299 5
国联安	40	国联安信心增长B	混合债券型二级基金	151	145	0.769 1
国联安	40	国联安增利债券A	混合债券型一级基金	120	82	16.154 5
国联安	40	国联安信心增益	混合债券型一级基金	120	85	10.371 8
国联安	40	国联安增利债券B	混合债券型一级基金	120	88	1.837 4
国联安	40	国联安货币B	货币市场型基金	154	122	52.429 6
国联安	40	国联安货币A	货币市场型基金	154	137	0.662 3
国联安	40	国联安优选行业	偏股混合型基金	400	39	17.595 2
国联安	40	国联安红利	偏股混合型基金	400	54	1.284 8
国联安	40	国联安小盘精选	偏股混合型基金	400	103	18.171 3
国联安	40	国联安精选	偏股混合型基金	400	129	22.757 7
国联安	40	国联安主题驱动	偏股混合型基金	400	141	3.855 8
国联安	40	国联安优势	偏股混合型基金	400	221	5.115 1
国联安	40	国联安稳健	偏债混合型基金	32	2	1.537 1
国联安	40	国联安安心成长	偏债混合型基金	32	23	15.453 7
光大保德信	41	光大添益A	混合债券型二级基金	151	128	2.612 6
光大保德信	41	光大添益C	混合债券型二级基金	151	133	1.169 8
光大保德信	41	光大收益A	混合债券型一级基金	120	116	3.491 0
光大保德信	41	光大收益C	混合债券型一级基金	120	118	0.348 7

（续表6）

基金公司	整体投资回报能力排名	基金名称	投资类型（二级分类）	样本基金数量	同类基金中排名	期间内规模（亿元）
光大保德信	41	光大添天盈 A	货币市场型基金	154	112	8.733 4
光大保德信	41	光大货币	货币市场型基金	154	121	130.526 3
光大保德信	41	光大添天盈 B	货币市场型基金	154	143	4.230 0
光大保德信	41	光大添盛理财 B	货币市场型基金	154	153	0.237 5
光大保德信	41	光大添盛理财 A	货币市场型基金	154	154	0.483 7
光大保德信	41	光大动态优选	灵活配置型基金	81	22	8.409 0
光大保德信	41	光大优势	偏股混合型基金	400	111	66.437 4
光大保德信	41	光大中小盘	偏股混合型基金	400	214	6.712 3
光大保德信	41	光大红利	偏股混合型基金	400	217	24.388 2
光大保德信	41	光大新增长	偏股混合型基金	400	275	6.416 7
光大保德信	41	光大行业轮动	偏股混合型基金	400	290	0.710 2
光大保德信	41	光大精选	偏股混合型基金	400	321	1.507 9
光大保德信	41	光大核心	普通股票型基金	24	10	63.282 4
诺安	42	诺安上证新兴产业 ETF	被动指数型基金	204	26	3.272 2
诺安	42	诺安中小板等权 ETF	被动指数型基金	204	34	1.475 3
诺安	42	诺安上证新兴产业 ETF 联接	被动指数型基金	204	35	2.651 4
诺安	42	诺安中证创业成长	被动指数型基金	204	59	0.736 4
诺安	42	诺安中证 100	被动指数型基金	204	137	5.865 6
诺安	42	诺安稳健	被动指数型基金	204	163	0.051 9
诺安	42	诺安进取	被动指数型基金	204	188	0.086 9
诺安	42	诺安增利 A	混合债券型二级基金	151	49	3.674 2
诺安	42	诺安增利 B	混合债券型二级基金	151	58	1.794 8
诺安	42	诺安双利	混合债券型二级基金	151	71	10.356 3
诺安	42	诺安优化收益	混合债券型一级基金	120	24	8.537 3
诺安	42	诺安货币 B	货币市场型基金	154	98	80.519 5
诺安	42	诺安货币 A	货币市场型基金	154	127	4.394 5
诺安	42	诺安灵活配置	灵活配置型基金	81	34	44.584 9
诺安	42	诺安新动力	灵活配置型基金	81	36	1.706 1
诺安	42	诺安中小盘精选	偏股混合型基金	400	43	9.862 9

基金公司	整体投资回报能力排名	基金名称	投资类型（二级分类）	样本基金数量	同类基金中排名	期间内规模（亿元）
诺安	42	诺安多策略	偏股混合型基金	400	90	2.193 6
诺安	42	诺安主题精选	偏股混合型基金	400	119	8.476 1
诺安	42	诺安先锋	偏股混合型基金	400	241	81.126 2
诺安	42	诺安平衡	偏股混合型基金	400	304	37.810 0
诺安	42	诺安成长	偏股混合型基金	400	317	11.386 2
诺安	42	诺安价值增长	偏股混合型基金	400	332	41.655 1
诺安	42	诺安汇鑫保本	偏债混合型基金	32	14	30.096 5
诺安	42	诺安保本	偏债混合型基金	32	16	13.832 5
泰信	43	泰信基本面400B	被动指数型基金	204	15	0.064 9
泰信	43	泰信基本面400	被动指数型基金	204	39	0.592 2
泰信	43	泰信中证200	被动指数型基金	204	57	0.849 6
泰信	43	泰信基本面400A	被动指数型基金	204	166	0.069 2
泰信	43	泰信双息双利	混合债券型二级基金	151	136	1.146 3
泰信	43	泰信周期回报	混合债券型一级基金	120	83	1.961 1
泰信	43	泰信增强收益A	混合债券型一级基金	120	97	0.779 8
泰信	43	泰信增强收益C	混合债券型一级基金	120	101	0.211 0
泰信	43	泰信天天收益	货币市场型基金	154	114	28.711 6
泰信	43	泰信优势增长	灵活配置型基金	81	16	0.870 3
泰信	43	泰信中小盘精选	偏股混合型基金	400	113	2.173 8
泰信	43	泰信发展主题	偏股混合型基金	400	140	1.692 5
泰信	43	泰信优质生活	偏股混合型基金	400	146	12.050 6
泰信	43	泰信蓝筹精选	偏股混合型基金	400	172	8.566 6
泰信	43	泰信先行策略	偏股混合型基金	400	247	26.471 3
国泰	44	国泰上证180金融ETF	被动指数型基金	204	75	22.824 5
国泰	44	国泰上证180金融ETF联接	被动指数型基金	204	97	5.005 9
国泰	44	国泰沪深300	被动指数型基金	204	125	41.021 8
国泰	44	国泰民安增利A	混合债券型二级基金	151	82	2.417 5
国泰	44	国泰民安增利C	混合债券型二级基金	151	87	6.972 1
国泰	44	国泰双利债券A	混合债券型二级基金	151	115	6.546 2

基金公司	整体投资回报能力排名	基金名称	投资类型（二级分类）	样本基金数量	同类基金中排名	期间内规模（亿元）
国泰	44	国泰双利债券 C	混合债券型二级基金	151	120	1.433 7
国泰	44	国泰信用 A	混合债券型二级基金	151	139	5.250 8
国泰	44	国泰信用 C	混合债券型二级基金	151	141	5.569 9
国泰	44	国泰互利 B	混合债券型一级基金	120	7	0.047 4
国泰	44	国泰金龙债券 A	混合债券型一级基金	120	72	13.998 9
国泰	44	国泰信用互利分级	混合债券型一级基金	120	75	6.555 6
国泰	44	国泰金龙债券 C	混合债券型一级基金	120	77	8.868 1
国泰	44	国泰互利 A	混合债券型一级基金	120	113	0.102 7
国泰	44	国泰现金管理 B	货币市场型基金	154	70	16.282 8
国泰	44	国泰货币	货币市场型基金	154	108	147.303 3
国泰	44	国泰现金管理 A	货币市场型基金	154	111	5.340 0
国泰	44	国泰中小盘成长	偏股混合型基金	400	19	6.418 6
国泰	44	国泰成长优选	偏股混合型基金	400	64	1.070 3
国泰	44	国泰区位优势	偏股混合型基金	400	77	4.154 9
国泰	44	国泰金鹰增长	偏股混合型基金	400	109	22.988 3
国泰	44	国泰金鼎价值精选	偏股混合型基金	400	115	25.705 3
国泰	44	国泰价值经典	偏股混合型基金	400	126	9.072 4
国泰	44	国泰金龙行业精选	偏股混合型基金	400	134	4.359 6
国泰	44	国泰金牛创新成长	偏股混合型基金	400	145	28.094 2
国泰	44	国泰事件驱动	偏股混合型基金	400	216	1.139 0
国泰	44	国泰金鹏蓝筹价值	偏股混合型基金	400	255	10.366 2
国泰	44	国泰金马稳健回报	偏股混合型基金	400	395	29.225 6
国泰	44	国泰保本	偏债混合型基金	32	17	15.481 5
国泰	44	国泰金泰平衡 A	偏债混合型基金	32	31	10.108 0
申万菱信	45	申万菱信深成指 B	被动指数型基金	204	14	8.506 0
申万菱信	45	申万菱信中小板	被动指数型基金	204	36	1.291 1
申万菱信	45	申万菱信沪深 300 价值	被动指数型基金	204	98	4.947 0
申万菱信	45	申万菱信深证成指分级	被动指数型基金	204	151	5.589 0
申万菱信	45	申万菱信中小板 A	被动指数型基金	204	165	1.461 2

(续表6)

基金公司	整体投资回报能力排名	基金名称	投资类型（二级分类）	样本基金数量	同类基金中排名	期间内规模（亿元）
申万菱信	45	申万菱信深成指A	被动指数型基金	204	178	33.125 3
申万菱信	45	申万菱信中小板B	被动指数型基金	204	189	1.829 1
申万菱信	45	申万菱信可转债	混合债券型二级基金	151	18	0.999 0
申万菱信	45	申万菱信稳益宝	混合债券型二级基金	151	79	7.541 7
申万菱信	45	申万菱信添益宝A	混合债券型一级基金	120	69	11.476 5
申万菱信	45	申万菱信添益宝B	混合债券型一级基金	120	70	1.034 8
申万菱信	45	申万菱信货币A	货币市场型基金	154	128	2.698 2
申万菱信	45	申万菱信消费增长	偏股混合型基金	400	242	3.296 2
申万菱信	45	申万菱信盛利精选	偏股混合型基金	400	244	11.179 3
申万菱信	45	申万菱信新动力	偏股混合型基金	400	245	18.613 8
申万菱信	45	申万菱信竞争优势	偏股混合型基金	400	279	0.595 3
申万菱信	45	申万菱信新经济	偏股混合型基金	400	282	21.184 4
申万菱信	45	申万菱信量化小盘	普通股票型基金	24	1	4.004 5
申万菱信	45	申万菱信沪深300	增强指数型基金	26	4	3.026 3
国投瑞银	46	国投瑞银中证下游	被动指数型基金	204	40	2.651 4
国投瑞银	46	国投瑞银瑞和远见	被动指数型基金	204	116	0.919 1
国投瑞银	46	国投瑞银瑞和300	被动指数型基金	204	122	2.607 3
国投瑞银	46	国投瑞银瑞和小康	被动指数型基金	204	131	1.012 7
国投瑞银	46	国投瑞银中证上游	被动指数型基金	204	196	1.997 1
国投瑞银	46	国投瑞银优化增强AB	混合债券型二级基金	151	33	12.722 2
国投瑞银	46	国投瑞银优化增强C	混合债券型二级基金	151	39	9.031 7
国投瑞银	46	国投瑞银双债增利A	混合债券型一级基金	120	17	8.129 7
国投瑞银	46	国投瑞银稳定增利	混合债券型一级基金	120	30	17.339 1
国投瑞银	46	国投瑞银货币B	货币市场型基金	154	85	143.992 8
国投瑞银	46	国投瑞银货币A	货币市场型基金	154	124	4.844 9
国投瑞银	46	国投瑞银新兴产业	灵活配置型基金	81	14	0.582 5
国投瑞银	46	国投瑞银稳健增长	灵活配置型基金	81	55	19.739 7
国投瑞银	46	国投瑞银成长优选	偏股混合型基金	400	261	9.912 3
国投瑞银	46	国投瑞银创新动力	偏股混合型基金	400	331	23.504 4

（续表6）

基金公司	整体投资回报能力排名	基金名称	投资类型（二级分类）	样本基金数量	同类基金中排名	期间内规模(亿元)
国投瑞银	46	国投瑞银核心企业	偏股混合型基金	400	356	30.624 0
国投瑞银	46	国投瑞银融华债券	偏债混合型基金	32	9	5.077 6
国投瑞银	46	国投瑞银景气行业	平衡混合型基金	17	10	21.542 4
国投瑞银	46	国投瑞银纯债 B	中长期纯债型基金	64	56	16.085 8
国投瑞银	46	国投瑞银纯债 A	中长期纯债型基金	64	58	13.042 0
鹏华	47	鹏华中证 500	被动指数型基金	204	16	5.896 2
鹏华	47	鹏华深证民营 ETF	被动指数型基金	204	22	1.881 8
鹏华	47	鹏华深证民营 ETF 联接	被动指数型基金	204	31	1.037 2
鹏华	47	鹏华上证民企 50ETF	被动指数型基金	204	38	2.103 5
鹏华	47	鹏华上证民企 50ETF 联接	被动指数型基金	204	43	1.772 7
鹏华	47	鹏华沪深 300	被动指数型基金	204	102	5.652 7
鹏华	47	鹏华资源 A	被动指数型基金	204	181	1.162 0
鹏华	47	鹏华中证 A 股资源产业	被动指数型基金	204	193	0.687 5
鹏华	47	鹏华资源 B	被动指数型基金	204	204	1.351 0
鹏华	47	鹏华丰收	混合债券型二级基金	151	127	22.305 6
鹏华	47	鹏华信用增利 A	混合债券型二级基金	151	129	11.240 4
鹏华	47	鹏华丰盛稳固收益	混合债券型二级基金	151	131	14.432 5
鹏华	47	鹏华信用增利 B	混合债券型二级基金	151	132	1.359 5
鹏华	47	鹏华丰和	混合债券型一级基金	120	36	8.717 2
鹏华	47	鹏华丰润	混合债券型一级基金	120	44	7.590 3
鹏华	47	鹏华普天债券 A	混合债券型一级基金	120	57	8.066 0
鹏华	47	鹏华普天债券 B	混合债券型一级基金	120	62	2.045 6
鹏华	47	鹏华货币 B	货币市场型基金	154	81	281.966 9
鹏华	47	鹏华货币 A	货币市场型基金	154	120	12.958 5
鹏华	47	鹏华新兴产业	偏股混合型基金	400	83	8.431 5
鹏华	47	鹏华消费优选	偏股混合型基金	400	151	4.621 5
鹏华	47	鹏华盛世创新	偏股混合型基金	400	154	3.142 0
鹏华	47	鹏华精选成长	偏股混合型基金	400	215	5.995 0
鹏华	47	鹏华普天收益	偏股混合型基金	400	240	14.927 7

基金公司	整体投资回报能力排名	基金名称	投资类型（二级分类）	样本基金数量	同类基金中排名	期间内规模（亿元）
鹏华	47	鹏华价值优势	偏股混合型基金	400	296	64.825 4
鹏华	47	鹏华中国50	偏股混合型基金	400	348	28.882 4
鹏华	47	鹏华动力增长	偏股混合型基金	400	364	41.636 4
鹏华	47	鹏华优质治理	偏股混合型基金	400	391	29.202 7
鹏华	47	鹏华金刚保本	偏债混合型基金	32	19	9.405 2
鹏华	47	鹏华价值精选	普通股票型基金	24	21	0.772 0
鹏华	47	鹏华纯债	中长期纯债型基金	64	3	12.114 5
大成	48	大成中证500沪市ETF	被动指数型基金	204	18	0.733 0
大成	48	大成中证红利	被动指数型基金	204	49	1.664 9
大成	48	大成深证成长40ETF	被动指数型基金	204	103	8.273 0
大成	48	大成沪深300	被动指数型基金	204	109	39.808 7
大成	48	大成深证成长40ETF联接	被动指数型基金	204	118	8.108 5
大成	48	大成可转债	混合债券型二级基金	151	67	1.026 6
大成	48	大成强化收益B	混合债券型二级基金	151	102	12.855 7
大成	48	大成强化收益A	混合债券型二级基金	151	103	12.855 7
大成	48	大成债券AB	混合债券型一级基金	120	15	3.262 3
大成	48	大成债券C	混合债券型一级基金	120	16	1.847 0
大成	48	大成月月盈B	货币市场型基金	154	3	3.066 2
大成	48	大成月添利理财B	货币市场型基金	154	4	8.172 8
大成	48	大成月月盈A	货币市场型基金	154	10	4.168 3
大成	48	大成月添利理财A	货币市场型基金	154	12	11.875 7
大成	48	大成现金增利B	货币市场型基金	154	52	30.094 0
大成	48	大成现金增利A	货币市场型基金	154	88	34.584 2
大成	48	大成货币B	货币市场型基金	154	102	390.003 3
大成	48	大成货币A	货币市场型基金	154	129	41.994 0
大成	48	大成内需增长	偏股混合型基金	400	29	5.702 5
大成	48	大成积极成长	偏股混合型基金	400	99	16.239 2
大成	48	大成策略回报	偏股混合型基金	400	127	6.814 4
大成	48	大成新锐产业	偏股混合型基金	400	149	1.335 1

（续表6）

基金公司	整体投资回报能力排名	基金名称	投资类型（二级分类）	样本基金数量	同类基金中排名	期间内规模（亿元）
大成	48	大成优选	偏股混合型基金	400	177	15.820 3
大成	48	大成核心双动力	偏股混合型基金	400	202	1.099 1
大成	48	大成行业轮动	偏股混合型基金	400	270	2.402 8
大成	48	大成消费主题	偏股混合型基金	400	276	0.596 6
大成	48	大成景阳领先	偏股混合型基金	400	342	18.393 2
大成	48	大成精选增值	偏股混合型基金	400	345	15.978 3
大成	48	大成创新成长	偏股混合型基金	400	354	52.721 5
大成	48	大成蓝筹稳健	偏股混合型基金	400	389	71.887 9
大成	48	大成财富管理2020	偏债混合型基金	32	22	52.616 6
大成	48	大成景恒保本	偏债混合型基金	32	26	9.309 3
大成	48	大成价值增长	平衡混合型基金	17	6	54.222 8
东方	49	东方强化收益	混合债券型二级基金	151	116	2.857 3
东方	49	东方稳健回报	混合债券型一级基金	120	117	7.809 7
东方	49	东方金账簿货币A	货币市场型基金	154	74	6.268 4
东方	49	东方增长中小盘	灵活配置型基金	81	17	0.547 2
东方	49	东方龙混合	灵活配置型基金	81	33	12.999 5
东方	49	东方策略成长	偏股混合型基金	400	161	3.807 2
东方	49	东方核心动力	偏股混合型基金	400	186	1.056 1
东方	49	东方精选	偏股混合型基金	400	231	49.320 8
东方	49	东方保本	偏债混合型基金	32	27	8.790 4
交银施罗德	50	交银深证300价值ETF	被动指数型基金	204	76	0.722 8
交银施罗德	50	交银深证300价值ETF联接	被动指数型基金	204	88	0.679 1
交银施罗德	50	交银180治理ETF	被动指数型基金	204	111	19.065 9
交银施罗德	50	交银180治理ETF联接	被动指数型基金	204	120	18.133 3
交银施罗德	50	交银双利AB	混合债券型二级基金	151	54	8.151 4
交银施罗德	50	交银双利C	混合债券型二级基金	151	60	2.205 7
交银施罗德	50	交银信用添利	混合债券型一级基金	120	52	10.853 3
交银施罗德	50	交银增利债券A	混合债券型一级基金	120	54	12.237 1
交银施罗德	50	交银增利债券B	混合债券型一级基金	120	55	12.237 1

(续表6)

基金公司	整体投资回报能力排名	基金名称	投资类型（二级分类）	样本基金数量	同类基金中排名	期间内规模（亿元）
交银施罗德	50	交银增利债券C	混合债券型一级基金	120	61	4.010 4
交银施罗德	50	交银理财21天A	货币市场型基金	154	84	6.470 4
交银施罗德	50	交银货币B	货币市场型基金	154	110	180.299 0
交银施罗德	50	交银货币A	货币市场型基金	154	133	16.172 1
交银施罗德	50	交银优势行业	灵活配置型基金	81	5	3.196 4
交银施罗德	50	交银主题优选	灵活配置型基金	81	39	9.688 6
交银施罗德	50	交银稳健配置混合	灵活配置型基金	81	61	41.137 6
交银施罗德	50	交银先进制造	偏股混合型基金	400	25	8.097 5
交银施罗德	50	交银趋势优先	偏股混合型基金	400	150	8.653 5
交银施罗德	50	交银阿尔法	偏股混合型基金	400	189	1.421 1
交银施罗德	50	交银成长A	偏股混合型基金	400	197	56.357 2
交银施罗德	50	交银先锋	偏股混合型基金	400	224	24.402 7
交银施罗德	50	交银精选	偏股混合型基金	400	295	40.716 7
交银施罗德	50	交银蓝筹	偏股混合型基金	400	320	57.561 0
交银施罗德	50	交银纯债AB	中长期纯债型基金	64	41	13.291 6
交银施罗德	50	交银纯债C	中长期纯债型基金	64	47	8.021 5
泰达宏利	51	泰达500B	被动指数型基金	204	2	0.144 3
泰达宏利	51	泰达宏利中证500	被动指数型基金	204	10	0.298 3
泰达宏利	51	泰达宏利中证财富大盘	被动指数型基金	204	41	2.120 3
泰达宏利	51	泰达500A	被动指数型基金	204	175	0.107 4
泰达宏利	51	泰达宏利集利A	混合债券型二级基金	151	26	14.211 3
泰达宏利	51	泰达宏利集利C	混合债券型二级基金	151	28	15.539 2
泰达宏利	51	泰达宏利聚利B	混合债券型一级基金	120	3	8.484 0
泰达宏利	51	泰达宏利聚利分级	混合债券型一级基金	120	50	21.113 2
泰达宏利	51	泰达宏利聚利A	混合债券型一级基金	120	111	12.630 7
泰达宏利	51	泰达宏利货币A	货币市场型基金	154	68	2.676 4
泰达宏利	51	泰达宏利品质生活	灵活配置型基金	81	75	1.645 9
泰达宏利	51	泰达宏利逆向策略	偏股混合型基金	400	94	0.860 5
泰达宏利	51	泰达宏利成长	偏股混合型基金	400	135	12.688 1

（续表6）

基金公司	整体投资回报能力排名	基金名称	投资类型（二级分类）	样本基金数量	同类基金中排名	期间内规模（亿元）
泰达宏利	51	泰达宏利红利先锋	偏股混合型基金	400	257	8.710 5
泰达宏利	51	泰达宏利周期	偏股混合型基金	400	308	4.458 6
泰达宏利	51	泰达宏利效率优选	偏股混合型基金	400	314	24.036 5
泰达宏利	51	泰达宏利稳定	偏股混合型基金	400	326	1.571 4
泰达宏利	51	泰达宏利领先中小盘	偏股混合型基金	400	367	7.557 4
泰达宏利	51	泰达宏利市值优选	偏股混合型基金	400	368	36.499 2
泰达宏利	51	泰达宏利行业精选	偏股混合型基金	400	369	23.035 6
泰达宏利	51	泰达宏利风险预算	偏债混合型基金	32	12	6.320 6
泰达宏利	51	泰达宏利首选企业	普通股票型基金	24	14	8.039 0
诺德	52	诺德深证300分级	被动指数型基金	204	67	0.241 3
诺德	52	诺德深证300B	被动指数型基金	204	157	0.061 9
诺德	52	诺德深证300A	被动指数型基金	204	185	0.050 5
诺德	52	诺德增强收益	混合债券型二级基金	151	144	1.303 3
诺德	52	诺德主题灵活配置	灵活配置型基金	81	32	0.588 6
诺德	52	诺德成长优势	偏股混合型基金	400	79	0.594 9
诺德	52	诺德周期策略	偏股混合型基金	400	80	1.262 2
诺德	52	诺德中小盘	偏股混合型基金	400	87	1.650 6
诺德	52	诺德优选30	偏股混合型基金	400	205	2.863 4
诺德	52	诺德价值优势	偏股混合型基金	400	291	17.141 9
景顺长城	53	景顺长城180等权ETF	被动指数型基金	204	68	3.236 7
景顺长城	53	景顺长城180等权ETF联接	被动指数型基金	204	87	0.825 6
景顺长城	53	景顺长城优信增利A	混合债券型二级基金	151	122	5.712 1
景顺长城	53	景顺长城优信增利C	混合债券型二级基金	151	124	0.489 5
景顺长城	53	景顺长城稳定收益A	混合债券型一级基金	120	109	3.217 3
景顺长城	53	景顺长城稳定收益C	混合债券型一级基金	120	114	2.443 0
景顺长城	53	景顺长城货币B	货币市场型基金	154	123	6.640 9
景顺长城	53	景顺长城货币A	货币市场型基金	154	139	2.109 7
景顺长城	53	景顺长城动力平衡	灵活配置型基金	81	74	28.164 6
景顺长城	53	景顺长城优选	偏股混合型基金	400	86	16.183 3

基金公司	整体投资回报能力排名	基金名称	投资类型（二级分类）	样本基金数量	同类基金中排名	期间内规模(亿元)
景顺长城	53	景顺长城中小盘	偏股混合型基金	400	125	6.134 2
景顺长城	53	景顺长城核心竞争力A	偏股混合型基金	400	167	20.486 1
景顺长城	53	景顺长城内需增长	偏股混合型基金	400	193	20.667 2
景顺长城	53	景顺长城精选蓝筹	偏股混合型基金	400	196	59.883 4
景顺长城	53	景顺长城内需增长2号	偏股混合型基金	400	206	33.337 5
景顺长城	53	景顺长城鼎益	偏股混合型基金	400	251	32.485 5
景顺长城	53	景顺长城能源基建	偏股混合型基金	400	283	19.736 5
景顺长城	53	景顺长城支柱产业	偏股混合型基金	400	286	1.378 0
景顺长城	53	景顺长城公司治理	偏股混合型基金	400	312	1.185 2
景顺长城	53	景顺长城新兴成长	偏股混合型基金	400	346	15.779 9
景顺长城	53	景顺长城资源垄断	偏股混合型基金	400	349	40.864 2
中海	54	中海增强收益A	混合债券型二级基金	151	117	1.499 1
中海	54	中海增强收益C	混合债券型二级基金	151	121	0.350 4
中海	54	中海稳健收益	混合债券型一级基金	120	51	7.743 9
中海	54	中海货币B	货币市场型基金	154	48	42.561 6
中海	54	中海货币A	货币市场型基金	154	86	4.898 0
中海	54	中海蓝筹配置	灵活配置型基金	81	19	1.388 1
中海	54	中海环保新能源	灵活配置型基金	81	77	2.410 7
中海	54	中海消费主题精选	偏股混合型基金	400	47	2.471 9
中海	54	中海优质成长	偏股混合型基金	400	307	26.087 0
中海	54	中海量化策略	偏股混合型基金	400	371	1.725 7
中海	54	中海能源策略	偏股混合型基金	400	378	25.575 3
中海	54	中海分红增利	偏股混合型基金	400	379	12.939 7
中海	54	中海医疗保健	普通股票型基金	24	6	0.747 1
中海	54	中海上证50	增强指数型基金	26	23	2.154 2
海富通	55	海富通中证低碳	被动指数型基金	204	42	0.882 0
海富通	55	海富通上证非周期ETF	被动指数型基金	204	54	1.533 1
海富通	55	海富通上证非周期ETF联接	被动指数型基金	204	78	0.889 1
海富通	55	海富通中证100	被动指数型基金	204	135	6.634 3

(续表6)

基金公司	整体投资回报能力排名	基金名称	投资类型（二级分类）	样本基金数量	同类基金中排名	期间内规模(亿元)
海富通	55	海富通上证周期 ETF	被动指数型基金	204	143	1.766 5
海富通	55	海富通上证周期 ETF 联接	被动指数型基金	204	147	1.187 1
海富通	55	海富通稳固收益	混合债券型二级基金	151	41	4.128 5
海富通	55	海富通稳健添利 A	混合债券型一级基金	120	103	5.393 4
海富通	55	海富通稳健添利 C	混合债券型一级基金	120	106	1.096 0
海富通	55	海富通货币 B	货币市场型基金	154	55	142.052 4
海富通	55	海富通货币 A	货币市场型基金	154	91	18.696 2
海富通	55	海富通收益增长	灵活配置型基金	81	72	20.275 1
海富通	55	海富通强化回报	灵活配置型基金	81	73	11.704 9
海富通	55	海富通国策导向	偏股混合型基金	400	235	1.284 4
海富通	55	海富通股票	偏股混合型基金	400	350	23.566 9
海富通	55	海富通领先成长	偏股混合型基金	400	359	3.500 9
海富通	55	海富通精选	偏股混合型基金	400	372	47.954 9
海富通	55	海富通精选 2 号	偏股混合型基金	400	375	9.794 4
海富通	55	海富通中小盘	偏股混合型基金	400	380	5.528 4
海富通	55	海富通风格优势	偏股混合型基金	400	396	19.925 9
博时	56	博时深证基本面 200ETF	被动指数型基金	204	45	1.147 7
博时	56	博时深证基本面 200ETF 联接	被动指数型基金	204	48	0.867 2
博时	56	博时超大盘 ETF	被动指数型基金	204	176	6.835 2
博时	56	博时超大盘 ETF 联接	被动指数型基金	204	180	5.541 4
博时	56	博时自然资源 ETF	被动指数型基金	204	194	2.140 4
博时	56	博时自然资源 ETF 联接	被动指数型基金	204	195	0.596 0
博时	56	博时信用债券 B	混合债券型二级基金	151	10	7.726 3
博时	56	博时信用债券 A	混合债券型二级基金	151	11	7.726 3
博时	56	博时信用债券 C	混合债券型二级基金	151	12	5.268 3
博时	56	博时转债 A	混合债券型二级基金	151	20	6.908 7
博时	56	博时转债 C	混合债券型二级基金	151	21	4.972 8
博时	56	博时天颐 A	混合债券型二级基金	151	73	1.373 7
博时	56	博时天颐 C	混合债券型二级基金	151	78	2.045 7

（续表6）

基金公司	整体投资回报能力排名	基金名称	投资类型（二级分类）	样本基金数量	同类基金中排名	期间内规模（亿元）
博时	56	博时宏观回报C	混合债券型二级基金	151	135	0.621 8
博时	56	博时宏观回报AB	混合债券型二级基金	151	137	0.697 2
博时	56	博时稳定价值A	混合债券型一级基金	120	10	3.281 4
博时	56	博时稳定价值B	混合债券型一级基金	120	11	3.099 6
博时	56	博时现金收益A	货币市场型基金	154	89	270.516 9
博时	56	博时回报灵活配置	灵活配置型基金	81	50	0.851 1
博时	56	博时策略灵活配置	灵活配置型基金	81	64	11.684 4
博时	56	博时卓越品牌	偏股混合型基金	400	95	3.151 4
博时	56	博时创业成长	偏股混合型基金	400	164	4.874 1
博时	56	博时医疗保健行业	偏股混合型基金	400	188	10.488 6
博时	56	博时主题行业	偏股混合型基金	400	210	94.492 1
博时	56	博时新兴成长	偏股混合型基金	400	302	74.946 9
博时	56	博时精选	偏股混合型基金	400	310	64.355 1
博时	56	博时特许价值	偏股混合型基金	400	339	7.407 7
博时	56	博时第三产业成长	偏股混合型基金	400	361	47.414 3
博时	56	博时行业轮动	偏股混合型基金	400	381	3.632 4
博时	56	博时平衡配置	平衡混合型基金	17	15	12.964 0
博时	56	博时价值增长	平衡混合型基金	17	16	102.687 9
博时	56	博时价值增长2号	平衡混合型基金	17	17	35.635 2
博时	56	博时裕富沪深300	增强指数型基金	26	9	70.733 6
博时	56	博时信用债纯债A	中长期纯债型基金	64	16	9.334 0
博时	56	博时安心收益A	中长期纯债型基金	64	18	7.162 0
博时	56	博时安心收益C	中长期纯债型基金	64	25	5.903 1
天弘	57	天弘永利债券B	混合债券型二级基金	151	114	13.663 0
天弘	57	天弘永利债券A	混合债券型二级基金	151	119	8.951 4
天弘	57	天弘债券型发起式A	混合债券型二级基金	151	138	4.320 2
天弘	57	天弘债券型发起式B	混合债券型二级基金	151	140	7.065 9
天弘	57	天弘现金B	货币市场型基金	154	107	33.649 2
天弘	57	天弘现金A	货币市场型基金	154	131	2.150 5

（续表6）

基金公司	整体投资回报能力排名	基金名称	投资类型（二级分类）	样本基金数量	同类基金中排名	期间内规模(亿元)
天弘	57	天弘精选	灵活配置型基金	81	60	20.471 4
天弘	57	天弘周期策略	偏股混合型基金	400	65	2.096 5
天弘	57	天弘永定成长	偏股混合型基金	400	260	1.340 7
天弘	57	天弘安康养老	偏债混合型基金	32	21	16.133 8
国海富兰克林	58	国富强化收益 A	混合债券型二级基金	151	84	5.734 2
国海富兰克林	58	国富强化收益 C	混合债券型二级基金	151	91	0.653 2
国海富兰克林	58	国富策略回报	灵活配置型基金	81	58	2.638 5
国海富兰克林	58	国富潜力组合	偏股混合型基金	400	239	28.735 8
国海富兰克林	58	国富成长动力	偏股混合型基金	400	246	3.646 9
国海富兰克林	58	国富弹性市值	偏股混合型基金	400	337	33.388 3
国海富兰克林	58	国富研究精选	偏股混合型基金	400	352	1.551 8
国海富兰克林	58	国富深化价值	偏股混合型基金	400	382	16.420 1
国海富兰克林	58	国富中国收益	偏债混合型基金	32	6	5.089 3
国海富兰克林	58	国富中小盘	普通股票型基金	24	12	11.438 0
国海富兰克林	58	国富沪深300	增强指数型基金	26	20	6.148 0
国海富兰克林	58	国富恒久信用 A	中长期纯债型基金	64	40	2.202 4
国海富兰克林	58	国富恒久信用 C	中长期纯债型基金	64	42	0.600 9
信达澳银	59	信达澳银稳定 A	混合债券型一级基金	120	42	0.634 0
信达澳银	59	信达澳银稳定 B	混合债券型一级基金	120	49	0.422 7
信达澳银	59	信达澳银精华	灵活配置型基金	81	69	1.368 5
信达澳银	59	信达澳银产业升级	偏股混合型基金	400	49	2.594 0
信达澳银	59	信达澳银消费优选	偏股混合型基金	400	171	1.167 4
信达澳银	59	信达澳银红利回报	偏股混合型基金	400	292	1.256 1
信达澳银	59	信达澳银中小盘	偏股混合型基金	400	300	2.871 0
信达澳银	59	信达澳银领先增长	偏股混合型基金	400	319	31.420 4
天治	60	天治稳健双盈	混合债券型二级基金	151	25	3.599 6
天治	60	天治天得利货币	货币市场型基金	154	118	4.853 7
天治	60	天治研究驱动 A	灵活配置型基金	81	79	1.024 3
天治	60	天治趋势精选	灵活配置型基金	81	81	8.997 3

（续表6）

基金公司	整体投资回报能力排名	基金名称	投资类型（二级分类）	样本基金数量	同类基金中排名	期间内规模（亿元）
天治	60	天治成长精选	偏股混合型基金	400	227	1.058 0
天治	60	天治创新先锋	偏股混合型基金	400	256	1.266 1
天治	60	天治核心成长	偏股混合型基金	400	267	16.560 0
天治	60	天治品质优选	偏股混合型基金	400	388	0.702 2
天治	60	天治财富增长	偏债混合型基金	32	1	1.571 2
华宝兴业	61	华宝兴业上证180价值ETF	被动指数型基金	204	79	6.218 8
华宝兴业	61	华宝兴业上证180价值ETF联接	被动指数型基金	204	101	2.268 1
华宝兴业	61	华宝兴业上证180成长ETF	被动指数型基金	204	132	2.254 9
华宝兴业	61	华宝兴业上证180成长ETF联接	被动指数型基金	204	140	1.242 7
华宝兴业	61	华宝兴业中证100	被动指数型基金	204	144	5.693 2
华宝兴业	61	华宝兴业收益A	混合债券型二级基金	151	95	0.778 4
华宝兴业	61	华宝兴业收益B	混合债券型二级基金	151	99	1.516 9
华宝兴业	61	华宝兴业可转债	混合债券型一级基金	120	90	3.946 3
华宝兴业	61	华宝兴业宝康债券	混合债券型一级基金	120	91	2.556 3
华宝兴业	61	华宝兴业货币B	货币市场型基金	154	73	16.120 5
华宝兴业	61	华宝兴业货币A	货币市场型基金	154	113	5.670 9
华宝兴业	61	华宝兴业现金添益A	货币市场型基金	154	136	646.210 1
华宝兴业	61	华宝兴业宝康灵活	灵活配置型基金	81	63	6.968 8
华宝兴业	61	华宝兴业先进成长	偏股混合型基金	400	26	23.890 8
华宝兴业	61	华宝兴业新兴产业	偏股混合型基金	400	34	18.565 1
华宝兴业	61	华宝兴业动力组合	偏股混合型基金	400	124	21.318 2
华宝兴业	61	华宝兴业宝康消费品	偏股混合型基金	400	152	18.991 1
华宝兴业	61	华宝兴业收益增长	偏股混合型基金	400	168	23.057 6
华宝兴业	61	华宝兴业医药生物	偏股混合型基金	400	191	6.272 0
华宝兴业	61	华宝兴业行业精选	偏股混合型基金	400	253	76.723 0
华宝兴业	61	华宝兴业大盘精选	偏股混合型基金	400	315	4.130 5
华宝兴业	61	华宝兴业多策略	偏股混合型基金	400	334	30.498 7
华宝兴业	61	华宝兴业资源优选	偏股混合型基金	400	397	1.009 6
东吴	62	东吴中证新兴产业	被动指数型基金	204	23	6.310 1

（续表6）

基金公司	整体投资回报能力排名	基金名称	投资类型（二级分类）	样本基金数量	同类基金中排名	期间内规模(亿元)
东吴	62	东吴优信稳健 A	混合债券型二级基金	151	146	2.782 0
东吴	62	东吴优信稳健 C	混合债券型二级基金	151	148	1.190 6
东吴	62	东吴增利 A	混合债券型一级基金	120	92	0.543 4
东吴	62	东吴增利 C	混合债券型一级基金	120	94	0.326 0
东吴	62	东吴货币 B	货币市场型基金	154	134	16.157 1
东吴	62	东吴货币 A	货币市场型基金	154	145	1.576 4
东吴	62	东吴进取策略	灵活配置型基金	81	54	3.633 1
东吴	62	东吴新产业精选	偏股混合型基金	400	45	1.256 0
东吴	62	东吴新创业	偏股混合型基金	400	218	0.664 9
东吴	62	东吴新经济	偏股混合型基金	400	293	1.042 4
东吴	62	东吴价值成长	偏股混合型基金	400	335	15.940 5
东吴	62	东吴嘉禾优势	偏股混合型基金	400	387	13.516 4
东吴	62	东吴行业轮动	偏股混合型基金	400	393	15.119 1
东吴	62	东吴深证100	增强指数型基金	26	19	0.830 0
益民	63	益民多利债券	混合债券型二级基金	151	151	0.477 1
益民	63	益民货币	货币市场型基金	154	132	0.885 6
益民	63	益民核心增长	灵活配置型基金	81	66	1.128 8
益民	63	益民创新优势	偏股混合型基金	400	341	20.891 3
益民	63	益民红利成长	偏股混合型基金	400	374	7.124 3
金元顺安	64	金元顺安丰利	混合债券型二级基金	151	98	0.568 9
金元顺安	64	金元顺安成长动力	灵活配置型基金	81	70	0.488 0
金元顺安	64	金元顺安价值增长	偏股混合型基金	400	343	0.565 7
金元顺安	64	金元顺安核心动力	偏股混合型基金	400	344	0.468 3
金元顺安	64	金元顺安宝石动力	偏股混合型基金	400	360	2.592 5
金元顺安	64	金元顺安新经济主题	偏股混合型基金	400	362	0.609 2
金元顺安	64	金元顺安消费主题	偏股混合型基金	400	385	0.433 8
金元顺安	64	金元顺安保本 A	偏债混合型基金	32	32	0.602 1
上投摩根	65	上投摩根中证消费	被动指数型基金	204	71	1.074 8
上投摩根	65	上投摩根强化回报 A	混合债券型二级基金	151	125	0.421 3

基金公司	整体投资回报能力排名	基金名称	投资类型（二级分类）	样本基金数量	同类基金中排名	期间内规模(亿元)
上投摩根	65	上投摩根强化回报B	混合债券型二级基金	151	126	0.299 0
上投摩根	65	上投摩根分红添利A	混合债券型一级基金	120	45	3.979 9
上投摩根	65	上投摩根分红添利B	混合债券型一级基金	120	53	1.062 7
上投摩根	65	上投摩根货币B	货币市场型基金	154	142	455.177 4
上投摩根	65	上投摩根货币A	货币市场型基金	154	150	1.298 8
上投摩根	65	上投摩根核心优选	偏股混合型基金	400	35	12.999 0
上投摩根	65	上投摩根行业轮动	偏股混合型基金	400	66	22.340 8
上投摩根	65	上投摩根新兴动力	偏股混合型基金	400	118	16.385 1
上投摩根	65	上投摩根健康品质生活	偏股混合型基金	400	142	1.870 9
上投摩根	65	上投摩根双核平衡	偏股混合型基金	400	147	3.781 9
上投摩根	65	上投摩根中小盘	偏股混合型基金	400	248	7.889 5
上投摩根	65	上投摩根内需动力	偏股混合型基金	400	327	48.886 9
上投摩根	65	上投摩根阿尔法	偏股混合型基金	400	330	26.799 2
上投摩根	65	上投摩根中国优势	偏股混合型基金	400	373	32.569 3
上投摩根	65	上投摩根成长先锋	偏股混合型基金	400	392	27.002 2
上投摩根	65	上投摩根双息平衡	平衡混合型基金	17	3	26.602 9
上投摩根	65	上投摩根大盘蓝筹	普通股票型基金	24	11	4.600 1
上投摩根	65	上投摩根纯债A	中长期纯债型基金	64	13	4.677 3
上投摩根	65	上投摩根纯债B	中长期纯债型基金	64	21	0.460 0
西部利得	66	西部利得稳健双利A	混合债券型二级基金	151	149	1.253 5
西部利得	66	西部利得稳健双利C	混合债券型二级基金	151	150	4.128 2
西部利得	66	西部利得稳定增利C	混合债券型一级基金	120	119	2.359 5
西部利得	66	西部利得稳定增利A	混合债券型一级基金	120	120	0.312 9
西部利得	66	西部利得新动向	灵活配置型基金	81	51	0.797 1
西部利得	66	西部利得策略优选	偏股混合型基金	400	390	1.990 6

5 五年期公募基金管理公司整体投资回报能力评价

5.1 数据来源与样本说明

五年期的数据区间为 2010 年 12 月 31 日至 2015 年 12 月 31 日。所有公募基金数据来源于 Wind 金融资讯终端。从 Wind 上我们获得的数据变量有:基金名称、基金管理公司、投资类型(二级分类)、投资风格、复权单位净值增长率(20101231—20151231)、单位净值(20101231)、单位净值(20151231)、基金份额(20101231)、基金份额(20151231)。全部样本基金数为 760。

投资类型包括:被动指数型基金(78 只)、增强指数型基金(16 只)、增强指数型债券基金(1 只)、短期纯债型基金(1 只)、混合债券型二级基金(77 只)、混合债券型一级基金(75 只)、货币市场型基金(68 只)、灵活配置型基金(61 只)、偏股混合型基金(305 只)、偏债混合型基金(14 只)、平衡混合型基金(17 只)、普通股票型基金(14 只)、中长期纯债型基金(6 只)、国际(QDII)股票型基金(17 只)、国际(QDII)混合型基金(8 只)、国际(QDII)另类投资基金(1 只)、国际(QDII)债券型基金(1 只)。

我们删除国际(QDII)类基金,同期样本数少于 10 的类别,保留样本基金数725 只。再删除同期旗下样本基金数少于 3 只的基金管理公司,最后的样本基金数为 725 只,样本基金管理公司共 60 家。

5.2 五年期整体投资回报能力评价结果

满足三年期的整体投资回报能力评价数据要求的共有 60 家基金管理公司,排名靠前的基金公司仍然是样本基金数量中等偏少的公司,如第 1 名的浦银安盛基金公司有 6 只样本基金,第 2 名的民生加银基金公司只有 5 只样本基金,第 3 名的农银汇理有 9 只样本基金。见表 7。

表 7 五年期整体投资回报能力评价

基金公司名称	整体投资回报能力排名	整体投资回报能力得分	样本基金数量
浦银安盛	1	1.399 3	6
民生加银	2	1.117 7	5
农银汇理	3	1.092 6	9
宝盈	4	1.072 0	11
银河	5	1.035 1	13
汇添富	6	0.886 7	13
兴业全球	7	0.783 7	11
广发	8	0.775 6	15
南方	9	0.710 0	24
新华	10	0.709 2	5
华富	11	0.697 5	9
长信	12	0.567 2	10
华商	13	0.547 5	9
富国	14	0.521 1	18
招商	15	0.495 4	16
易方达	16	0.487 2	26
华宝兴业	17	0.408 9	17
东方	18	0.396 4	6
中欧	19	0.300 6	8
嘉实	20	0.284 3	20
工银瑞信	21	0.260 5	17
华夏	22	0.161 5	24
汇丰晋信	23	0.156 5	9
华安	24	0.146 6	20
万家	25	0.080 0	9
光大保德信	26	0.072 4	10
中银	27	0.057 6	12

基金公司名称	整体投资回报能力排名	整体投资回报能力得分	样本基金数量
建信	28	0.047 5	12
鹏华	29	0.045 3	20
国投瑞银	30	0.007 2	15
信诚	31	−0.010 3	11
交银施罗德	32	−0.019 9	15
国海富兰克林	33	−0.119 1	9
长盛	34	−0.119 6	10
摩根士丹利华鑫	35	−0.135 8	6
华泰柏瑞	36	−0.203 9	10
国联安	37	−0.212 5	15
博时	38	−0.214 6	24
诺德	39	−0.238 1	5
国泰	40	−0.282 5	15
海富通	41	−0.306 4	16
景顺长城	42	−0.307 1	12
长城	43	−0.360 3	11
银华	44	−0.381 8	19
诺安	45	−0.403 5	12
泰达宏利	46	−0.407 0	14
申万菱信	47	−0.444 8	13
金鹰	48	−0.470 0	6
天治	49	−0.470 4	7
泰信	50	−0.472 8	9
中邮	51	−0.479 4	4
中海	52	−0.570 1	10
大成	53	−0.575 3	20
融通	54	−0.655 7	11

（续表7）

基金公司名称	整体投资回报能力排名	整体投资回报能力得分	样本基金数量
信达澳银	55	−0.691 3	6
天弘	56	−0.705 0	5
金元顺安	57	−1.107 0	6
东吴	58	−1.292 5	10
益民	59	−1.357 1	4
上投摩根	60	−1.542 8	11

5.3 五年期整体投资回报能力评价详细说明

从表8可以看出三年期的整体投资回报能力评价中,为什么有的基金公司会排在前面,有的则排在后面。如第1名的浦银安盛基金公司的样本基金中,浦银安盛价值成长A在同期305只偏股混合型基金中收益排到第18名,非常不错,并且它的规模在浦银安盛基金公司样本基金中占到很大的权重,这使得浦银安盛基金公司能在三年期的整体投资回报能力评价中排到第1名的位置。

表8 五年期排名中所有样本基金详细情况

基金公司	整体投资回报能力排名	基金名称	投资类型（二级分类）	样本基金数量	同类基金中排名	期间内规模(亿元)
浦银安盛	1	浦银安盛优化收益A	混合债券型二级基金	77	35	0.632 9
浦银安盛	1	浦银安盛优化收益C	混合债券型二级基金	77	38	0.125 5
浦银安盛	1	浦银安盛精致生活	灵活配置型基金	61	3	3.784 0
浦银安盛	1	浦银安盛价值成长A	偏股混合型基金	305	18	20.190 7
浦银安盛	1	浦银安盛红利精选	偏股混合型基金	305	55	1.553 0
浦银安盛	1	浦银安盛沪深300	增强指数型基金	16	11	4.016 6
民生加银	2	民生加银增强收益A	混合债券型二级基金	77	4	14.671 9
民生加银	2	民生加银增强收益C	混合债券型二级基金	77	5	6.832 5
民生加银	2	民生加银品牌蓝筹	灵活配置型基金	61	30	3.226 4

基金公司	整体投资回报能力排名	基金名称	投资类型（二级分类）	样本基金数量	同类基金中排名	期间内规模(亿元)
民生加银	2	民生加银稳健成长	偏股混合型基金	305	162	1.657 6
民生加银	2	民生加银精选	偏股混合型基金	305	233	6.769 6
农银汇理	3	农银汇理恒久增利 A	混合债券型一级基金	75	38	2.749 3
农银汇理	3	农银汇理恒久增利 C	混合债券型一级基金	75	44	0.422 2
农银汇理	3	农银汇理货币 B	货币市场型基金	68	3	187.111 4
农银汇理	3	农银汇理货币 A	货币市场型基金	68	17	78.843 4
农银汇理	3	农银汇理中小盘	偏股混合型基金	305	10	20.736 1
农银汇理	3	农银汇理行业成长	偏股混合型基金	305	34	28.025 3
农银汇理	3	农银汇理平衡双利	偏股混合型基金	305	123	8.643 5
农银汇理	3	农银汇理策略价值	偏股混合型基金	305	142	13.638 3
农银汇理	3	农银汇理大盘蓝筹	偏股混合型基金	305	282	17.568 7
宝盈	4	宝盈增强收益 AB	混合债券型二级基金	77	42	11.060 8
宝盈	4	宝盈增强收益 C	混合债券型二级基金	77	45	6.698 0
宝盈	4	宝盈货币 B	货币市场型基金	68	8	125.206 0
宝盈	4	宝盈货币 A	货币市场型基金	68	33	18.295 0
宝盈	4	宝盈核心优势 A	灵活配置型基金	61	2	12.262 4
宝盈	4	宝盈鸿利收益	灵活配置型基金	61	16	9.962 3
宝盈	4	宝盈资源优选	偏股混合型基金	305	4	40.261 9
宝盈	4	宝盈策略增长	偏股混合型基金	305	30	45.015 3
宝盈	4	基金鸿阳	偏股混合型基金	305	125	22.724 0
宝盈	4	宝盈泛沿海增长	偏股混合型基金	305	136	21.748 5
宝盈	4	宝盈中证 100	增强指数型基金	16	10	0.678 3
银河	5	银河沪深 300 价值	被动指数型基金	78	11	3.673 2
银河	5	银河银信添利 A	混合债券型一级基金	75	53	2.662 0
银河	5	银河银信添利 B	混合债券型一级基金	75	57	1.970 6
银河	5	银河银富货币 B	货币市场型基金	68	9	103.427 9
银河	5	银河银富货币 A	货币市场型基金	68	34	8.388 2
银河	5	银河行业优选	偏股混合型基金	305	5	22.947 7
银河	5	银河竞争优势成长	偏股混合型基金	305	7	6.712 0

基金公司	整体投资回报能力排名	基金名称	投资类型（二级分类）	样本基金数量	同类基金中排名	期间内规模(亿元)
银河	5	银河创新成长	偏股混合型基金	305	8	12.468 7
银河	5	银河蓝筹精选	偏股混合型基金	305	60	1.856 6
银河	5	银河稳健	偏股混合型基金	305	71	13.522 2
银河	5	银河银泰理财分红	偏债混合型基金	14	1	26.326 3
银河	5	银河收益	偏债混合型基金	14	4	10.810 5
银河	5	基金银丰	平衡混合型基金	17	9	45.165 0
汇添富	6	汇添富上证综指	被动指数型基金	78	28	41.254 7
汇添富	6	汇添富增强收益 A	混合债券型一级基金	75	50	24.079 9
汇添富	6	汇添富增强收益 C	混合债券型一级基金	75	52	2.228 0
汇添富	6	汇添富货币 B	货币市场型基金	68	24	48.608 8
汇添富	6	汇添富货币 A	货币市场型基金	68	49	2.077 7
汇添富	6	汇添富蓝筹稳健	灵活配置型基金	61	21	7.947 0
汇添富	6	汇添富民营活力 A	偏股混合型基金	305	1	44.243 3
汇添富	6	汇添富价值精选 A	偏股混合型基金	305	16	43.816 4
汇添富	6	汇添富成长焦点	偏股混合型基金	305	35	77.572 7
汇添富	6	汇添富医药保健 A	偏股混合型基金	305	50	48.595 5
汇添富	6	汇添富优势精选	偏股混合型基金	305	62	33.949 5
汇添富	6	汇添富策略回报	偏股混合型基金	305	111	20.267 7
汇添富	6	汇添富均衡增长	偏股混合型基金	305	137	141.089 6
兴业全球	7	兴全磐稳增利债券	混合债券型一级基金	75	12	31.550 0
兴业全球	7	兴全货币	货币市场型基金	68	31	10.350 0
兴业全球	7	兴全有机增长	灵活配置型基金	61	10	20.249 1
兴业全球	7	兴全趋势投资	灵活配置型基金	61	24	119.436 1
兴业全球	7	兴全合润分级 B	偏股混合型基金	305	2	0.604 8
兴业全球	7	兴全合润分级	偏股混合型基金	305	3	27.578 6
兴业全球	7	兴全合润分级 A	偏股混合型基金	305	12	0.336 4
兴业全球	7	兴全社会责任	偏股混合型基金	305	64	69.880 5
兴业全球	7	兴全可转债	偏债混合型基金	14	7	35.277 1
兴业全球	7	兴全全球视野	普通股票型基金	14	3	53.641 6

（续表8）

基金公司	整体投资回报能力排名	基金名称	投资类型（二级分类）	样本基金数量	同类基金中排名	期间内规模(亿元)
兴业全球	7	兴全沪深300	增强指数型基金	16	5	16.321 6
广发	8	广发中证500ETF联接	被动指数型基金	78	13	26.958 3
广发	8	广发沪深300	被动指数型基金	78	50	20.775 5
广发	8	广发增强债券	混合债券型一级基金	75	43	12.218 8
广发	8	广发货币B	货币市场型基金	68	2	876.588 7
广发	8	广发货币A	货币市场型基金	68	13	57.347 6
广发	8	广发内需增长	灵活配置型基金	61	61	20.766 7
广发	8	广发行业领先	偏股混合型基金	305	19	52.035 6
广发	8	广发聚瑞	偏股混合型基金	305	89	21.912 9
广发	8	广发核心精选	偏股混合型基金	305	92	24.282 3
广发	8	广发稳健增长	偏股混合型基金	305	203	60.936 3
广发	8	广发聚丰	偏股混合型基金	305	205	179.859 8
广发	8	广发策略优选	偏股混合型基金	305	221	91.074 0
广发	8	广发小盘成长	偏股混合型基金	305	280	67.493 4
广发	8	广发大盘成长	偏股混合型基金	305	292	79.791 6
广发	8	广发聚富	平衡混合型基金	17	13	44.445 9
南方	9	南方中证500ETF联接	被动指数型基金	78	4	46.802 2
南方	9	南方小康产业ETF	被动指数型基金	78	39	6.972 4
南方	9	南方小康产业ETF联接	被动指数型基金	78	53	6.401 5
南方	9	南方开元沪深300ETF联接	被动指数型基金	78	54	14.786 6
南方	9	南方深成ETF联接	被动指数型基金	78	70	13.942 5
南方	9	南方深成ETF	被动指数型基金	78	71	21.979 3
南方	9	南方广利回报AB	混合债券型二级基金	77	13	13.778 2
南方	9	南方广利回报C	混合债券型二级基金	77	18	15.936 4
南方	9	南方多利增强A	混合债券型一级基金	75	28	13.865 2
南方	9	南方多利增强C	混合债券型一级基金	75	35	10.414 6
南方	9	南方现金增利B	货币市场型基金	68	1	314.983 2
南方	9	南方现金增利A	货币市场型基金	68	6	213.756 6
南方	9	南方优选价值A	偏股混合型基金	305	31	19.722 3

基金公司	整体投资回报能力排名	基金名称	投资类型（二级分类）	样本基金数量	同类基金中排名	期间内规模(亿元)
南方	9	南方成分精选	偏股混合型基金	305	95	79.183 7
南方	9	南方盛元红利	偏股混合型基金	305	102	23.836 8
南方	9	南方绩优成长	偏股混合型基金	305	104	87.313 1
南方	9	南方高增长	偏股混合型基金	305	105	32.518 4
南方	9	南方策略优化	偏股混合型基金	305	144	8.608 4
南方	9	南方积极配置	偏股混合型基金	305	155	18.365 6
南方	9	南方稳健成长	偏股混合型基金	305	197	41.034 4
南方	9	南方隆元产业主题	偏股混合型基金	305	287	43.037 9
南方	9	南方宝元债券	偏债混合型基金	14	5	19.056 7
南方	9	南方避险增值	偏债混合型基金	14	9	81.961 4
南方	9	南方稳健成长2号	平衡混合型基金	17	12	40.690 2
新华	10	新华泛资源优势	灵活配置型基金	61	9	7.029 1
新华	10	新华行业周期轮换	偏股混合型基金	305	11	2.391 2
新华	10	新华钻石品质企业	偏股混合型基金	305	32	9.114 0
新华	10	新华优选分红	偏股混合型基金	305	86	15.488 9
新华	10	新华优选成长	偏股混合型基金	305	108	14.325 1
华富	11	华富中证100	被动指数型基金	78	33	1.209 7
华富	11	华富强化回报	混合债券型一级基金	75	3	11.369 2
华富	11	华富收益增强A	混合债券型一级基金	75	5	18.855 2
华富	11	华富收益增强B	混合债券型一级基金	75	8	8.560 2
华富	11	华富货币	货币市场型基金	68	18	38.438 7
华富	11	华富价值增长	灵活配置型基金	61	11	6.202 4
华富	11	华富策略精选	灵活配置型基金	61	41	0.722 7
华富	11	华富成长趋势	偏股混合型基金	305	164	16.621 9
华富	11	华富竞争力优选	偏股混合型基金	305	180	12.112 4
长信	12	长信利丰	混合债券型二级基金	77	6	49.174 3
长信	12	长信利息收益B	货币市场型基金	68	22	49.675 9
长信	12	长信利息收益A	货币市场型基金	68	47	5.627 2
长信	12	长信双利优选	灵活配置型基金	61	12	9.508 8

（续表8）

基金公司	整体投资回报能力排名	基金名称	投资类型（二级分类）	样本基金数量	同类基金中排名	期间内规模（亿元）
长信	12	长信医疗保健行业	灵活配置型基金	61	28	1.422 5
长信	12	长信量化先锋	偏股混合型基金	305	15	14.659 5
长信	12	长信增利策略	偏股混合型基金	305	63	25.465 7
长信	12	长信恒利优势	偏股混合型基金	305	122	2.035 4
长信	12	长信金利趋势	偏股混合型基金	305	183	55.419 2
长信	12	长信银利精选	偏股混合型基金	305	258	18.590 9
华商	13	华商稳健双利 A	混合债券型二级基金	77	26	6.539 4
华商	13	华商稳健双利 B	混合债券型二级基金	77	29	7.525 8
华商	13	华商收益增强 A	混合债券型一级基金	75	7	7.155 4
华商	13	华商收益增强 B	混合债券型一级基金	75	10	6.370 3
华商	13	华商动态阿尔法	灵活配置型基金	61	4	34.627 7
华商	13	华商策略精选	灵活配置型基金	61	34	69.397 1
华商	13	华商盛世成长	偏股混合型基金	305	52	99.710 3
华商	13	华商领先企业	偏股混合型基金	305	83	58.334 0
华商	13	华商产业升级	偏股混合型基金	305	200	5.349 5
富国	14	富国可转债	混合债券型二级基金	77	16	23.204 1
富国	14	富国优化增强 B	混合债券型二级基金	77	39	6.134 7
富国	14	富国优化增强 A	混合债券型二级基金	77	40	6.134 7
富国	14	富国优化增强 C	混合债券型二级基金	77	44	4.600 8
富国	14	富国天丰强化收益	混合债券型一级基金	75	31	19.518 6
富国	14	富国天利增长债券	混合债券型一级基金	75	47	23.396 3
富国	14	富国天时货币 B	货币市场型基金	68	20	68.597 0
富国	14	富国天时货币 A	货币市场型基金	68	45	5.138 8
富国	14	富国天成红利	灵活配置型基金	61	19	17.967 7
富国	14	富国天合稳健优选	偏股混合型基金	305	22	42.980 4
富国	14	富国天惠精选成长	偏股混合型基金	305	46	44.063 4
富国	14	富国天瑞强势精选	偏股混合型基金	305	87	38.189 7
富国	14	富国天博创新主题	偏股混合型基金	305	88	58.592 3
富国	14	富国通胀通缩主题	偏股混合型基金	305	151	3.397 8

基金公司	整体投资回报能力排名	基金名称	投资类型（二级分类）	样本基金数量	同类基金中排名	期间内规模（亿元）
富国	14	富国天益价值	偏股混合型基金	305	161	71.442 9
富国	14	富国天源沪港深	平衡混合型基金	17	1	9.578 9
富国	14	富国中证红利	增强指数型基金	16	2	6.799 3
富国	14	富国沪深300	增强指数型基金	16	3	20.103 0
招商	15	招商上证消费80ETF	被动指数型基金	78	20	4.292 3
招商	15	招商上证消费80ETF联接	被动指数型基金	78	24	12.778 1
招商	15	招商深证100	被动指数型基金	78	69	2.440 9
招商	15	招商安本增利	混合债券型二级基金	77	23	15.661 0
招商	15	招商信用添利	混合债券型一级基金	75	6	17.828 6
招商	15	招商安心收益	混合债券型一级基金	75	36	7.337 5
招商	15	招商现金增值B	货币市场型基金	68	7	381.907 1
招商	15	招商现金增值A	货币市场型基金	68	32	76.824 7
招商	15	招商中小盘精选	偏股混合型基金	305	107	5.669 6
招商	15	招商安泰	偏股混合型基金	305	112	8.167 2
招商	15	招商大盘蓝筹	偏股混合型基金	305	141	11.955 5
招商	15	招商行业领先	偏股混合型基金	305	145	13.951 4
招商	15	招商优质成长	偏股混合型基金	305	249	34.558 9
招商	15	招商先锋	偏股混合型基金	305	257	47.779 4
招商	15	招商核心价值	偏股混合型基金	305	266	35.776 8
招商	15	招商安泰平衡	偏债混合型基金	14	11	1.190 4
易方达	16	易方达上证中盘ETF	被动指数型基金	78	40	11.721 5
易方达	16	易方达沪深300ETF联接	被动指数型基金	78	43	73.685 4
易方达	16	易方达上证中盘ETF联接	被动指数型基金	78	45	7.644 1
易方达	16	易方达深证100ETF联接	被动指数型基金	78	61	73.744 4
易方达	16	易方达深证100ETF	被动指数型基金	78	62	124.234 8
易方达	16	易方达稳健收益B	混合债券型二级基金	77	7	47.676 4
易方达	16	易方达稳健收益A	混合债券型二级基金	77	9	25.229 0
易方达	16	易方达岁丰添利	混合债券型一级基金	75	1	14.497 7
易方达	16	易方达增强回报A	混合债券型一级基金	75	2	31.985 0

(续表8)

基金公司	整体投资回报能力排名	基金名称	投资类型(二级分类)	样本基金数量	同类基金中排名	期间内规模(亿元)
易方达	16	易方达增强回报B	混合债券型一级基金	75	4	27.357 4
易方达	16	易方达货币B	货币市场型基金	68	4	723.771 1
易方达	16	易方达货币A	货币市场型基金	68	29	44.149 0
易方达	16	易方达科汇	灵活配置型基金	61	39	14.754 6
易方达	16	易方达价值成长	灵活配置型基金	61	43	171.696 6
易方达	16	易方达科讯	偏股混合型基金	305	13	82.914 9
易方达	16	易方达科翔	偏股混合型基金	305	24	17.590 0
易方达	16	易方达行业领先	偏股混合型基金	305	132	16.455 3
易方达	16	易方达价值精选	偏股混合型基金	305	175	56.376 9
易方达	16	易方达策略成长	偏股混合型基金	305	184	37.678 2
易方达	16	易方达策略2号	偏股混合型基金	305	186	37.839 3
易方达	16	易方达中小盘	偏股混合型基金	305	217	20.989 0
易方达	16	易方达积极成长	偏股混合型基金	305	286	53.991 7
易方达	16	易方达平稳增长	平衡混合型基金	17	4	26.127 8
易方达	16	基金科瑞	普通股票型基金	14	8	44.589 0
易方达	16	易方达消费行业	普通股票型基金	14	11	25.582 9
易方达	16	易方达上证50	增强指数型基金	16	6	166.204 5
华宝兴业	17	华宝兴业上证180价值ETF	被动指数型基金	78	2	6.435 3
华宝兴业	17	华宝兴业上证180价值ETF联接	被动指数型基金	78	5	2.370 9
华宝兴业	17	华宝兴业中证100	被动指数型基金	78	47	7.258 8
华宝兴业	17	华宝兴业收益A	混合债券型二级基金	77	49	1.118 8
华宝兴业	17	华宝兴业收益B	混合债券型二级基金	77	54	1.765 7
华宝兴业	17	华宝兴业宝康债券	混合债券型一级基金	75	66	2.862 1
华宝兴业	17	华宝兴业货币B	货币市场型基金	68	14	33.307 7
华宝兴业	17	华宝兴业货币A	货币市场型基金	68	42	2.312 5
华宝兴业	17	华宝兴业宝康灵活	灵活配置型基金	61	36	8.870 5
华宝兴业	17	华宝兴业新兴产业	偏股混合型基金	305	6	24.237 2
华宝兴业	17	华宝兴业先进成长	偏股混合型基金	305	28	23.410 4
华宝兴业	17	华宝兴业收益增长	偏股混合型基金	305	56	31.530 8

(续表8)

基金公司	整体投资回报能力排名	基金名称	投资类型（二级分类）	样本基金数量	同类基金中排名	期间内规模（亿元）
华宝兴业	17	华宝兴业宝康消费品	偏股混合型基金	305	79	26.108 8
华宝兴业	17	华宝兴业动力组合	偏股混合型基金	305	85	24.838 1
华宝兴业	17	华宝兴业行业精选	偏股混合型基金	305	115	92.757 7
华宝兴业	17	华宝兴业大盘精选	偏股混合型基金	305	243	8.882 9
华宝兴业	17	华宝兴业多策略	偏股混合型基金	305	262	44.011 7
东方	18	东方稳健回报	混合债券型一级基金	75	75	10.974 0
东方	18	东方金账簿货币A	货币市场型基金	68	16	4.060 8
东方	18	东方龙混合	灵活配置型基金	61	7	10.842 7
东方	18	东方策略成长	偏股混合型基金	305	37	3.748 2
东方	18	东方精选	偏股混合型基金	305	74	52.969 1
东方	18	东方核心动力	偏股混合型基金	305	110	1.412 3
中欧	19	中欧增强回报A	混合债券型一级基金	75	24	22.642 1
中欧	19	中欧稳健收益A	混合债券型一级基金	75	70	1.809 1
中欧	19	中欧稳健收益C	混合债券型一级基金	75	73	2.763 4
中欧	19	中欧新蓝筹A	灵活配置型基金	61	8	18.879 7
中欧	19	中欧价值发现A	偏股混合型基金	305	38	11.577 8
中欧	19	中欧新趋势A	偏股混合型基金	305	91	28.232 1
中欧	19	中欧行业成长A	偏股混合型基金	305	264	13.849 8
中欧	19	中欧沪深300A	增强指数型基金	16	8	2.194 9
嘉实	20	嘉实基本面50	被动指数型基金	78	3	14.754 3
嘉实	20	嘉实沪深300ETF联接	被动指数型基金	78	34	258.580 8
嘉实	20	嘉实稳固收益	混合债券型二级基金	77	48	24.105 3
嘉实	20	嘉实多元收益A	混合债券型二级基金	77	56	6.717 0
嘉实	20	嘉实多元收益B	混合债券型二级基金	77	60	6.408 6
嘉实	20	嘉实债券	混合债券型一级基金	75	62	11.730 6
嘉实	20	嘉实货币A	货币市场型基金	68	12	295.668 8
嘉实	20	嘉实回报灵活配置	灵活配置型基金	61	55	18.437 1
嘉实	20	嘉实成长收益	偏股混合型基金	305	17	41.852 5
嘉实	20	嘉实研究精选	偏股混合型基金	305	20	42.914 5

(续表8)

基金公司	整体投资回报能力排名	基金名称	投资类型（二级分类）	样本基金数量	同类基金中排名	期间内规模（亿元）
嘉实	20	嘉实增长	偏股混合型基金	305	72	43.111 5
嘉实	20	嘉实优质企业	偏股混合型基金	305	75	49.447 3
嘉实	20	嘉实策略增长	偏股混合型基金	305	94	103.952 8
嘉实	20	嘉实主题新动力	偏股混合型基金	305	103	37.262 3
嘉实	20	嘉实服务增值行业	偏股混合型基金	305	127	64.655 2
嘉实	20	嘉实价值优势	偏股混合型基金	305	172	22.340 2
嘉实	20	嘉实稳健	偏股混合型基金	305	219	88.895 6
嘉实	20	嘉实量化阿尔法	偏股混合型基金	305	223	8.997 6
嘉实	20	嘉实主题精选	偏股混合型基金	305	232	100.202 0
嘉实	20	基金丰和	普通股票型基金	14	12	39.970 5
工银瑞信	21	工银上证央企50ETF	被动指数型基金	78	37	6.855 8
工银瑞信	21	工银瑞信沪深300	被动指数型基金	78	46	37.877 7
工银瑞信	21	工银瑞信深证红利ETF	被动指数型基金	78	56	4.445 9
工银瑞信	21	工银瑞信深证红利ETF联接	被动指数型基金	78	59	14.190 5
工银瑞信	21	工银瑞信双利A	混合债券型二级基金	77	20	55.302 3
工银瑞信	21	工银瑞信双利B	混合债券型二级基金	77	24	20.067 8
工银瑞信	21	工银瑞信信用添利A	混合债券型一级基金	75	13	35.654 4
工银瑞信	21	工银瑞信信用添利B	混合债券型一级基金	75	16	26.739 9
工银瑞信	21	工银瑞信增强收益A	混合债券型一级基金	75	21	25.286 1
工银瑞信	21	工银瑞信增强收益B	混合债券型一级基金	75	25	14.520 6
工银瑞信	21	工银瑞信货币	货币市场型基金	68	27	1 009.961 4
工银瑞信	21	工银瑞信中小盘成长	偏股混合型基金	305	98	7.337 1
工银瑞信	21	工银瑞信稳健成长A	偏股混合型基金	305	182	45.662 2
工银瑞信	21	工银瑞信核心价值A	偏股混合型基金	305	206	72.541 8
工银瑞信	21	工银瑞信精选平衡	偏股混合型基金	305	241	50.335 6
工银瑞信	21	工银瑞信大盘蓝筹	偏股混合型基金	305	283	6.692 1
工银瑞信	21	工银瑞信红利	偏股混合型基金	305	301	21.529 7
华夏	22	华夏上证50ETF	被动指数型基金	78	26	250.486 5
华夏	22	华夏沪深300ETF联接	被动指数型基金	78	31	170.565 5

(续表8)

基金公司	整体投资回报能力排名	基金名称	投资类型（二级分类）	样本基金数量	同类基金中排名	期间内规模（亿元）
华夏	22	华夏中小板 ETF	被动指数型基金	78	48	35.482 9
华夏	22	华夏希望债券 A	混合债券型二级基金	77	47	23.203 8
华夏	22	华夏希望债券 C	混合债券型二级基金	77	51	17.440 6
华夏	22	中信稳定双利债券	混合债券型一级基金	75	45	14.481 0
华夏	22	华夏债券 AB	混合债券型一级基金	75	61	16.421 6
华夏	22	华夏债券 C	混合债券型一级基金	75	65	26.651 2
华夏	22	华夏现金增利 A	货币市场型基金	68	11	488.552 0
华夏	22	华夏货币 A	货币市场型基金	68	19	15.094 6
华夏	22	华夏策略精选	灵活配置型基金	61	33	18.914 7
华夏	22	华夏平稳增长	灵活配置型基金	61	40	42.688 3
华夏	22	华夏收入	偏股混合型基金	305	57	37.248 7
华夏	22	华夏行业精选	偏股混合型基金	305	58	65.434 8
华夏	22	华夏红利	偏股混合型基金	305	119	176.513 2
华夏	22	华夏蓝筹核心	偏股混合型基金	305	159	84.321 3
华夏	22	华夏经典配置	偏股混合型基金	305	185	15.706 9
华夏	22	华夏复兴	偏股混合型基金	305	196	36.250 0
华夏	22	华夏大盘精选	偏股混合型基金	305	227	48.429 8
华夏	22	华夏成长	偏股混合型基金	305	228	83.513 0
华夏	22	华夏优势增长	偏股混合型基金	305	240	150.047 7
华夏	22	华夏盛世精选	偏股混合型基金	305	252	73.147 3
华夏	22	华夏回报 2 号	平衡混合型基金	17	7	54.285 1
华夏	22	华夏回报	平衡混合型基金	17	8	97.101 6
汇丰晋信	23	汇丰晋信 2016	混合债券型二级基金	77	68	4.065 9
汇丰晋信	23	汇丰晋信平稳利 A	混合债券型一级基金	75	69	1.614 9
汇丰晋信	23	汇丰晋信动态策略	灵活配置型基金	61	22	19.102 3
汇丰晋信	23	汇丰晋信龙腾	偏股混合型基金	305	106	13.999 5
汇丰晋信	23	汇丰晋信 2026	偏股混合型基金	305	166	1.134 0
汇丰晋信	23	汇丰晋信大盘	普通股票型基金	14	1	16.042 5
汇丰晋信	23	汇丰晋信低碳先锋	普通股票型基金	14	4	9.437 7

(续表8)

基金公司	整体投资回报能力排名	基金名称	投资类型(二级分类)	样本基金数量	同类基金中排名	期间内规模(亿元)
汇丰晋信	23	汇丰晋信中小盘	普通股票型基金	14	13	5.121 2
汇丰晋信	23	汇丰晋信消费红利	普通股票型基金	14	14	12.027 2
华安	24	华安上证龙头 ETF	被动指数型基金	78	22	6.255 8
华安	24	华安上证龙头 ETF 联接	被动指数型基金	78	23	9.191 5
华安	24	华安上证 180ETF 联接	被动指数型基金	78	25	8.009 5
华安	24	华安上证 180ETF	被动指数型基金	78	29	126.005 5
华安	24	华安强化收益 A	混合债券型二级基金	77	10	3.721 9
华安	24	华安强化收益 B	混合债券型二级基金	77	14	1.858 6
华安	24	华安稳固收益	混合债券型一级基金	75	18	30.352 4
华安	24	华安稳定收益 A	混合债券型一级基金	75	27	15.584 6
华安	24	华安稳定收益 B	混合债券型一级基金	75	34	5.419 8
华安	24	华安现金富利 B	货币市场型基金	68	25	221.687 4
华安	24	华安现金富利 A	货币市场型基金	68	50	21.564 4
华安	24	华安动态灵活配置	灵活配置型基金	61	5	7.016 6
华安	24	华安行业轮动	偏股混合型基金	305	65	5.773 1
华安	24	华安宏利	偏股混合型基金	305	97	62.810 8
华安	24	华安策略优选	偏股混合型基金	305	188	83.061 8
华安	24	华安核心优选	偏股混合型基金	305	189	2.695 3
华安	24	华安中小盘成长	偏股混合型基金	305	201	60.928 7
华安	24	华安宝利配置	平衡混合型基金	17	2	27.975 7
华安	24	华安创新	平衡混合型基金	17	14	56.114 6
华安	24	华安 MSCI 中国 A 股	增强指数型基金	16	9	44.814 4
万家	25	万家上证 180	被动指数型基金	78	42	50.563 9
万家	25	万家增强收益	混合债券型二级基金	77	33	9.677 3
万家	25	万家稳健增利 A	混合债券型一级基金	75	26	10.973 1
万家	25	万家稳健增利 C	混合债券型一级基金	75	33	0.902 2
万家	25	万家货币 A	货币市场型基金	68	21	21.344 9
万家	25	万家双引擎	灵活配置型基金	61	37	5.362 1
万家	25	万家精选	偏股混合型基金	305	48	3.002 5

（续表8）

基金公司	整体投资回报能力排名	基金名称	投资类型（二级分类）	样本基金数量	同类基金中排名	期间内规模（亿元）
万家	25	万家和谐增长	偏股混合型基金	305	153	16.200 9
万家	25	万家行业优选	偏股混合型基金	305	247	7.401 9
光大保德信	26	光大收益 A	混合债券型一级基金	75	68	3.318 9
光大保德信	26	光大收益 C	混合债券型一级基金	75	71	0.289 8
光大保德信	26	光大货币	货币市场型基金	68	54	130.084 0
光大保德信	26	光大动态优选	灵活配置型基金	61	13	8.783 5
光大保德信	26	光大优势	偏股混合型基金	305	67	81.430 4
光大保德信	26	光大红利	偏股混合型基金	305	68	24.994 6
光大保德信	26	光大中小盘	偏股混合型基金	305	202	7.734 9
光大保德信	26	光大新增长	偏股混合型基金	305	210	9.455 2
光大保德信	26	光大精选	偏股混合型基金	305	237	1.857 2
光大保德信	26	光大核心	普通股票型基金	14	5	77.985 4
中银	27	中银稳健双利 A	混合债券型二级基金	77	32	32.522 0
中银	27	中银稳健双利 B	混合债券型二级基金	77	37	25.952 8
中银	27	中银稳健增利	混合债券型一级基金	75	40	16.292 2
中银	27	中银货币 A	货币市场型基金	68	37	28.204 3
中银	27	中银行业优选	灵活配置型基金	61	14	5.339 9
中银	27	中银价值精选	灵活配置型基金	61	29	13.322 3
中银	27	中银蓝筹精选	灵活配置型基金	61	42	14.027 6
中银	27	中银动态策略	偏股混合型基金	305	51	16.297 2
中银	27	中银收益 A	偏股混合型基金	305	61	29.567 2
中银	27	中银持续增长 A	偏股混合型基金	305	140	69.397 8
中银	27	中银中国精选	偏股混合型基金	305	156	21.800 2
中银	27	中银中证 100	增强指数型基金	16	12	13.653 0
建信	28	建信上证社会责任 ETF	被动指数型基金	78	8	3.010 0
建信	28	建信上证社会责任 ETF 联接	被动指数型基金	78	15	3.015 9
建信	28	建信沪深 300	被动指数型基金	78	49	25.610 3
建信	28	建信收益增强 A	混合债券型二级基金	77	28	10.464 3
建信	28	建信收益增强 C	混合债券型二级基金	77	31	7.194 0

（续表8）

基金公司	整体投资回报能力排名	基金名称	投资类型（二级分类）	样本基金数量	同类基金中排名	期间内规模（亿元）
建信	28	建信稳定增利C	混合债券型一级基金	75	14	36.598 0
建信	28	建信货币	货币市场型基金	68	43	408.938 5
建信	28	建信优化配置	灵活配置型基金	61	32	63.354 6
建信	28	建信核心精选	偏股混合型基金	305	76	14.022 7
建信	28	建信优选成长	偏股混合型基金	305	99	29.946 9
建信	28	建信恒久价值	偏股混合型基金	305	133	25.116 6
建信	28	建信内生动力	偏股混合型基金	305	149	30.427 9
鹏华	29	鹏华中证500	被动指数型基金	78	9	7.992 4
鹏华	29	鹏华上证民企50ETF	被动指数型基金	78	14	3.551 8
鹏华	29	鹏华上证民企50ETF联接	被动指数型基金	78	16	2.476 4
鹏华	29	鹏华沪深300	被动指数型基金	78	41	8.444 0
鹏华	29	鹏华丰收	混合债券型二级基金	77	52	11.593 0
鹏华	29	鹏华信用增利A	混合债券型二级基金	77	55	3.603 7
鹏华	29	鹏华信用增利B	混合债券型二级基金	77	58	2.399 2
鹏华	29	鹏华丰润	混合债券型一级基金	75	19	7.036 0
鹏华	29	鹏华普天债券A	混合债券型一级基金	75	29	4.060 7
鹏华	29	鹏华普天债券B	混合债券型一级基金	75	37	2.002 2
鹏华	29	鹏华货币B	货币市场型基金	68	26	279.777 1
鹏华	29	鹏华货币A	货币市场型基金	68	52	9.961 6
鹏华	29	鹏华消费优选	偏股混合型基金	305	77	8.024 2
鹏华	29	鹏华价值优势	偏股混合型基金	305	96	66.798 0
鹏华	29	鹏华盛世创新	偏股混合型基金	305	126	4.069 0
鹏华	29	鹏华精选成长	偏股混合型基金	305	139	8.553 1
鹏华	29	鹏华普天收益	偏股混合型基金	305	171	17.459 6
鹏华	29	鹏华中国50	偏股混合型基金	305	218	30.883 0
鹏华	29	鹏华动力增长	偏股混合型基金	305	245	55.135 4
鹏华	29	鹏华优质治理	偏股混合型基金	305	293	39.977 4
国投瑞银	30	国投瑞银中证下游	被动指数型基金	78	12	6.583 4
国投瑞银	30	国投瑞银瑞和小康	被动指数型基金	78	52	4.037 0

（续表8）

基金公司	整体投资回报能力排名	基金名称	投资类型（二级分类）	样本基金数量	同类基金中排名	期间内规模(亿元)
国投瑞银	30	国投瑞银瑞和300	被动指数型基金	78	57	4.163 6
国投瑞银	30	国投瑞银瑞和远见	被动指数型基金	78	58	4.022 5
国投瑞银	30	国投瑞银优化增强AB	混合债券型二级基金	77	22	17.844 2
国投瑞银	30	国投瑞银优化增强C	混合债券型二级基金	77	25	11.585 2
国投瑞银	30	国投瑞银稳定增利	混合债券型一级基金	75	22	24.789 7
国投瑞银	30	国投瑞银货币B	货币市场型基金	68	28	144.958 3
国投瑞银	30	国投瑞银货币A	货币市场型基金	68	53	3.754 2
国投瑞银	30	国投瑞银稳健增长	灵活配置型基金	61	23	15.213 4
国投瑞银	30	国投瑞银成长优选	偏股混合型基金	305	177	19.289 2
国投瑞银	30	国投瑞银创新动力	偏股混合型基金	305	230	29.989 5
国投瑞银	30	国投瑞银核心企业	偏股混合型基金	305	273	41.513 5
国投瑞银	30	国投瑞银融华债券	偏债混合型基金	14	8	8.961 1
国投瑞银	30	国投瑞银景气行业	平衡混合型基金	17	11	22.036 0
信诚	31	信诚增强收益	混合债券型二级基金	77	21	12.444 8
信诚	31	信诚三得益债券A	混合债券型二级基金	77	57	0.729 8
信诚	31	信诚三得益债券B	混合债券型二级基金	77	61	0.537 6
信诚	31	信诚经典优债A	混合债券型一级基金	75	63	0.409 9
信诚	31	信诚经典优债B	混合债券型一级基金	75	67	0.837 1
信诚	31	信诚中小盘	偏股混合型基金	305	39	1.839 5
信诚	31	信诚深度价值	偏股混合型基金	305	40	2.760 1
信诚	31	信诚优胜精选	偏股混合型基金	305	66	14.879 8
信诚	31	信诚精萃成长	偏股混合型基金	305	124	21.324 8
信诚	31	信诚盛世蓝筹	偏股混合型基金	305	138	19.571 5
信诚	31	信诚四季红	偏股混合型基金	305	231	33.423 2
交银施罗德	32	交银180治理ETF	被动指数型基金	78	18	23.397 0
交银施罗德	32	交银180治理ETF联接	被动指数型基金	78	19	23.458 9
交银施罗德	32	交银增利债券B	混合债券型一级基金	75	41	12.031 0
交银施罗德	32	交银增利债券A	混合债券型一级基金	75	42	12.031 0
交银施罗德	32	交银增利债券C	混合债券型一级基金	75	48	4.865 8

（续表8）

基金公司	整体投资回报能力排名	基金名称	投资类型（二级分类）	样本基金数量	同类基金中排名	期间内规模(亿元)
交银施罗德	32	交银货币B	货币市场型基金	68	46	148.302 0
交银施罗德	32	交银货币A	货币市场型基金	68	59	7.116 9
交银施罗德	32	交银优势行业	灵活配置型基金	61	1	14.222 9
交银施罗德	32	交银主题优选	灵活配置型基金	61	27	11.025 1
交银施罗德	32	交银稳健配置混合	灵活配置型基金	61	38	51.073 1
交银施罗德	32	交银成长A	偏股混合基金	305	53	50.956 7
交银施罗德	32	交银先锋	偏股混合型基金	305	90	23.692 2
交银施罗德	32	交银趋势优先	偏股混合型基金	305	135	14.855 1
交银施罗德	32	交银蓝筹	偏股混合型基金	305	193	72.175 0
交银施罗德	32	交银精选	偏股混合型基金	305	209	53.828 6
国海富兰克林	33	国富强化收益A	混合债券型二级基金	77	34	6.105 4
国海富兰克林	33	国富强化收益C	混合债券型二级基金	77	36	0.771 1
国海富兰克林	33	国富成长动力	偏股混合型基金	305	148	1.956 0
国海富兰克林	33	国富潜力组合	偏股混合型基金	305	158	39.717 4
国海富兰克林	33	国富弹性市值	偏股混合型基金	305	194	36.942 8
国海富兰克林	33	国富深化价值	偏股混合型基金	305	260	9.674 9
国海富兰克林	33	国富中国收益	偏债混合型基金	14	10	8.509 8
国海富兰克林	33	国富中小盘	普通股票型基金	14	2	17.807 5
国海富兰克林	33	国富沪深300	增强指数型基金	16	7	7.458 0
长盛	34	长盛中证100	被动指数型基金	78	36	7.230 6
长盛	34	长盛沪深300	被动指数型基金	78	51	1.753 4
长盛	34	长盛积极配置	混合债券型二级基金	77	62	7.725 4
长盛	34	长盛货币	货币市场型基金	68	39	29.500 1
长盛	34	长盛创新先锋	灵活配置型基金	61	6	1.714 9
长盛	34	长盛量化红利策略	偏股混合型基金	305	33	3.696 9
长盛	34	长盛成长价值	偏股混合型基金	305	84	8.018 1
长盛	34	长盛动态精选	偏股混合型基金	305	152	10.118 0
长盛	34	长盛同德	偏股混合型基金	305	157	54.949 3
长盛	34	长盛同智	偏股混合型基金	305	234	19.621 1

（续表8）

基金公司	整体投资回报能力排名	基金名称	投资类型（二级分类）	样本基金数量	同类基金中排名	期间内规模（亿元）
摩根士丹利华鑫	35	大摩强收益债券	混合债券型一级基金	75	23	4.174 4
摩根士丹利华鑫	35	大摩消费领航	灵活配置型基金	61	44	20.501 4
摩根士丹利华鑫	35	大摩卓越成长	偏股混合型基金	305	9	9.825 4
摩根士丹利华鑫	35	大摩基础行业混合	偏股混合型基金	305	163	1.192 1
摩根士丹利华鑫	35	大摩领先优势	偏股混合型基金	305	191	15.366 0
摩根士丹利华鑫	35	大摩资源优选混合	偏股混合型基金	305	225	24.274 2
华泰柏瑞	36	华泰柏瑞红利 ETF	被动指数型基金	78	10	15.508 6
华泰柏瑞	36	华泰柏瑞增利 A	混合债券型二级基金	77	67	0.377 8
华泰柏瑞	36	华泰柏瑞增利 B	混合债券型二级基金	77	69	0.937 8
华泰柏瑞	36	华泰柏瑞货币 B	货币市场型基金	68	48	303.265 4
华泰柏瑞	36	华泰柏瑞货币 A	货币市场型基金	68	60	4.897 5
华泰柏瑞	36	华泰柏瑞价值增长	偏股混合型基金	305	21	12.223 4
华泰柏瑞	36	华泰柏瑞积极成长 A	偏股混合型基金	305	113	31.554 3
华泰柏瑞	36	华泰柏瑞量化先行	偏股混合型基金	305	131	2.651 9
华泰柏瑞	36	华泰柏瑞行业领先	偏股混合型基金	305	143	11.652 5
华泰柏瑞	36	华泰柏瑞盛世中国	偏股混合型基金	305	220	57.157 6
国联安	37	国联安双禧 A 中证 100	被动指数型基金	78	32	6.311 0
国联安	37	国联安双禧中证 100	被动指数型基金	78	60	1.271 2
国联安	37	国联安双禧 B 中证 100	被动指数型基金	78	73	10.159 6
国联安	37	国联安上证商品 ETF 联接	被动指数型基金	78	77	7.140 7
国联安	37	国联安上证商品 ETF	被动指数型基金	78	78	5.536 2
国联安	37	国联安增利债券 A	混合债券型一级基金	75	49	18.903 3
国联安	37	国联安增利债券 B	混合债券型一级基金	75	51	5.004 4
国联安	37	国联安信心增益	混合债券型一级基金	75	55	12.182 3
国联安	37	国联安红利	偏股混合型基金	305	29	1.643 1
国联安	37	国联安精选	偏股混合型基金	305	41	24.238 5
国联安	37	国联安主题驱动	偏股混合型基金	305	42	4.232 5
国联安	37	国联安小盘精选	偏股混合型基金	305	54	21.150 9
国联安	37	国联安优势	偏股混合型基金	305	101	7.151 2

（续表 8）

基金公司	整体投资回报能力排名	基金名称	投资类型（二级分类）	样本基金数量	同类基金中排名	期间内规模（亿元）
国联安	37	国联安稳健	偏债混合型基金	14	3	4.690 6
国联安	37	国联安安心成长	偏债混合型基金	14	13	14.607 2
博时	38	博时超大盘 ETF	被动指数型基金	78	63	10.724 1
博时	38	博时超大盘 ETF 联接	被动指数型基金	78	64	8.668 1
博时	38	博时信用债券 B	混合债券型二级基金	77	1	8.956 4
博时	38	博时信用债券 A	混合债券型二级基金	77	2	8.956 4
博时	38	博时信用债券 C	混合债券型二级基金	77	3	6.368 5
博时	38	博时转债 A	混合债券型二级基金	77	12	18.865 1
博时	38	博时转债 C	混合债券型二级基金	77	15	19.102 6
博时	38	博时宏观回报 AB	混合债券型二级基金	77	65	1.700 3
博时	38	博时宏观回报 C	混合债券型二级基金	77	66	2.458 2
博时	38	博时稳定价值 A	混合债券型一级基金	75	15	3.943 7
博时	38	博时稳定价值 B	混合债券型一级基金	75	20	3.980 5
博时	38	博时现金收益 A	货币市场型基金	68	23	60.385 6
博时	38	博时策略灵活配置	灵活配置型基金	61	48	18.709 6
博时	38	博时主题行业	偏股混合型基金	305	36	94.910 3
博时	38	博时创业成长	偏股混合型基金	305	69	5.847 8
博时	38	博时特许价值	偏股混合型基金	305	178	6.207 9
博时	38	博时精选	偏股混合型基金	305	190	79.014 6
博时	38	博时第三产业成长	偏股混合型基金	305	192	56.228 5
博时	38	博时新兴成长	偏股混合型基金	305	277	111.054 1
博时	38	博时行业轮动	偏股混合型基金	305	296	8.035 1
博时	38	博时价值增长	平衡混合型基金	17	15	120.966 6
博时	38	博时价值增长 2 号	平衡混合型基金	17	16	43.852 7
博时	38	博时平衡配置	平衡混合型基金	17	17	21.816 3
博时	38	博时裕富沪深 300	增强指数型基金	16	4	89.994 2
诺德	39	诺德增强收益	混合债券型二级基金	77	76	0.913 5
诺德	39	诺德主题灵活配置	灵活配置型基金	61	25	0.564 5
诺德	39	诺德中小盘	偏股混合型基金	305	45	2.095 3

基金公司	整体投资回报能力排名	基金名称	投资类型（二级分类）	样本基金数量	同类基金中排名	期间内规模（亿元）
诺德	39	诺德成长优势	偏股混合型基金	305	47	0.813 4
诺德	39	诺德价值优势	偏股混合型基金	305	179	21.746 0
国泰	40	国泰沪深300	被动指数型基金	78	55	47.992 7
国泰	40	国泰双利债券A	混合债券型二级基金	77	59	1.786 5
国泰	40	国泰双利债券C	混合债券型二级基金	77	64	2.190 7
国泰	40	国泰金龙债券A	混合债券型一级基金	75	54	3.405 0
国泰	40	国泰金龙债券C	混合债券型一级基金	75	58	1.164 6
国泰	40	国泰货币	货币市场型基金	68	57	122.585 1
国泰	40	国泰中小盘成长	偏股混合型基金	305	14	10.440 0
国泰	40	国泰金牛创新成长	偏股混合型基金	305	43	28.363 8
国泰	40	国泰区位优势	偏股混合型基金	305	70	11.793 0
国泰	40	国泰金鹰增长	偏股混合型基金	305	81	27.615 5
国泰	40	国泰价值经典	偏股混合型基金	305	82	9.836 8
国泰	40	国泰金鼎价值精选	偏股混合型基金	305	117	38.724 9
国泰	40	国泰金龙行业精选	偏股混合型基金	305	146	5.628 8
国泰	40	国泰金鹏蓝筹价值	偏股混合型基金	305	170	14.101 2
国泰	40	国泰金马稳健回报	偏股混合型基金	305	299	41.085 5
海富通	41	海富通上证周期ETF	被动指数型基金	78	21	3.819 1
海富通	41	海富通上证周期ETF联接	被动指数型基金	78	30	1.795 0
海富通	41	海富通中证100	被动指数型基金	78	35	9.939 0
海富通	41	海富通稳固收益	混合债券型二级基金	77	17	15.964 3
海富通	41	海富通稳健添利A	混合债券型一级基金	75	72	3.929 7
海富通	41	海富通稳健添利C	混合债券型一级基金	75	74	1.325 8
海富通	41	海富通货币B	货币市场型基金	68	5	135.329 2
海富通	41	海富通货币A	货币市场型基金	68	30	11.986 6
海富通	41	海富通收益增长	灵活配置型基金	61	57	27.063 2
海富通	41	海富通强化回报	灵活配置型基金	61	59	17.836 3
海富通	41	海富通精选2号	偏股混合型基金	305	268	11.983 1
海富通	41	海富通精选	偏股混合型基金	305	270	55.425 7

基金公司	整体投资回报能力排名	基金名称	投资类型（二级分类）	样本基金数量	同类基金中排名	期间内规模(亿元)
海富通	41	海富通股票	偏股混合型基金	305	284	33.021 5
海富通	41	海富通领先成长	偏股混合型基金	305	291	10.416 7
海富通	41	海富通中小盘	偏股混合型基金	305	297	11.799 6
海富通	41	海富通风格优势	偏股混合型基金	305	304	40.292 9
景顺长城	42	景顺长城货币B	货币市场型基金	68	62	3.837 6
景顺长城	42	景顺长城货币A	货币市场型基金	68	65	1.846 3
景顺长城	42	景顺长城动力平衡	灵活配置型基金	61	56	36.670 8
景顺长城	42	景顺长城优选	偏股混合型基金	305	25	17.628 4
景顺长城	42	景顺长城内需增长	偏股混合型基金	305	100	19.174 3
景顺长城	42	景顺长城内需增长2号	偏股混合型基金	305	118	38.183 4
景顺长城	42	景顺长城能源基建	偏股混合型基金	305	120	10.684 3
景顺长城	42	景顺长城精选蓝筹	偏股混合型基金	305	128	73.880 5
景顺长城	42	景顺长城鼎益	偏股混合型基金	305	150	41.436 1
景顺长城	42	景顺长城资源垄断	偏股混合型基金	305	242	53.692 2
景顺长城	42	景顺长城公司治理	偏股混合型基金	305	274	2.074 3
景顺长城	42	景顺长城新兴成长	偏股混合型基金	305	294	24.044 5
长城	43	长城稳健增利	混合债券型二级基金	77	63	6.394 0
长城	43	长城货币A	货币市场型基金	68	15	32.869 4
长城	43	长城安心回报	灵活配置型基金	61	46	61.372 1
长城	43	长城景气行业龙头	灵活配置型基金	61	47	2.396 7
长城	43	长城久恒	灵活配置型基金	61	52	5.657 2
长城	43	长城双动力	偏股混合型基金	305	26	7.985 6
长城	43	长城品牌优选	偏股混合型基金	305	147	80.830 1
长城	43	长城久富	偏股混合型基金	305	222	20.878 4
长城	43	长城消费增值	偏股混合型基金	305	271	32.593 8
长城	43	基金久嘉	普通股票型基金	14	10	25.187 0
长城	43	长城久泰沪深300	增强指数型基金	16	13	15.527 3
银华	44	银华稳进	被动指数型基金	78	27	18.642 1
银华	44	银华深证100	被动指数型基金	78	68	10.775 6

基金公司	整体投资回报能力排名	基金名称	投资类型（二级分类）	样本基金数量	同类基金中排名	期间内规模(亿元)
银华	44	银华锐进	被动指数型基金	78	75	22.253 9
银华	44	银华信用双利A	混合债券型二级基金	77	41	15.973 3
银华	44	银华信用双利C	混合债券型二级基金	77	43	8.635 9
银华	44	银华增强收益	混合债券型二级基金	77	50	11.292 7
银华	44	银华信用债券	混合债券型一级基金	75	32	13.554 6
银华	44	银华货币B	货币市场型基金	68	38	135.974 2
银华	44	银华货币A	货币市场型基金	68	56	16.893 1
银华	44	银华和谐主题	灵活配置型基金	61	31	8.555 9
银华	44	银华成长先锋	灵活配置型基金	61	35	19.127 4
银华	44	银华领先策略	偏股混合型基金	305	109	17.493 9
银华	44	银华内需精选	偏股混合型基金	305	114	20.192 7
银华	44	银华核心价值优选	偏股混合型基金	305	167	115.509 8
银华	44	银华优质增长	偏股混合型基金	305	168	69.011 7
银华	44	银华富裕主题	偏股混合型基金	305	244	71.166 4
银华	44	银华保本增值	偏债混合型基金	14	12	26.490 4
银华	44	银华优势企业	平衡混合型基金	17	5	25.644 1
银华	44	银华道琼斯88精选	增强指数型基金	16	16	63.133 8
诺安	45	诺安中证100	被动指数型基金	78	38	7.890 9
诺安	45	诺安增利A	混合债券型二级基金	77	27	3.990 1
诺安	45	诺安增利B	混合债券型二级基金	77	30	2.017 3
诺安	45	诺安优化收益	混合债券型一级基金	75	32	5.951 3
诺安	45	诺安货币A	货币市场型基金	68	55	9.076 6
诺安	45	诺安灵活配置	灵活配置型基金	61	18	31.251 3
诺安	45	诺安中小盘精选	偏股混合型基金	305	44	12.109 6
诺安	45	诺安主题精选	偏股混合型基金	305	59	12.482 4
诺安	45	诺安成长	偏股混合型基金	305	211	11.536 2
诺安	45	诺安平衡	偏股混合型基金	305	216	49.291 7
诺安	45	诺安先锋	偏股混合型基金	305	229	119.729 6
诺安	45	诺安价值增长	偏股混合型基金	305	259	59.624 9

(续表8)

基金公司	整体投资回报能力排名	基金名称	投资类型（二级分类）	样本基金数量	同类基金中排名	期间内规模(亿元)
泰达宏利	46	泰达宏利中证财富大盘	被动指数型基金	78	1	3.659 0
泰达宏利	46	泰达宏利集利 A	混合债券型二级基金	77	11	9.150 0
泰达宏利	46	泰达宏利集利 C	混合债券型二级基金	77	19	8.705 3
泰达宏利	46	泰达宏利货币 A	货币市场型基金	68	40	3.489 8
泰达宏利	46	泰达宏利品质生活	灵活配置型基金	61	53	2.465 8
泰达宏利	46	泰达宏利成长	偏股混合型基金	305	93	16.855 2
泰达宏利	46	泰达宏利红利先锋	偏股混合型基金	305	129	7.034 0
泰达宏利	46	泰达宏利稳定	偏股混合型基金	305	169	1.787 7
泰达宏利	46	泰达宏利效率优选	偏股混合型基金	305	198	31.008 6
泰达宏利	46	泰达宏利周期	偏股混合型基金	305	235	5.629 2
泰达宏利	46	泰达宏利市值优选	偏股混合型基金	305	253	44.553 3
泰达宏利	46	泰达宏利行业精选	偏股混合型基金	305	276	34.068 2
泰达宏利	46	泰达宏利风险预算	偏债混合型基金	14	6	6.355 9
泰达宏利	46	泰达宏利首选企业	普通股票型基金	14	6	10.081 7
申万菱信	47	申万菱信沪深 300 价值	被动指数型基金	78	6	3.970 7
申万菱信	47	申万菱信深成指 A	被动指数型基金	78	17	8.553 8
申万菱信	47	申万菱信深证成指分级	被动指数型基金	78	72	3.498 4
申万菱信	47	申万菱信深成指 B	被动指数型基金	78	76	4.379 3
申万菱信	47	申万菱信添益宝 A	混合债券型一级基金	75	56	11.323 9
申万菱信	47	申万菱信添益宝 B	混合债券型一级基金	75	60	1.197 8
申万菱信	47	申万菱信货币 A	货币市场型基金	68	63	1.748 4
申万菱信	47	申万菱信盛利精选	偏股混合型基金	305	173	12.922 0
申万菱信	47	申万菱信竞争优势	偏股混合型基金	305	181	1.014 6
申万菱信	47	申万菱信新动力	偏股混合型基金	305	195	24.660 8
申万菱信	47	申万菱信消费增长	偏股混合型基金	305	207	4.157 7
申万菱信	47	申万菱信新经济	偏股混合型基金	305	224	28.871 1
申万菱信	47	申万菱信沪深 300	增强指数型基金	16	1	3.037 7
金鹰	48	金鹰红利价值	灵活配置型基金	61	26	1.233 1
金鹰	48	金鹰成分股优选	灵活配置型基金	61	50	10.588 7

（续表8）

基金公司	整体投资回报能力排名	基金名称	投资类型（二级分类）	样本基金数量	同类基金中排名	期间内规模（亿元）
金鹰	48	金鹰稳健成长	偏股混合型基金	305	73	3.407 2
金鹰	48	金鹰中小盘精选	偏股混合型基金	305	165	11.915 8
金鹰	48	金鹰主题优势	偏股混合型基金	305	204	12.552 3
金鹰	48	金鹰行业优势	偏股混合型基金	305	208	8.097 3
天治	49	天治稳健双盈	混合债券型二级基金	77	8	2.423 2
天治	49	天治天得利货币	货币市场型基金	68	44	2.830 1
天治	49	天治趋势精选	灵活配置型基金	61	60	9.178 8
天治	49	天治核心成长	偏股混合型基金	305	160	20.769 6
天治	49	天治创新先锋	偏股混合型基金	305	239	1.885 4
天治	49	天治品质优选	偏股混合型基金	305	298	0.960 2
天治	49	天治财富增长	偏债混合型基金	14	2	2.004 5
泰信	50	泰信双息双利	混合债券型二级基金	77	73	1.343 6
泰信	50	泰信增强收益 A	混合债券型一级基金	75	59	1.939 9
泰信	50	泰信增强收益 C	混合债券型一级基金	75	64	0.271 7
泰信	50	泰信天天收益	货币市场型基金	68	51	31.195 9
泰信	50	泰信优势增长	灵活配置型基金	61	20	1.272 4
泰信	50	泰信发展主题	偏股混合型基金	305	78	3.861 6
泰信	50	泰信蓝筹精选	偏股混合型基金	305	130	7.755 1
泰信	50	泰信优质生活	偏股混合型基金	305	212	17.999 0
泰信	50	泰信先行策略	偏股混合型基金	305	236	37.992 5
中邮	51	中邮核心优势	灵活配置型基金	61	15	22.276 1
中邮	51	中邮核心主题	偏股混合型基金	305	23	21.280 6
中邮	51	中邮核心成长	偏股混合型基金	305	215	162.800 4
中邮	51	中邮核心优选	偏股混合型基金	305	275	86.869 3
中海	52	中海稳健收益	混合债券型一级基金	75	46	11.246 3
中海	52	中海货币 B	货币市场型基金	68	10	50.764 8
中海	52	中海货币 A	货币市场型基金	68	35	1.967 2
中海	52	中海蓝筹配置	灵活配置型基金	61	17	1.761 5
中海	52	中海环保新能源	灵活配置型基金	61	58	5.097 9

基金公司	整体投资回报能力排名	基金名称	投资类型(二级分类)	样本基金数量	同类基金中排名	期间内规模(亿元)
中海	52	中海优质成长	偏股混合型基金	305	246	40.440 3
中海	52	中海量化策略	偏股混合型基金	305	248	3.374 8
中海	52	中海分红增利	偏股混合型基金	305	267	19.518 3
中海	52	中海能源策略	偏股混合型基金	305	303	44.004 0
中海	52	中海上证 50	增强指数型基金	16	15	2.821 9
大成	53	大成中证红利	被动指数型基金	78	7	2.965 8
大成	53	大成沪深 300	被动指数型基金	78	44	54.216 3
大成	53	大成深证成长 40ETF 联接	被动指数型基金	78	65	16.846 6
大成	53	大成深证成长 40ETF	被动指数型基金	78	66	3.618 6
大成	53	大成强化收益 A	混合债券型二级基金	77	70	14.040 8
大成	53	大成强化收益 B	混合债券型二级基金	77	71	14.040 8
大成	53	大成债券 AB	混合债券型一级基金	75	9	3.659 2
大成	53	大成债券 C	混合债券型一级基金	75	11	2.683 9
大成	53	大成货币 B	货币市场型基金	68	41	303.403 0
大成	53	大成货币 A	货币市场型基金	68	58	18.560 7
大成	53	大成策略回报	偏股混合型基金	305	116	14.474 1
大成	53	大成积极成长	偏股混合型基金	305	121	24.917 4
大成	53	大成核心双动力	偏股混合型基金	305	187	5.903 6
大成	53	大成创新成长	偏股混合型基金	305	256	72.250 4
大成	53	大成精选增值	偏股混合型基金	305	261	21.208 9
大成	53	大成行业轮动	偏股混合型基金	305	272	3.912 1
大成	53	大成景阳领先	偏股混合型基金	305	278	43.427 2
大成	53	大成蓝筹稳健	偏股混合型基金	305	300	97.039 2
大成	53	大成财富管理 2020	偏债混合型基金	14	14	73.954 7
大成	53	大成价值增长	平衡混合型基金	17	10	76.760 0
融通	54	融通深证 100	被动指数型基金	78	67	112.827 1
融通	54	融通深证成指	被动指数型基金	78	74	10.018 2
融通	54	融通易支付货币 A	货币市场型基金	68	36	6.347 8
融通	54	融通动力先锋	偏股混合型基金	305	176	20.992 8

（续表8）

基金公司	整体投资回报能力排名	基金名称	投资类型（二级分类）	样本基金数量	同类基金中排名	期间内规模（亿元）
融通	54	融通新蓝筹	偏股混合型基金	305	214	92.763 7
融通	54	融通领先成长	偏股混合型基金	305	250	58.091 2
融通	54	融通行业景气	偏股混合型基金	305	251	26.104 8
融通	54	融通内需驱动	偏股混合型基金	305	254	6.059 8
融通	54	融通蓝筹成长	平衡混合型基金	17	6	17.212 8
融通	54	基金通乾	普通股票型基金	14	9	33.269 0
融通	54	融通巨潮100	增强指数型基金	16	14	18.130 1
信达澳银	55	信达澳银稳定 A	混合债券型一级基金	75	30	0.454 1
信达澳银	55	信达澳银稳定 B	混合债券型一级基金	75	39	0.378 3
信达澳银	55	信达澳银精华	灵活配置型基金	61	45	1.390 2
信达澳银	55	信达澳银领先增长	偏股混合型基金	305	226	41.375 8
信达澳银	55	信达澳银红利回报	偏股混合型基金	305	263	1.900 7
信达澳银	55	信达澳银中小盘	偏股混合型基金	305	285	4.773 3
天弘	56	天弘永利债券 B	混合债券型二级基金	77	46	12.347 1
天弘	56	天弘永利债券 A	混合债券型二级基金	77	53	6.050 9
天弘	56	天弘精选	灵活配置型基金	61	51	27.706 6
天弘	56	天弘周期策略	偏股混合型基金	305	49	3.209 4
天弘	56	天弘永定成长	偏股混合型基金	305	199	1.413 9
金元顺安	57	金元顺安丰利	混合债券型二级基金	77	72	0.752 6
金元顺安	57	金元顺安成长动力	灵活配置型基金	61	54	0.652 5
金元顺安	57	金元顺安价值增长	偏股混合型基金	305	255	0.759 5
金元顺安	57	金元顺安核心动力	偏股混合型基金	305	265	0.656 8
金元顺安	57	金元顺安宝石动力	偏股混合型基金	305	269	3.879 6
金元顺安	57	金元顺安消费主题	偏股混合型基金	305	288	1.088 1
东吴	58	东吴优信稳健 A	混合债券型二级基金	77	74	0.459 1
东吴	58	东吴优信稳健 C	混合债券型二级基金	77	75	0.174 8
东吴	58	东吴货币 B	货币市场型基金	68	61	19.088 4
东吴	58	东吴货币 A	货币市场型基金	68	64	0.768 3
东吴	58	东吴进取策略	灵活配置型基金	61	49	6.690 0

（续表8）

基金公司	整体投资回报能力排名	基金名称	投资类型（二级分类）	样本基金数量	同类基金中排名	期间内规模（亿元）
东吴	58	东吴新创业	偏股混合型基金	305	134	1.264 1
东吴	58	东吴新经济	偏股混合型基金	305	174	2.556 1
东吴	58	东吴价值成长	偏股混合型基金	305	238	22.118 9
东吴	58	东吴嘉禾优势	偏股混合型基金	305	295	18.955 4
东吴	58	东吴行业轮动	偏股混合型基金	305	305	18.869 1
益民	59	益民多利债券	混合债券型二级基金	77	77	0.511 5
益民	59	益民货币	货币市场型基金	68	67	0.989 9
益民	59	益民创新优势	偏股混合型基金	305	279	30.557 1
益民	59	益民红利成长	偏股混合型基金	305	302	10.272 6
上投摩根	60	上投摩根货币 B	货币市场型基金	68	66	385.871 7
上投摩根	60	上投摩根货币 A	货币市场型基金	68	68	1.500 4
上投摩根	60	上投摩根行业轮动	偏股混合型基金	305	27	25.179 0
上投摩根	60	上投摩根双核平衡	偏股混合型基金	305	80	5.009 3
上投摩根	60	上投摩根中小盘	偏股混合型基金	305	154	10.012 8
上投摩根	60	上投摩根内需动力	偏股混合型基金	305	213	69.931 7
上投摩根	60	上投摩根中国优势	偏股混合型基金	305	281	40.827 3
上投摩根	60	上投摩根阿尔法	偏股混合型基金	305	289	34.606 9
上投摩根	60	上投摩根成长先锋	偏股混合型基金	305	290	26.810 8
上投摩根	60	上投摩根双息平衡	平衡混合型基金	17	3	30.999 1
上投摩根	60	上投摩根大盘蓝筹	普通股票型基金	14	7	7.100 7

6 十年期公募基金管理公司整体投资回报能力评价

6.1 数据来源与样本说明

十年期的数据区间为 2005 年 12 月 31 日至 2015 年 12 月 31 日。所有公募基金数据来源于 Wind 金融资讯终端。从 Wind 上我们获得的数据变量有:基金名称、基金管理公司、投资类型(二级分类)、投资风格、复权单位净值增长率(20051231—20151231)、单位净值(20051231)、单位净值(20151231)、基金份额(20051231)、基金份额(20151231)。全部样本基金数为 172。

投资类型包括:被动指数型基金(4 只)、增强指数型基金(7 只)、增强指数型债券基金(1 只)、混合债券型二级基金(3 只)、混合债券型一级基金(8 只)、货币市场型基金(30 只)、灵活配置型基金(10 只)、偏股混合型基金(77 只)、偏债混合型基金(13 只)、平衡混合型基金(12 只)、普通股票型基金(5 只)、中长期纯债型基金(2 只)。

我们删除同期样本基金数少于 10 的类别,保留样本基金数 142 只。再删除同期旗下样本基金数少于 3 只的基金管理公司,最后的样本基金数为 107 只,样本基金管理公司共 24 家。

6.2 十年期整体投资回报能力评价结果

在十年期的整体投资能力评价中,样本基金公司只有 24 家,它们均是我们熟悉的国内老牌公募基金公司。见表 9。

表 9　十年期整体投资回报能力评价

基金公司名称	整体投资回报能力排名	整体投资回报能力得分	样本基金数量
华夏	1	1.252 1	8
嘉实	2	1.122 6	5
南方	3	0.820 8	6

（续表9）

基金公司名称	整体投资回报能力排名	整体投资回报能力得分	样本基金数量
银河	4	0.731 6	5
富国	5	0.657 9	4
大成	6	0.399 5	5
华宝兴业	7	0.239 2	6
博时	8	0.203 3	4
长盛	9	0.138 2	3
银华	10	0.029 1	5
易方达	11	0.013 6	4
泰达宏利	12	−0.004 2	6
鹏华	13	−0.006 3	3
华安	14	−0.007 1	3
广发	15	−0.017 5	5
景顺长城	16	−0.047 9	5
招商	17	−0.274 2	5
国联安	18	−0.335 2	4
国泰	19	−0.492 1	4
诺安	20	−0.608 0	3
海富通	21	−0.616 9	4
融通	22	−0.749 5	3
宝盈	23	−0.771 7	3
上投摩根	24	−1.636 9	4

6.3 十年期整体投资回报能力评价详细说明

从表10可以看出,在十年的评价期间内,为什么有的老牌基金公司可以在整体投资回报能力评价中居前。如著名的华夏基金公司,旗下的样本基金华夏大盘精选、华夏红利、华夏收入在同期58只偏股混合型基金中分别排名1、2、3,虽然排名第1的华夏大盘精选的规模很小,但排名第2的华夏红利的规模较大,此外华夏旗下的华夏现金增利在同期25只货币市场型基金中排名第3,但规模巨大。几只权重很大的样本基金排名表现非常好,这使得华夏基金公司得以在十年期的整体投资回报能力评价中位居第1。

表10 十年期排名中所有样本基金详细情况

基金公司	整体投资回报能力排名	基金名称	投资类型(二级分类)	样本基金数量	同类基金中排名	期间内规模(亿元)
华夏	1	华夏货币A	货币市场型基金	25	1	26.001 1
华夏	1	华夏现金增利A	货币市场型基金	25	3	543.247 3
华夏	1	华夏大盘精选	偏股混合型基金	58		13.472 9
华夏	1	华夏红利	偏股混合型基金	58	2	71.528 1
华夏	1	华夏收入	偏股混合型基金	58		19.270 7
华夏	1	华夏成长	偏股混合型基金	58	26	40.613 5
华夏	1	华夏经典配置	偏股混合型基金	58	34	43.250 3
华夏	1	华夏回报A	平衡混合型基金	11	2	48.998 6
嘉实	2	嘉实货币A	货币市场型基金	25		272.646 1
嘉实	2	嘉实增长	偏股混合型基金	58	5	24.249 1
嘉实	2	嘉实服务增值行业	偏股混合型基金	58	10	46.589 9
嘉实	2	嘉实成长收益A	偏股混合型基金	58	11	34.501 0
嘉实	2	嘉实稳健	偏股混合型基金	58	52	25.972 4
南方	3	南方现金增利A	货币市场型基金	25	4	380.022 6
南方	3	南方高增长	偏股混合型基金	58	22	14.639 0
南方	3	南方积极配置	偏股混合型基金	58	35	12.397 1
南方	3	南方稳健成长	偏股混合型基金	58	54	29.078 4
南方	3	南方避险增值	偏债混合型基金	9	4	40.087 7
南方	3	南方宝元债券	偏债混合型基金	9	5	15.443 3
银河	4	银河银富货币A	货币市场型基金	25	13	19.100 9
银河	4	银河稳健	偏股混合型基金	58	7	6.570 8
银河	4	银河银泰理财分红	偏债混合型基金	9	1	25.879 2
银河	4	银河收益	偏债混合型基金	9	6	9.800 9

(续表10)

基金公司	整体投资回报能力排名	基金名称	投资类型(二级分类)	样本基金数量	同类基金中排名	期间内规模(亿元)
银河	4	基金银丰	平衡混合型基金	11	4	42.060 0
富国	5	富国天惠精选成长	偏股混合型基金	58	4	23.218 2
富国	5	富国天益价值	偏股混合型基金	58	14	19.253 0
富国	5	富国天瑞强势精选	偏股混合型基金	58	18	11.872 5
富国	5	富国天源沪港深	平衡混合型基金	11	5	9.824 0
大成	6	大成货币B	货币市场型基金	25	8	310.676 8
大成	6	大成货币A	货币市场型基金	25	19	22.837 2
大成	6	大成精选增值	偏股混合型基金	58	36	8.669 6
大成	6	大成蓝筹稳健	偏股混合型基金	58	57	25.092 5
大成	6	大成价值增长	平衡混合型基金	11	3	19.979 2
华宝兴业	7	华宝兴业货币B	货币市场型基金	25	7	29.275 0
华宝兴业	7	华宝兴业货币A	货币市场型基金	25	18	4.442 4
华宝兴业	7	华宝兴业宝康灵活	灵活配置型基金	4	1	8.624 9
华宝兴业	7	华宝兴业宝康消费品	偏股混合型基金	58	15	18.066 7
华宝兴业	7	华宝兴业动力组合	偏股混合型基金	58	16	14.848 7
华宝兴业	7	华宝兴业多策略	偏股混合型基金	58	41	25.996 3
博时	8	博时现金收益A	货币市场型基金	25	5	78.236 5
博时	8	博时主题行业	偏股混合型基金	58	6	42.200 3
博时	8	博时精选A	偏股混合型基金	58	42	46.621 6
博时	8	博时价值增长	平衡混合型基金	11	11	41.259 3
长盛	9	长盛货币	货币市场型基金	25	10	34.338 4
长盛	9	长盛动态精选	偏股混合型基金	58	30	14.687 3
长盛	9	长盛成长价值	偏股混合型基金	58	31	7.673 5
银华	10	银华货币B	货币市场型基金	25	12	115.267 6
银华	10	银华货币A	货币市场型基金	25	22	9.790 8
银华	10	银华核心价值优选	偏股混合型基金	58	12	33.406 2
银华	10	银华保本增值	偏债混合型基金	9	9	28.103 5
银华	10	银华优势企业	平衡混合型基金	11	6	13.190 0
易方达	11	易方达货币A	货币市场型基金	25	11	84.971 1

（续表10）

基金公司	整体投资回报能力排名	基金名称	投资类型（二级分类）	样本基金数量	同类基金中排名	期间内规模（亿元）
易方达	11	易方达策略成长	偏股混合型基金	58	23	24.522 8
易方达	11	易方达积极成长	偏股混合型基金	58	44	19.241 5
易方达	11	易方达平稳增长	平衡混合型基金	11	7	23.967 9
泰达宏利	12	泰达宏利货币 A	货币市场型基金	25	17	11.665 2
泰达宏利	12	泰达宏利成长	偏股混合型基金	58	13	8.379 8
泰达宏利	12	泰达宏利行业精选	偏股混合型基金	58	28	11.023 5
泰达宏利	12	泰达宏利周期	偏股混合型基金	58	29	2.679 0
泰达宏利	12	泰达宏利稳定	偏股混合型基金	58	47	1.885 5
泰达宏利	12	泰达宏利风险预算	偏债混合型基金	9	3	6.939 3
鹏华	13	鹏华货币 A	货币市场型基金	25	16	22.089 8
鹏华	13	鹏华中国 50	偏股混合型基金	58	19	13.424 8
鹏华	13	鹏华普天收益	偏股混合型基金	58	25	4.644 6
华安	14	华安现金富利 A	货币市场型基金	25	14	180.345 1
华安	14	华安宝利配置	平衡混合型基金	11	1	16.318 4
华安	14	华安创新	平衡混合型基金	11	10	27.536 2
广发	15	广发货币 A	货币市场型基金	25	9	66.573 8
广发	15	广发聚丰	偏股混合型基金	58	24	55.355 6
广发	15	广发稳健增长	偏股混合型基金	58	32	26.547 4
广发	15	广发小盘成长	偏股混合型基金	58	46	17.684 1
广发	15	广发聚富	平衡混合型基金	11	8	22.542 9
景顺长城	16	景顺长城货币 A	货币市场型基金	25	23	6.119 6
景顺长城	16	景顺长城动力平衡	灵活配置型基金	4	3	9.569 4
景顺长城	16	景顺长城内需增长	偏股混合型基金	58	8	13.663 2
景顺长城	16	景顺长城优选	偏股混合型基金	58	21	14.101 2
景顺长城	16	景顺长城鼎益	偏股混合型基金	58	27	12.610 5
招商	17	招商现金增值 A	货币市场型基金	25	15	124.349 8
招商	17	招商优质成长	偏股混合型基金	58	37	9.327 8
招商	17	招商安泰	偏股混合型基金	58	39	13.719 1
招商	17	招商先锋	偏股混合型基金	58	53	18.485 9

(续表10)

基金公司	整体投资回报能力排名	基金名称	投资类型(二级分类)	样本基金数量	同类基金中排名	期间内规模(亿元)
招商	17	招商安泰平衡	偏债混合型基金	9	7	1.903 7
国联安	18	国联安精选	偏股混合型基金	58	20	11.733 0
国联安	18	国联安小盘精选	偏股混合型基金	58	33	38.722 6
国联安	18	国联安稳健	偏债混合型基金	9	2	6.457 8
国联安	18	国联安安心成长	偏债混合型基金	9	8	14.775 3
国泰	19	国泰货币	货币市场型基金	25	21	111.974 1
国泰	19	国泰金鹰增长	偏股混合型基金	58	9	16.834 3
国泰	19	国泰金龙行业精选	偏股混合型基金	58	17	3.552 4
国泰	19	国泰金马稳健回报	偏股混合型基金	58	56	9.986 6
诺安	20	诺安货币A	货币市场型基金	25	20	16.150 0
诺安	20	诺安先锋	偏股混合型基金	58	43	26.766 6
诺安	20	诺安平衡	偏股混合型基金	58	48	18.771 5
海富通	21	海富通货币A	货币市场型基金	25	6	22.557 1
海富通	21	海富通收益增长	灵活配置型基金	4	4	47.118 5
海富通	21	海富通精选	偏股混合型基金	58	49	22.674 3
海富通	21	海富通股票	偏股混合型基金	58	55	12.841 7
融通	22	融通新蓝筹	偏股混合型基金	58	45	24.628 7
融通	22	融通行业景气	偏股混合型基金	58	50	13.724 3
融通	22	融通蓝筹成长	平衡混合型基金	11	9	8.862 6
宝盈	23	宝盈鸿利收益	灵活配置型基金	4	2	8.961 8
宝盈	23	基金鸿阳	偏股混合型基金	58	51	23.677 0
宝盈	23	宝盈泛沿海增长	偏股混合型基金	58	58	12.139 4
上投摩根	24	上投摩根货币B	货币市场型基金	25	24	346.933 5
上投摩根	24	上投摩根货币A	货币市场型基金	25	25	1.167 0
上投摩根	24	上投摩根中国优势	偏股混合型基金	58	38	15.233 7
上投摩根	24	上投摩根阿尔法	偏股混合型基金	58	40	16.751 9

7 2015 年度中国公募基金管理公司整体投资回报能力评价总结

　　我们提出的中国公募基金管理公司整体投资回报能力评价（TIP Rating），综合考虑一家基金公司的投资能力。通过这一评价体系，投资者可以了解一家基金公司每一只样本基金产品的收益在同期同类基金产品的相对位置。在看到基金公司旗下所有样本基金在同类基金中的收益排名后，我们基本上可以清楚某一基金公司的综合投资管理能力。如果某一家基金公司下大部分样本基金均在同类基金中收益排名靠前，那么我们可以说它的整体投研实力是比较好的。如果某一家基金公司大部分样本基金在同类基金中排名靠后，或仅少数基金排名较前，则我们一般可以认为这家基金的整体投研实力不强，或由于投研实力的欠缺只能在某此基金产品上取得较好的相对业绩。

　　本书运用截至 2015 年底国内所有公募基金的净值数据，根据我们设计的基金公司整体投资回报排名的算法，分别计算得出一年期、两年期、三年期、五年期与十年期不同时间跨度上国内所有基金公司的 TIP Rating 排名情况。在通过对短期、中期、长期的排名结果观察后，我们可以看到有些基金公司的整体投研能力比较稳定，在短、中、长期的排名上变化波动较小。但有些基金公司的整体投研水平则随时间出现较大波动，表现在短、中、长期的排名变化较大。如果对典型基金公司进行案例分析，我们也许可以看出在投资管理行业上经营的成败之处。

　　在后继年度的基金公司整体投资回报评价研究中，我们将在对不同投资类型的基金产品进行更加细致分类的基础上进行业绩分析，这将有助于基金投资者或管理者更加清晰地了解国内公募基金的投资能力与行业概况。